Margaret Atwood

Née en 1939 à Ottawa, au Canada, Margaret Atwood grandit dans le nord de l'Ontario, au Québec et à Toronto. Diplômée des universités de Toronto et de Harvard, elle enseigne la littérature au Canada. Son premier roman, *La Femme comestible*, est publié en 1969 (Pavillons Poche, 2008). L'auteur au regard visionnaire y aborde déjà ses thèmes de prédilection, dont l'aliénation de la femme et la société de surconsommation.
Auteur d'une quarantaine de livres – fiction, poésie, essais critiques ou livres pour enfants –, elle connaît le succès international en 1985 avec *La Servante écarlate* (Pavillons, 1987 ; Pavillons Poche, 2017) qui est récompensé par le prix Arthur C. Clarke. À ce classique s'ajoutent d'autres romans incontournables dont *Captive* (Pavillons, 1998), *Le Tueur aveugle* (Pavillons, 2002), qui remporte le prestigieux Booker Prize, et la trilogie « MaddAddam » avec *Le Dernier Homme* (Pavillons, 2005), *Le Temps du déluge* (Pavillons, 2012) et *MaddAddam* (Pavillons, 2014).
Aujourd'hui traduite dans cinquante langues, l'œuvre incarnée et engagée de Margaret Atwood, lauréate de dix doctorats *honoris causa* et chevalier des Arts et des Lettres, en fait l'une des plus grandes romancières de notre temps.

La femme comestible

Margaret Atwood

La femme comestible

Traduit de l'anglais (Canada)
par Michèle Albaret-Maatsch

PAVILLONS POCHE

Robert Laffont

Titre original : THE EDIBLE WOMAN

ISBN 978-2-221-21590-6
(édition originale : ISBN 0-385-49106-9 Anchor Books/Random House, Inc., New York)

Dépôt légal : septembre 2017

Pour J.

« Veillez à ce que la surface sur laquelle vous travaillez (du marbre de préférence), les ustensiles, les ingrédients et vos doigts restent frais durant toute l'opération… »

(Recette pour pâte feuilletée
dans *The Joy of Cooking*
de I.S. Rombauer et M.R. Becker.)

Première partie

Première partie

1.

Vendredi en me levant j'étais en forme, je le sais ; je me sentais même plus relax que d'habitude. En allant prendre mon petit déjeuner à la cuisine, je suis tombée sur Ainsley qui était mal lunée : elle m'a dit qu'elle s'était tapé une sale soirée, la veille, qu'il n'y avait que des étudiants en chirurgie dentaire, et que ça l'avait tellement déprimée qu'elle s'était soûlée pour se consoler.

« Tu n'imagines pas à quel point c'est lourd d'avoir à subir trente-six fois les mêmes conversations sur la bouche des gens, m'a-t-elle expliqué. C'est quand je leur ai décrit un abcès que je me suis farci un jour qu'ils ont le plus réagi. Ils en bavaient littéralement. En principe, les mecs ne regardent pas que tes *dents*, bon sang. »

Elle avait la gueule de bois, ce qui m'a mise de bonne humeur – par ricochet, je me sentais en parfaite santé –, alors je lui ai préparé un verre de jus de tomate, rapidement suivi d'un Alka-Seltzer, et ponctué ses jérémiades de divers bruits compatissants.

« Comme si je n'avais pas ma dose au bureau », a-t-elle soupiré.

Ainsley bosse pour une boîte de brosses à dents électriques où elle teste les articles défectueux : c'est temporaire. Ce qu'elle espère, c'est un boulot dans une petite galerie d'art, même si ça ne rapporte pas énormément : elle veut rencontrer des artistes peintres. L'an dernier, c'était des acteurs et elle avait d'ailleurs fini par en rencontrer un certain nombre.

« Ils sont complètement obsédés. Je suis sûre qu'ils ont tous un miroir buccal dans la poche de leur manteau et que chaque fois qu'ils vont aux chiottes ils vérifient leurs quenottes pour s'assurer qu'ils n'ont toujours pas de caries. »

Elle a passé pensivement la main dans ses longs cheveux roux ou plutôt auburn.

« Tu t'imagines en embrasser un ? Il commencerait par te dire : "Ouvre grand." C'est une idée fixe, chez eux, bordel.

— Ça a dû être terrible, ai-je admis en remplissant son verre. Tu ne pouvais pas changer de sujet ? »

Ainsley a haussé ses sourcils quasi inexistants – elle ne les avait pas encore étoffés d'un trait de crayon.

« Non, bien sûr. J'ai fait semblant d'être vachement intéressée. Et tu penses bien que je n'ai pas parlé de mon job : si on connaît quoi que ce soit à leur domaine, ces experts sont instantanément sur la défensive. Tu sais, comme Peter. »

Ainsley a tendance à lancer des piques contre Peter, surtout lorsqu'elle n'est pas dans son assiette. Magnanime, je n'ai pas relevé.

« Tu ferais mieux de manger quelque chose avant d'aller bosser, lui ai-je conseillé. Ce n'est pas bon de rester l'estomac vide.

— Oh merde, j'en ai vraiment marre ! Encore une journée de brosses électriques et de cavités buccales ! Depuis que la bonne femme a renvoyé sa brosse, le mois dernier, parce qu'elle perdait ses poils – on s'est aperçu qu'elle utilisait de l'Ajax ! – je n'ai pas eu un seul jour de travail intéressant. »

Je m'étais tellement laissé absorber par les soins que je prodiguais à ma colocataire et la satisfaction que j'éprouvais à me sentir moralement supérieure qu'il a fallu qu'Ainsley me rappelle à l'ordre pour que je me rende compte qu'il était déjà très tard. Dans sa boîte, ils ne font pas attention à l'heure à laquelle les gens arrivent, mais la mienne se veut ponctuelle. J'ai dû renoncer à mon œuf et avaler un verre de lait froid et un bol de céréales qui me vaudraient, je le savais, un creux à l'estomac bien avant midi. J'ai mâchonné un morceau de pain sous le regard écœuré d'Ainsley qui ne pipait mot, puis j'ai attrapé mon sac en laissant mon amie refermer la porte de l'appartement derrière moi.

Nous habitons au dernier étage d'une grande bâtisse située dans un des quartiers les plus anciens et les plus chics de la ville, étage autrefois réservé, je suppose, aux domestiques. Ce qui veut dire que deux volées de marches nous séparent de la porte d'entrée : la première, large et recouverte d'un tapis dont les tringles ne tiennent plus trop ; la deuxième, étroite et glissante. Avec les talons hauts de rigueur au bureau, je suis obligée de m'agripper à la rampe afin de négocier l'escalier de biais. Ce matin-là, j'ai passé sans encombre les bassinoires en laiton de l'époque des pionniers qui décorent le mur, réussi à ne pas m'accrocher aux dents du rouet installé sur le palier du premier étage et j'ai continué à descendre, toujours de biais et à la vapeur, en rasant la vitrine enfermant le drapeau du régiment en loques et la rangée d'ancêtres qui, du haut de leurs cadres ovales, surveillent la partie noble. J'ai constaté avec soulagement qu'il n'y avait personne dans le hall. Une fois au rez-de-chaussée, j'ai foncé vers la porte en louvoyant pour éviter le caoutchouc en pot d'un côté et, de l'autre, la table couverte d'un napperon écru et d'un plateau rond en laiton. Derrière le rideau en velours, sur ma droite, j'ai entendu la petite qui exécutait sa punition matinale au piano. Je me suis crue sauvée.

Je n'avais pas atteint la porte qu'elle pivotait silencieusement sur ses gonds : j'ai compris que j'étais piégée. C'était la dame d'en bas. Équipée de gants de jardinage absolument impeccables, elle brandissait un déplantoir. Je me suis demandé qui elle venait d'enterrer dans le jardin.

« Bonjour, mademoiselle MacAlpin, m'a-t-elle lancé.

— Bonjour », ai-je répondu en lui adressant un petit signe de tête et un sourire.

Je ne me rappelle jamais son nom, Ainsley non plus ; je présume qu'il s'agit d'un blocage psychologique, comme on dit. J'ai jeté un coup d'œil vers la rue derrière elle, mais elle est restée vissée sur le seuil.

« J'étais sortie hier soir, a-t-elle déclaré. J'avais une réunion. »

Il faut toujours qu'elle tourne autour du pot.

Je me suis dandinée et j'ai souri de nouveau, en espérant qu'elle allait comprendre que j'étais pressée.

« La petite m'a dit qu'il y avait encore eu un feu.

— Euh, ce n'était pas vraiment un feu. »

Ayant entendu qu'on parlait d'elle, la petite en avait profité pour abandonner son piano et me dévisageait, plantée au milieu des velours marquant l'entrée du salon. C'est une grosse balourde d'une quinzaine d'années qui fréquente une prestigieuse école privée pour filles où elle est obligée de porter une tunique verte et des chaussettes montantes assorties. Je suis sûre qu'elle est parfaitement normale, mais le ruban qui retient ses cheveux au sommet de son corps de géante lui donne un air crétin.

Ôtant un de ses gants, la dame d'en bas s'est tapoté le chignon.

« Ah, a-t-elle poursuivi d'un ton doucereux. D'après la petite, il y avait beaucoup de fumée.

— Il n'y avait aucun risque, ai-je rétorqué sans sourire cette fois. Ce n'était que des côtelettes de porc.

— Oh, je vois. Mais je souhaiterais vraiment que vous demandiez à Mlle Tewce de faire son possible pour éviter toute cette fumée à l'avenir. Je crains que cela ne perturbe la petite. »

Elle tient Ainsley pour seule responsable et semble penser qu'elle rejette la fumée par les narines, comme un dragon. Cela étant, jamais elle ne l'arrête dans l'entrée pour en discuter : ça m'est réservé. À mon sens, elle s'est mis dans la tête qu'Ainsley n'était pas quelqu'un comme il faut, alors que moi, oui. C'est sans doute dû à la façon dont on s'habille : d'après Ainsley, je choisis mes vêtements comme s'il s'agissait d'un camouflage ou d'une coloration protectrice, cela étant, je ne vois pas où est le problème. Elle, elle est portée sur le rose fluo.

Bien entendu, j'ai raté le bus : je traversais la pelouse quand je l'ai vu disparaître de l'autre côté du pont dans un nuage de gaz d'échappement. J'attendais le suivant, campée sous un arbre – il y en a beaucoup dans notre rue, tous énormes – lorsque Ainsley est sortie de la maison et m'a rejointe. Elle a l'art de s'habiller en un rien de temps ; moi, j'en serais totalement incapable. Elle paraissait en bien meilleure forme – peut-être l'effet du maquillage mais, avec elle, c'est difficile à savoir – et elle avait relevé ses cheveux roux, comme toujours lorsqu'elle travaille. Le reste du temps, elle les laisse retomber n'importe comment. Elle portait sa robe orange et rose, sans manches, qui, d'après moi, la boudine trop aux hanches. Il allait faire chaud et humide et je sentais déjà un microclimat m'envelopper comme un sac plastique. Peut-être aurais-je dû mettre une robe sans manches, moi aussi !

« Elle m'a coincée dans l'entrée, lui ai-je confié. À cause de la fumée.

— La vieille vache. Elle peut pas s'occuper de ses oignons ? »

Contrairement à moi, Ainsley ne vient pas d'une petite ville, elle n'est donc pas habituée à ce que les gens fourrent leur nez partout et puis ça lui fait moins peur. Elle n'a absolument pas idée de ce que ça peut déclencher.

« Elle n'est pas si vieille que ça, me suis-je exclamée en jetant un coup d'œil vers les fenêtres de la maison, alors que je savais pertinemment qu'elle ne pouvait pas nous entendre. En plus, ce n'est pas elle qui a remarqué la fumée, c'est la petite. Elle avait une réunion.

— Sans doute l'U C T F ou l'O I F E[1]. Moi, je te parie qu'elle n'avait rien du tout et qu'elle était planquée derrière son fichu rideau en velours pour qu'on la croie sortie et qu'on fasse vraiment quelque chose. Ce qu'il lui faut, c'est une orgie.

— Alors, là, Ainsley, tu es parano ! »

Ainsley est persuadée que la dame d'en bas monte fouiller notre appartement en notre absence, qu'elle est horrifiée sans le dire, et elle la soupçonne même de s'interroger sur le contenu de notre courrier, sans toutefois oser le décacheter. Il est vrai qu'elle ouvre parfois la porte à certains de nos amis avant même qu'ils n'aient sonné. Elle estime sûrement qu'elle a le droit de prendre certaines précautions : quand nous avons envisagé de louer l'appartement, elle nous a clairement fait comprendre, par de discrètes allusions aux précédents locataires, qu'il ne fallait en aucun cas corrompre l'innocence de la petite et que deux jeunes femmes étaient certainement plus dignes de confiance que deux jeunes messieurs.

« Je fais de mon mieux », avait-elle affirmé avec un soupir et un hochement de tête.

1. Woman's Christian Temperance Union (W C T U), Union chrétienne de tempérance des femmes. Imperial Order Daughters of the Empire and Children of the Empire (I O D E), Ordre impérial des filles de l'Empire et des enfants de l'Empire.

Elle avait laissé entendre que son mari, dont le portrait à l'huile trône au-dessus du piano, n'avait pas laissé autant d'argent qu'il aurait dû.

« Vous avez bien noté que votre appartement n'a pas d'entrée séparée ? »

Elle avait insisté sur les inconvénients plutôt que sur les avantages, presque comme si elle répugnait à nous le louer. J'avais répondu que nous l'avions noté ; Ainsley n'avait rien dit. Nous avions décidé que je mènerais les discussions tandis qu'Ainsley jouerait les oies blanches, un truc qu'elle pratique à merveille lorsqu'elle le veut bien – elle a un visage poupin, rose et blanc, un bouton en guise de nez et de grands yeux bleus qu'elle ouvre tout ronds comme des balles de ping-pong. Pour l'occasion, je l'avais même convaincue de mettre des gants.

La dame d'en bas avait hoché la tête de plus belle.

« Si ce n'était pas pour la petite, avait-elle déclaré, je vendrais. Mais je veux qu'elle grandisse dans un bon quartier. »

J'avais dit que je comprenais et elle avait ajouté que, bien entendu, ce n'était plus comme avant : vu les coûts d'entretien des grandes demeures, certains propriétaires avaient été obligés de céder leurs biens à des immigrants (les coins de sa bouche s'étaient légèrement affaissés) qui les avaient transformés en maisons de rapport.

« Mais notre rue n'en est pas encore là. Alors, j'explique très précisément à la petite quelles sont les rues qu'elle peut emprunter et celles qu'elle doit éviter. »

J'avais répondu que cela me paraissait sage. Avant la signature du bail, elle m'avait semblé d'un abord beaucoup plus facile. Par ailleurs, le loyer était si bas et on était si près de l'arrêt de bus. Pour la ville, c'était une véritable aubaine.

« Et puis, ai-je ajouté à l'attention d'Ainsley, elles ont bien le droit de s'inquiéter pour la fumée : si la maison prenait feu ? Et elle n'a jamais évoqué les autres trucs.

— Quels autres trucs ? On n'a jamais *fait* d'autres trucs.

— Euh… »

Je me débrouillais toujours au mieux pour déguiser en banales provisions les objets en forme de bouteilles que nous montions à l'étage, mais j'avais le sentiment que la dame d'en bas n'était pas dupe. C'était vrai qu'elle ne nous avait jamais rien interdit précisément – ç'aurait été une violation par trop grossière de son style allusif – mais, du coup, j'avais l'impression que tout m'était interdit.

« La nuit, quand il n'y a pas de bruit, a poursuivi Ainsley alors que le bus approchait, je l'entends forer les boiseries. »

Une fois à bord, nous n'avons pas échangé un mot ; je n'aime pas discuter dans le bus, je préfère regarder les pubs. Et puis, à part la dame d'en bas, Ainsley et moi n'avons pas grand-chose en commun. Je l'ai rencontrée peu avant qu'on emménage : c'était l'amie d'une amie qui cherchait une colocataire en même temps que moi, le truc classique. J'aurais peut-être dû essayer par ordinateur, encore que, dans l'ensemble, ça se passe plutôt bien. On s'entend grâce à une adaptation symbiotique de nos habitudes et une hostilité (la fameuse hostilité mauve pâle qui fonctionne fréquemment entre femmes) minimale. Notre appartement n'est jamais vraiment propre mais, par un accord tacite, nous veillons à ce que la couche de poussière ne dépasse pas l'épaisseur d'une fine fleur de prunier : si je me charge de la vaisselle du petit déjeuner, Ainsley se charge de celle du dîner ; si je balaie le séjour, Ainsley essuie la table de la cuisine. C'est un jeu de bascule et nous savons, l'une comme l'autre, que ce savant équilibre s'effondrera au moindre manquement. Chacune a sa chambre, bien sûr, et ce qui s'y passe ne concerne que son occupante. Chez Ainsley, par exemple, le sol est couvert d'une perfide tourbière de vêtements sales ponctuée ici et là de cendriers en guise de pierres de gué, mais même si cela me paraît constituer un risque d'incendie, je ne m'autorise jamais la moindre remarque. Cette retenue mutuelle – je présume qu'elle est mutuelle parce qu'il y a sûrement, dans mon comportement, des choses qui lui déplaisent – nous permet de maintenir une harmonie relativement dénuée de frictions.

Arrivée à la station de métro, j'ai acheté un paquet de cacahuètes. La faim commençait déjà à me tenailler. J'en ai proposé à Ainsley, mais elle a refusé et j'ai vidé le paquet pendant le trajet vers le centre-ville.

On est descendues à l'avant-dernier arrêt de la ligne sud et on a parcouru un bout de chemin ensemble : nos bureaux sont dans le même quartier.

« Au fait, m'a lancé Ainsley alors que je m'engageais dans ma rue, tu as trois dollars ? On n'a plus de whisky. »

J'ai fouillé dans mon sac et les lui ai remis, non sans un sentiment d'injustice : on partage les frais, mais rarement leur objet. À l'âge de dix ans, dans le cadre d'un concours organisé par la classe de catéchisme de l'Église unifiée, j'avais fait une rédaction sur l'abstinence que j'avais illustrée de photographies d'accidents de voiture, de schémas de foies malades et de graphiques montrant les effets de la boisson sur l'appareil circulatoire. Je crois que c'est pour ça que je suis incapable de reprendre un second verre d'alcool sans entrevoir, dessiné aux crayons de couleur, un panneau avertisseur associé au goût du jus de raisin tiédasse de la communion. Pour moi, c'est un handicap face à Peter : il aime que j'essaie de tenir son rythme.

En me hâtant vers mon bureau, je me suis surprise à envier Ainsley. Même si mon job est mieux payé et plus intéressant, le sien est plus temporaire : elle sait ce qu'elle veut faire après. Et puis elle bosse dans un bâtiment climatisé et flambant neuf tandis que je suis dans une minable bâtisse en brique aux fenêtres minuscules. En plus, son travail sort de l'ordinaire. En soirée, quand elle rencontre des gens, ils sont toujours étonnés d'apprendre qu'elle teste des brosses électriques et elle ne manque jamais une occasion de leur dire : « Qu'est-ce qu'on peut faire d'autre avec une licence de lettres, de nos jours ? » Alors que mon boulot n'a rien de surprenant. Je me suis dit aussi que j'étais franchement mieux armée qu'elle pour le travail qu'elle faisait. Vu ce que je vois dans l'appartement, je suis sûre et certaine que mes compétences en mécanique dépassent les siennes.

Lorsque j'ai fini par arriver au bureau, j'avais trois quarts d'heure de retard. Personne n'a émis le moindre commentaire, mais tout le monde a remarqué.

2.

L'humidité était pire à l'intérieur. Je me suis frayé un chemin entre les bureaux de ces dames pour atteindre mon coin de travail ; je n'étais pas plus tôt installée devant ma machine à écrire que mes cuisses étaient déjà scotchées au similicuir noir de mon siège. La climatisation, je l'ai noté, était encore en panne mais, vu qu'elle se résume à un ventilateur de plafond qui brasse l'air telle une cuillère dans un bol de soupe, qu'il fonctionne ou non ne fait guère de différence. N'empêche, la vision de ces pales immobiles là-haut n'avait manifestement rien de bon pour le moral de ces dames : ça les poussait à croire que rien ne bougeait et amplifiait encore leur inertie naturelle. Tassées, apathiques, derrière leur bureau, elles clignaient les yeux, ouvraient et refermaient la bouche à la manière de batraciens. Dans la boîte, le vendredi est un mauvais jour.

Je commençais à taper mollement sur ma machine à écrire moite quand Mme Withers, la diététicienne, a franchi la porte du fond d'un pas décidé avant de piler pour scruter l'assistance. Toujours coiffée à la

Betty Grable, elle avait des escarpins à bouts ouverts et une robe sans manches qui donnait pourtant l'impression d'être rembourrée aux épaules.

« Ah, Marian, s'est-elle écriée, vous arrivez à point nommé. Il me faut une personne de plus pour le prétest de l'enquête sur les conserves de riz au lait et ces dames ne semblent pas avoir beaucoup d'appétit, ce matin. »

Elle a pivoté sur ses talons et foncé vers la cuisine. Les diététiciens sont vivaces dans l'âme. Je me suis décollée de ma chaise en ayant la sensation d'assumer le rôle du volontaire désigné, mais me suis dit que mon estomac s'accommoderait volontiers de ce petit déjeuner supplémentaire.

Une fois dans la minuscule cuisine impeccable, elle m'a expliqué son problème tout en remplissant également trois bols en verre de riz au lait en conserve.

« Vous travaillez sur les questionnaires, Marian, vous pouvez peut-être nous aider. Nous n'arrivons pas à décider si nous leur faisons goûter les trois saveurs à un même repas ou une par une, lors de repas successifs. Ou bien nous pourrions peut-être aussi les leur faire goûter deux par deux – par exemple, vanille et orange à un repas et vanille et caramel à un autre. Ce que nous voulons évidemment, c'est une dégustation aussi objective que possible, or des tas de choses dépendent de ce qui a été servi par ailleurs – de la couleur des légumes, par exemple, et de la nappe. »

J'ai goûté la vanille.

« Comment trouvez-vous la couleur de celui-ci ? m'a-t-elle demandé d'un ton inquiet, le crayon prêt à écrire. Naturelle, un peu artificielle ou totalement artificielle ?

— Vous avez envisagé d'y ajouter des raisins secs ? » me suis-je écriée en avisant le caramel.

Je ne voulais pas la vexer.

« Les raisins secs, c'est trop risqué. Beaucoup de gens n'aiment pas ça. »

J'ai reposé le caramel et goûté l'orange.

« Vous les proposerez chauds ? Ou avec de la crème, peut-être ?

— Eh bien, le produit est essentiellement destiné au marché de la consommation rapide. Ils auront tendance à le consommer froid, naturellement. S'ils le souhaitent, ils pourront ajouter de la crème par la suite, je veux dire que nous ne sommes pas vraiment contre, même si ce n'est pas nécessaire, nutritionnellement parlant, le riz étant déjà enrichi en vitamines, mais pour le moment, nous voulons une dégustation *pure*.

— À mon avis, il vaudrait mieux des repas successifs.

— Si seulement on pouvait organiser ça en milieu d'après-midi. Mais il nous faut les réactions de la famille au complet… »

Elle a tapoté pensivement son crayon contre le bord de l'évier en acier inoxydable.

« Oui, bon, ai-je déclaré, je ferais mieux d'y retourner. »

Décider de ce qu'ils voulaient savoir n'entrait pas dans mes attributions.

Il m'arrive de m'interroger sur mes attributions, surtout quand il faut que j'appelle un mécanicien pour l'interviewer sur un problème de piston ou de joint de culasse ou que je distribue en pleine rue des bretzels à de vieilles bonnes femmes méfiantes. Je sais pourquoi Seymour Surveys m'a engagée : je suis censée consacrer mon temps à remanier des questionnaires, à reformuler la prose alambiquée et par trop subtile des psychologues sous forme de questions simples et compréhensibles, tant pour les personnes qui les posent que pour celles qui y répondent. Ainsi, « Dans quel centile classeriez-vous la valeur de l'impact visuel ? » ne nous avance à rien. Quand j'ai décroché ce job, après mon diplôme, j'ai trouvé que j'avais de la chance – il était plus intéressant que beaucoup d'autres – mais, après quatre mois, je ne vois toujours pas trop les perspectives qu'il pourrait m'offrir.

À certains moments, j'ai la certitude que l'on me prépare à gravir les échelons de la hiérarchie, mais n'ayant qu'une idée confuse de l'organigramme de Seymour Surveys, je n'arrive pas à imaginer de quoi il pourrait s'agir. Tel un sandwich à la crème glacée, la boîte compte trois niveaux de stratification : la strate solide du dessus, la strate du dessous et la nôtre avec la glace au milieu. À l'étage supérieur, il y a les cadres et les psychologues – surnommés les hommes d'en haut, puisque ce sont tous des hommes – qui gèrent les affaires avec les clients ; j'ai entrevu leurs bureaux, qui renferment des tapis, des meubles de prix et, accrochées aux murs, des reproductions sérigraphiées d'œuvres du Groupe des Sept. Au-dessous de nous, il y a les machines – les ronéos, les IBM qui dépouillent, classent et convertissent les informations en tableaux ; je me suis également aventurée en bas, dans ce fracas d'usine où les employés aux doigts maculés d'encre ont l'air excédés et surmenés. Notre service constitue le lien entre les deux : nous sommes censées nous occuper de l'élément humain, les enquêtrices. L'étude de marché s'apparentant à une activité artisanale, style fabrique de chaussettes tricotées main, ce sont toutes des femmes au foyer qui travaillent durant leurs moments de loisir et sont payées à la tâche. Elles ne gagnent pas grand-chose, mais sont contentes de sortir de chez elles. Quant à celles qui répondent aux questions, elles ne perçoivent rien du tout ; je me demande souvent pourquoi elles se prêtent à cet exercice. Peut-être à cause du baratin racoleur qu'on leur sert pour leur expliquer qu'elles peuvent contribuer – un peu à la manière d'un scientifique – à l'amélioration des produits qu'elles utilisent sous leur toit. Ou peut-être que ça leur fait plaisir d'avoir quelqu'un à qui parler. Mais je pense que, dans l'ensemble, les gens sont flattés qu'on leur demande leur opinion.

Notre service traitant principalement avec des femmes au foyer, le personnel – le malheureux garçon de bureau excepté – est féminin. Nous sommes déployées dans une vaste salle vert institutionnel avec, à un bout, un box en verre opaque pour Mme Bogue, la chef du service, et, à l'autre bout, une pléiade de tables en bois encombrées de ciseaux, de tubes de colle et de piles de documents derrière lesquelles les femmes d'allure maternelle – qui décryptent l'écriture des personnes interrogées, cochent et font des croix aux crayons de couleur sur les questionnaires dûment complétés – ressemblent à une classe de jardin d'enfants du troisième âge. Le reste d'entre nous occupe divers bureaux dans l'espace du milieu. Nous disposons, pour celles qui apportent leur déjeuner dans un sac en papier kraft, d'une pièce confortable équipée de rideaux en chintz ainsi que d'une machine à thé et à café, bien que certaines de ces dames possèdent leur propre théière ; nous avons également des toilettes roses où un panonceau accroché au-dessus des miroirs nous prie de veiller à ne laisser traîner ni cheveux ni feuilles de thé dans le lavabo.

Que pouvais-je donc espérer devenir à Seymour Surveys ? Pas un homme d'en haut ; ni un technicien ni une dame annotant les questionnaires, ce serait rétrograder. On pourrait concevoir que je devienne une Mme Bogue ou son assistante, mais pour autant que je puisse en juger, ça me prendrait beaucoup de temps, sans que je sois sûre d'y trouver mon compte.

Je finissais le questionnaire sur le tampon à récurer, une tâche urgente, lorsque Mme Grot de la comptabilité est sortie de chez Mme Bogue avec laquelle elle avait un problème à régler. En repartant, elle s'est arrêtée à mon bureau. C'est une femme petite et compacte dont les cheveux ont la couleur métallique d'une clayette de frigo.

« Dites-moi, mademoiselle MacAlpin, m'a-t-elle lancé d'un ton grinçant, voilà maintenant quatre mois que vous êtes chez nous, vous avez donc droit au plan de retraite.

— Le plan de retraite ? »

On m'avait parlé du plan de retraite à mon arrivée dans la boîte, mais il m'était sorti de la tête.

« Ce n'est pas trop tôt pour que je souscrive au plan de retraite ? Je veux dire… vous ne pensez pas que je suis trop jeune ?

— Eh bien, ce n'est pas plus mal de commencer de bonne heure, non ? »

Derrière les verres non cerclés, les yeux de Mme Grot brillaient : elle aurait grand plaisir à effectuer une déduction supplémentaire sur mon salaire mensuel.

« Je ne crois pas que j'aie envie de souscrire au plan de retraite, mais je vous remercie.

— Oui, certes, il n'empêche que c'est obligatoire, voyez-vous, m'a-t-elle répondu d'une voix neutre.

— Obligatoire ? Même si je ne veux pas ?

— Oui, vous voyez, si personne ne cotisait, personne n'en retirerait rien, non ? Bon, je vous ai apporté les documents nécessaires ; vous n'avez qu'à signer ici. »

J'ai signé mais, une fois Mme Grot partie, j'ai éprouvé un gros coup de cafard ; cette affaire me dérangeait plus que ça n'aurait dû. Ce n'était pas seulement le sentiment d'avoir à me soumettre à des règlements dont je me souciais comme d'une guigne et à l'élaboration desquels je n'avais pas participé : ce sont des trucs auxquels on s'habitue, à l'école. C'était une sorte de panique superstitieuse due au fait que j'avais inscrit mon nom et apposé ma signature sur un document magique qui semblait devoir me ligoter à un avenir tellement lointain qu'il en était inimaginable. Quelque part sur ma route, un moi m'attendait, préformé, un moi qui, après avoir travaillé d'innombrables années pour Seymour Surveys, recevait sa récompense. Une retraite. J'entrevoyais une pièce sinistre équipée d'un radiateur électrique. Peut-être aurais-je un sonotone, comme l'une de mes grand-tantes qui ne s'était jamais mariée ? Je parlerais toute seule ; les enfants me bombarderaient de boules de neige. Je me suis rappelée à la raison : d'ici là, le monde se serait probablement désintégré. Je me suis répété que j'étais libre de quitter la boîte du jour au lendemain et de me lancer dans un autre boulot si je le voulais, en vain. J'étais obnubilée par le fait que ma signature allait être enfermée dans un dossier, le dossier dans un placard et le placard dans une chambre forte, quelque part, sous clé.

À dix heures et demie, j'ai accueilli la pause-café avec joie. Je savais que j'aurais dû y renoncer pour racheter mon retard matinal, mais il me fallait cette diversion.

Je prends mon café avec les trois personnes du service qui ont à peu près mon âge. Parfois, quand elle en a assez des autres testeurs de brosses à dents, Ainsley déserte son poste et vient nous rejoindre. Ce n'est pas qu'elle apprécie spécialement les trois filles de mon bureau qu'elle a collectivement baptisées les vierges en col blanc. Elles ne se ressemblent d'ailleurs pas vraiment, si ce n'est que ce sont toutes des fausses blondes – Emmy, la dactylo, blond paille et hirsute ; Lucy, qui assure un poste genre relations publiques, platine et élégamment coiffée, et Millie, l'assistante australienne de Mme Bogue, cuivrée par le soleil, et les cheveux courts. Comme elles l'ont avoué à plusieurs reprises au-dessus du marc de café et de restes de viennoiseries passées au four, elles sont toutes vierges – Millie en vertu d'un solide pragmatisme de scout (« Je pense qu'à long terme, il vaut mieux attendre d'être mariée, non ? Moins de soucis »), Lucy par peur des commérages (« Qu'est-ce que les gens *diraient* ? »), peur qui semble reposer sur la conviction que les chambres à coucher sont sur écoute et que la ville entière, massée à l'autre bout, règle soigneusement ses écouteurs, et Emmy, l'hypocondriaque du bureau, parce qu'elle est convaincue que ça la rendrait malade, ce qui serait sans doute le cas. Elles ont toutes envie de voir du pays : Millie a vécu en Angleterre, Lucie est allée deux fois à New York et Emmy veut découvrir la Floride. Lorsqu'elles auront suffisamment voyagé, elles aimeraient se marier et se fixer.

« Vous avez entendu que l'enquête sur les laxatifs, à Québec, a été annulée ? a claironné Millie quand on s'est retrouvées à notre table habituelle dans le restaurant de l'autre côté de la rue, minable, mais c'est le plus proche. En plus, ça devait être un super gros projet – un test de produit directement à domicile et trente-deux pages de questions. »

Elle est toujours la première informée.

« Eh bien, je dois dire que c'est une bonne chose, a rétorqué Emmy d'un ton dédaigneux. Je ne vois pas comment ils pourraient poser trente-deux pages de questions *là-dessus.* »

Et elle s'est remise à écailler le vernis de son pouce. Emmy a toujours l'air de se déliter. Elle se balade avec des ourlets effilochés, un rouge à lèvres qui s'en va par petites plaques sèches, et les épaules et le dos parsemés de fins cheveux blonds et de pellicules ; où qu'elle aille, elle laisse une traînée de particules diverses et variées dans son sillage.

J'ai vu Ainsley entrer et lui ai fait signe. Elle s'est glissée à côté de nous en lançant un « Salut » à la ronde, puis a rattaché une mèche de cheveux rebelle. Les vierges en col blanc lui ont répondu, mais sans enthousiasme ostentatoire.

« Ils l'ont déjà fait, a affirmé Millie. (Elle est dans la boîte depuis plus longtemps que nous toutes.) Et ça marche. Pour eux, les gens qui passent la page trois sont des sortes d'accros aux laxatifs, si vous voyez ce que je veux dire, et ils vont jusqu'au bout du truc.

— Fait quoi déjà ? a demandé Ainsley.

— On parie qu'elle n'essuie pas la table ? » s'est écriée Lucy, suffisamment fort pour que la serveuse l'entende.

Elle mène une guerre ouverte contre la serveuse qui arbore des boucles d'oreilles Woolworth et un air obstinément renfrogné, et n'a manifestement rien d'une vierge en col blanc.

« L'enquête sur les laxatifs, à Québec », ai-je confié à Ainsley en aparté.

Là-dessus, la serveuse est arrivée, a essuyé la table avec férocité et pris nos commandes. Lucy a fait un schproum à propos de la viennoiserie – elle était résolue à en avoir une sans raisins secs.

« La dernière fois, elle m'en a apporté une *avec* raisins, nous a-t-elle expliqué, et je lui ai dit que je ne pouvais pas les avaler. Je n'ai jamais pu. Beurk.

— Pourquoi seulement à Québec ? s'est écriée Ainsley en rejetant sa fumée de cigarette par les narines. Il y a une raison psychologique ? »

Ainsley a suivi un cursus de psychologie à l'université.

« Mince, je n'en sais rien, a répondu Millie. Je suppose que les gens sont simplement plus constipés là-bas. Ils bouffent beaucoup de patates, non ?

— Ça constipe tant que ça, les patates ? » a demandé Emmy en se penchant par-dessus la table.

Elle a repoussé les épais cheveux blonds et secs qui lui barraient le front et fait tomber en douceur une pluie de minuscules particules.

« Impossible que ce soit les patates, a affirmé Ainsley. Ce doit être leur complexe de culpabilité collectif. Ou peut-être le stress lié au problème de la langue ; ils doivent être méchamment refoulés. »

Les autres l'ont regardée avec hostilité : elles trouvaient qu'Ainsley frimait, je le voyais bien.

« Il fait une chaleur épouvantable, aujourd'hui, a remarqué Millie, le bureau est une vraie fournaise.

— Il se passe des trucs dans ta boîte ? » ai-je demandé à Ainsley pour dissiper la tension.

Ainsley a écrasé sa cigarette.

« Oh oui, il y a pas mal d'agitation. Une bonne femme a essayé de liquider son mari en mettant sa brosse à dents électrique en court-circuit et un des mecs de chez nous doit aller témoigner au procès pour démontrer que, dans des circonstances normales, c'est impossible. Il veut que je l'accompagne à titre d'assistante particulière, mais il est tellement rasoir ! Il doit être nul au lit, c'est moi qui vous le dis. »

À mon avis, Ainsley avait inventé cette histoire, mais elle ouvrait des yeux plus bleus et plus ronds que jamais. Les vierges en col blanc se sont tortillées. La désinvolture avec laquelle Ainsley évoque les divers hommes qui jouent un rôle dans sa vie les met mal à l'aise.

Par chance, nos commandes sont arrivées sur ces entrefaites.

« Cette garce m'en a encore apporté une *avec* raisins », a gémi Lucy en les retirant de ses ongles longs, irisés et d'une forme parfaite, pour les empiler sur le bord de son assiette.

En regagnant le bureau, je me suis plainte du plan de retraite auprès de Millie.

« Je n'avais pas compris que c'était obligatoire, lui ai-je confié. Je ne vois pas pourquoi il faudrait que je cotise, histoire que toutes les vieilles biques comme Mme Grot vivent de mon salaire une fois à la retraite.

— Oh oui, moi aussi, ça m'a énervée au début, m'a répondu Millie que mon affaire laissait de marbre. Tu t'en remettras. Punaise, j'espère qu'ils ont réparé la climatisation. »

3.

Après le déjeuner, j'étais en train de lécher et de coller des enveloppes pour l'enquête nationale sur le dessert instantané, laquelle avait pris du retard parce qu'un type à la ronéo avait imprimé une des feuilles du questionnaire à l'envers, quand Mme Bogue a émergé de son box.

« Marian, s'est-elle écriée dans un soupir résigné, je crains qu'il ne nous faille enlever Mme Dodge de Kamloops. Elle est enceinte. »

Mme Bogue fronçait légèrement les sourcils : pour elle, la grossesse constitue une marque de déloyauté envers la boîte.

« Quel dommage. »

L'énorme carte murale du pays, avec ses punaises rouges aux airs de boutons de rougeole, est accrochée juste au-dessus de mon bureau, ce qui donne à penser que le suivi de la disponibilité des enquêtrices entre désormais dans mes attributions. J'ai grimpé sur mon bureau, localisé Kamloops et ôté la punaise dotée du petit drapeau en papier au nom de D O D G E.

« Pendant que vous y êtes, a poursuivi Mme Bogue, pourriez-vous retirer Mme Ellis de Blind River ?

J'espère que ce n'est que temporaire, elle a toujours fait du bon travail, mais elle nous a envoyé un courrier pour nous dire qu'une dame l'avait pourchassée avec un couperet et que, dans sa fuite, elle était tombée dans l'escalier et s'était cassé la jambe. Oh, et ajoutez une nouvelle recrue : une certaine Mme Gauthier à Charlottetown. J'espère sincèrement qu'elle sera mieux que la précédente là-bas ; Charlottetown est toujours un secteur très difficile. »

Lorsque je suis redescendue, elle m'a décoché un sourire aimable qui m'a alertée. Mme Bogue a un comportement amical, presque familier, qui lui permet d'entretenir d'excellentes relations avec les enquêtrices, et elle est d'autant plus chaleureuse qu'elle attend quelque chose de vous.

« Marian, nous avons un petit problème. On commence une enquête sur une bière, la semaine prochaine – vous savez laquelle, c'est celle par téléphone – et ils ont décidé, là-haut, qu'il fallait qu'on fasse un pré-test ce week-end. Le questionnaire les tracasse. Bon, on pourrait avoir Mme Pilcher, c'est une enquêtrice de confiance, mais c'est un week-end prolongé et on n'a pas envie de le lui demander. Vous serez là, vous, non ?

— Il faut vraiment que ce soit ce week-end ? ai-je bredouillé, plutôt en vain.

— C'est qu'il nous faut impérativement les résultats mardi. Sept ou huit consommateurs suffiront. »

Mon retard du matin lui avait fourni un excellent moyen de pression.

« Bon. Je m'en occuperai demain.

— Vous serez payée en heures supplémentaires, bien entendu », a ajouté Mme Bogue en s'éloignant.

Je me suis demandé s'il ne s'agissait pas d'une perfidie. Elle est toujours tellement aimable qu'on a du mal à juger.

Après avoir fini de lécher les enveloppes, j'ai récupéré les questionnaires sur la nouvelle marque de bière auprès de Millie et les ai étudiés afin de repérer d'éventuels problèmes. Les questions filtres étaient parfaitement standard. Les suivantes devaient évaluer la réaction de l'auditeur à un jingle chanté, qui participait de la campagne publicitaire qu'une grande boîte s'apprêtait à lancer sur le marché. À un moment, l'enquêtrice devait inviter la personne interrogée à décrocher son téléphone et à composer un numéro donné où elle serait accueillie par le jingle. Suivaient alors un certain nombre de questions afin de savoir comment le consommateur potentiel appréciait la publicité, s'il pensait qu'elle pouvait influencer son comportement d'acheteur, etc.

J'ai composé ledit numéro. Étant donné que l'enquête ne devait pas commencer avant la semaine suivante, on avait peut-être oublié de brancher le disque et je n'avais pas envie de me ridiculiser.

Après les sonneries, bourdonnements et cliquetis préliminaires, une profonde voix de basse, accompagnée par une guitare électrique, m'a-t-il semblé, s'est mise à chanter :

Élan, Élan,
Du pays des pins et des épicéas,
Excitante, mousseuse et brute…

Puis une voix, presque aussi grave que celle du chanteur, a déclamé d'un ton persuasif, sur fond musical :

Un homme, un vrai, qui passe de vraies vacances d'homme – à chasser, pêcher ou à se détendre simplement –, a besoin d'une bière robuste, tonique et profondément virile. Il vous suffira d'une grande rasade bien fraîche pour comprendre que la bière Élan correspond exactement à ce que vous avez toujours recherché dans une bière. Donnez dès aujourd'hui à votre vie le mordant des grands espaces sauvages avec une bonne chope de bière Élan, une bière corsée s'il en est.

Le chanteur a repris :

Excitante, mousseuse,
Et brute,
Élan, Élan, Élan, Élan, la Bière !!!

… et, après un vacarme paroxystique, le disque s'est arrêté sur un déclic. Donc, ça fonctionnait correctement.

J'ai repensé à la maquette du visuel destiné aux médias et à l'affichage : l'étiquette devait présenter une paire de bois d'élan avec, en dessous, un fusil et une canne à pêche croisés. Le jingle chanté venait en renfort de ce thème ; il ne me paraissait pas très original, mais j'admirais la subtilité du « se détendre simplement ». Ça correspondait tellement bien au buveur de bière lambda, genre bedonnant et épaules tombantes, que ce dernier allait pouvoir s'identifier de façon quasi mystique au sportif en veste écossaise qu'on voyait en photo, le pied sur un cerf ou en train d'attraper une truite au filet.

J'en étais à la dernière page lorsque le téléphone a sonné. C'était Peter. À son intonation, j'ai deviné que quelque chose clochait.

« Écoute, Marian, pour ce soir, je ne peux pas.

— Ah ? » ai-je fait, désireuse d'obtenir quelques explications supplémentaires.

J'étais déçue, j'avais espéré que ce dîner avec Peter allait me remonter le moral. En plus, j'avais de nouveau faim. J'avais passé la journée à grignoter et comptais sur quelque chose de plus nourrissant et de plus substantiel. Ça voulait dire que j'allais encore me taper un de ces plateaux-télé qu'Ainsley et moi gardions pour les urgences.

« Il y a un problème ?

— Je sais que tu vas me comprendre. Trigger… (sa voix s'est étranglée) Trigger se marie.

— Oh », dis-je.

J'ai envisagé de dire « Quel dommage », mais ça ne m'a pas paru adéquat. À quoi bon compatir comme devant un incident mineur alors qu'il s'agissait d'une catastrophe nationale ?

« Tu voudrais que je t'accompagne ? lui ai-je proposé pour le soutenir.

— Bon sang, non, ce serait encore pire. Je te verrai demain. D'accord ? »

Après qu'il a eu raccroché, j'ai réfléchi aux conséquences. Il faudrait déjà, bien évidemment, que je traite Peter avec ménagement, le lendemain soir. Trigger était un de ses plus vieux amis. En fait, de son groupe de copains, c'était le dernier encore célibataire. Il y avait eu une sorte d'épidémie. Juste avant que je le rencontre, deux d'entre eux avaient succombé et, au cours des quatre mois qui avaient suivi, deux autres avaient plongé sans qu'il y ait eu de véritables signes annonciateurs. Pendant l'été, Trigger et lui s'étaient retrouvés de plus en plus souvent seuls à boire un coup et, lorsque les autres réussissaient à se libérer de leur femme pour venir les rejoindre, la saveur de ces soirées, à ce que j'avais compris au travers des comptes rendus moroses de Peter, n'était plus qu'un succédané artificiel de leur insouciante gaieté d'antan. Trigger et lui s'étaient cramponnés l'un à l'autre comme deux noyés, chacun essayant de voir dans son alter ego le reflet rassurant dont il avait besoin. Et voilà que Trigger avait coulé et qu'il n'y aurait plus rien à voir dans le miroir. Il y avait d'autres étudiants en droit, bien entendu, mais la plupart étaient mariés eux aussi. De plus, ils appartenaient davantage à l'âge d'argent postuniversitaire de Peter qu'à l'âge d'or qui l'avait précédé.

Tout en étant désolée pour lui, je savais que j'allais devoir me montrer prudente. À en juger par les deux autres mariages, il allait, après deux ou trois verres, me considérer comme une variante de l'intrigante qui avait séduit Trigger. Je n'osais lui demander comment elle avait réussi son coup : il risquait de croire que je commençais à me faire des idées. Le mieux, ce serait de le distraire.

J'étais absorbée dans mes réflexions quand Lucy s'est approchée de mon bureau.

« Tu crois que tu peux répondre à cette dame pour moi ? m'a-t-elle lancé. J'ai horriblement mal à la tête et rien ne me vient. »

Elle a pressé une main élégante contre son front et de l'autre m'a tendu, rédigée au crayon sur un bout de carton, une note qui disait :

Cher Monsieur, les céréales étaient bonnes mais voici ce que j'ai trouvé dans les raisins. Je vous prie d'agréer l'expression de mes sentiments respectueux, (Mme) Ramona Baldwin.

Une mouche écrasée était scotchée au bas de la lettre.

« C'était la fameuse enquête sur les céréales aux raisins », m'a confié Lucy dans un filet de voix.

Elle misait sur ma compassion.

« O K, d'accord, tu as son adresse ? »

J'ai rédigé plusieurs brouillons :

Chère Madame Baldwin,

Nous sommes vraiment désolés que vous ayez fait pareille découverte dans vos céréales, malheureusement ces petits désagréments sont inévitables.

Chère Mme Baldwin,

Nous sommes sincèrement navrés de vous avoir incommodée ; croyez, cependant, que le contenu de ce paquet était absolument stérile.

Chère Mme Baldwin,

Merci d'avoir attiré notre attention sur ce problème ; en effet, nous apprécions toujours d'être avisés des erreurs que nous avons pu commettre.

L'essentiel, je le savais, c'était d'éviter de nommer la mouche.

Le téléphone s'est remis à sonner ; cette fois, il s'agissait d'une voix à laquelle je ne m'attendais pas.

« Clara ! me suis-je exclamée, consciente de l'avoir négligée. Comment vas-tu ?

— C'est la merde, merci. Mais dis-moi, tu viendrais dîner à la maison ? J'ai vraiment envie d'une bouffée d'air.

— Avec plaisir, lui ai-je dit avec un enthousiasme à moitié sincère : ce serait mieux qu'un plateau-télé. À quelle heure grosso modo ?

— Oh, tu sais, quand tu pourras. Nous, on n'est pas franchement ponctuels. »

Elle paraissait amère.

À présent que j'avais accepté, je réfléchissais à toute bombe à ce que cette soirée allait impliquer : j'étais invitée pour distraire et servir de confidente, pour écouter la litanie des problèmes de Clara, ce qui ne me tentait pas.

« Tu penses que je pourrais amener Ainsley ? Enfin, si elle n'a rien d'autre. »

Je me disais que ce serait bénéfique pour Ainsley de faire un dîner sain – elle n'avait pris qu'un café à la pause – mais, au fond, j'avais envie qu'elle m'accompagne pour ne pas avoir à me taper toute la pression. Clara et elle pourraient discuter de psychologie infantile.

« Bien sûr, pourquoi pas ? Plus on est de fous, plus on rit, c'est notre devise. »

J'ai appelé Ainsley au boulot, lui ai demandé par précaution si elle avait prévu quelque chose et l'ai écoutée me détailler les deux invitations qu'elle avait refusées – l'une du témoin au procès du meurtre à la brosse à dents, l'autre du type de l'école dentaire rencontré la veille. Avec ce dernier, elle s'était montrée très grossière : elle ne sortirait plus jamais avec lui. À ce qu'elle a prétendu, il lui avait assuré qu'il y aurait des artistes.

« Tu ne fais rien, alors, ai-je constaté.

— Eh bien non, a répondu Ainsley, à moins que quelque chose ne se présente.

— Dans ce cas, pourquoi tu ne viens pas dîner avec moi chez Clara ? »

Je m'attendais à des protestations, mais elle a accepté sans sourciller. Je lui ai fixé rendez-vous à la station de métro.

J'ai quitté mon bureau à cinq heures et me suis dirigée vers les toilettes pour femmes, d'un rose élégant. J'avais envie de m'isoler quelques minutes pour me préparer psychologiquement avant d'aller chez Clara. Mais Emmy, Lucy et Millie étaient toutes là en train de coiffer leurs cheveux blonds et de retoucher leur maquillage. Leurs six yeux étincelèrent dans les miroirs.

« Tu sors, ce soir, Marian ? » m'a lancé Lucy, d'un ton trop dégagé.

Elle partageait ma ligne téléphonique et était évidemment au courant pour Peter.

« Oui », ai-je rétorqué sans plus de précision.

Leur curiosité pétrie de compassion m'a mise mal à l'aise.

4.

Je suis descendue vers la station en empruntant le trottoir de fin d'après-midi noyé dans une épaisse brume dorée de chaleur et de poussière mélangées. J'avais presque la sensation d'évoluer sous l'eau. J'ai aperçu la silhouette d'Ainsley, ondoyante à côté d'un poteau téléphonique, et, quand je l'ai rejointe, on a grossi les files d'employés de bureau qui s'engouffraient dans l'escalier menant à la fraîcheur des cavernes souterraines du métro. En manœuvrant prestement, on a réussi à s'assurer un siège, chacune d'un côté du wagon néanmoins, et j'ai lu les publicités, pour autant que me le permettait l'écran des corps brinquebalants. Quand, une fois à destination, on a pris les couloirs pastel, l'atmosphère nous a paru moins humide.

La maison de Clara se trouvait à quelques rues de là, plus au nord. On a marché en silence ; j'ai failli parler du plan de retraite, mais ai préféré m'abstenir. Ainsley ne comprendrait pas pourquoi ça me contrariait : elle ne verrait pas pourquoi je ne pouvais pas quitter mon boulot pour un autre, ni pourquoi je ne profitais pas de cet incident pour démissionner. Puis j'ai pensé à Peter et à ce qui lui était arrivé ; mais si je racontais ça à Ainsley, elle en rigolerait et c'est tout. En fin de compte, je lui ai demandé si elle se sentait mieux.

« Arrête avec tes questions, Marian, m'a-t-elle rétorqué, tu me donnes l'impression que je suis infirme. »

Vexée, je n'ai pas répondu.

On était en train de gravir une légère côte. La ville, qui paraît plate d'où qu'on la regarde, s'élève en réalité en une série de douces ondulations, à partir du lac. Cela expliquait la fraîcheur de l'air. Et puis il y avait moins de bruit ; je me suis fait la réflexion que Clara avait de la chance, surtout dans son état, de vivre si loin de la chaleur et du vacarme du centre. Pourtant, elle-même voyait la chose comme une sorte d'exil : ils avaient d'abord eu un appartement à proximité de l'université, mais le manque d'espace les avait obligés à migrer plus au nord, même s'ils n'avaient pas encore atteint la vraie banlieue avec ses pavillons modernes et ses breaks. Quant à leur rue, bien que dotée de constructions anciennes, elle n'avait pas le charme de la nôtre : c'était des maisons jumelles longues et étroites, avec des porches en bois et des jardinets riquiqui à l'arrière.

« Merde, quelle chaleur ! » a marmonné Ainsley comme on s'engageait dans l'allée menant chez Clara.

La pelouse, de la taille d'un paillasson, n'avait pas été tondue depuis un bout de temps. Sur les marches, il y avait une poupée quasiment décapitée et, dans le landau, un gros nounours qui perdait son rembourrage. J'ai frappé et, quelques minutes plus tard, Joe s'est montré derrière la porte-moustiquaire ; l'air débordé et les cheveux en broussaille, il reboutonnait sa chemise.

« Salut Joe. C'est nous. Comment va Clara ?

— Salut, entrez, entrez, a-t-il répondu en s'effaçant pour nous laisser passer. Clara est dehors, derrière. »

On a traversé la maison, agencée comme tous ces logements en général – salon devant, puis salle à manger avec portes coulissantes et cuisine –, en enjambant certains obstacles épars et en en contournant d'autres. On a négocié prudemment les marches du porche de derrière, qui disparaissaient sous un assortiment de bouteilles vides, bière, lait, vin et whisky, et de biberons, et on a trouvé Clara au jardin, installée dans un fauteuil rond en osier sur piètement métallique. Les pieds sur un autre siège, elle tenait sa petite dernière sur ses genoux ou, pour être plus précise, sur l'espace dont elle pouvait encore disposer. Clara est tellement mince que ses grossesses sont toujours spectaculaires et, là, dans son septième mois, on aurait cru un boa constricteur qui aurait avalé une pastèque. Par contraste, sa tête, avec son auréole de cheveux pâles, paraissait plus petite et encore plus fragile.

« Ah, salut, nous a-t-elle lancé d'un ton las comme nous descendions l'escalier. Salut Ainsley, ça me fait plaisir de te revoir. Merde, quelle chaleur ! »

On en a convenu et on s'est assises dans l'herbe, à côté d'elle, puisqu'il n'y avait pas de chaises. Ainsley et moi avons retiré nos chaussures ; Clara était déjà pieds nus. On s'est aperçues qu'il était difficile de discuter : la petite qui vagissait mobilisait l'attention générale, bien entendu, et pendant un moment elle seule s'est exprimée.

Au téléphone, Clara m'avait donné l'impression de m'appeler à l'aide, mais là j'ai eu le sentiment de ne pas pouvoir faire grand-chose ou, du moins, de ne rien pouvoir faire de ce qu'elle avait pu attendre de moi. Il fallait juste que je serve de témoin, voire d'ersatz de buvard, dont la simple présence physique allait absorber un peu de l'ennui ambiant.

Le bébé a cessé de vagir et s'est mis à gazouiller, tandis qu'Ainsley arrachait des brins d'herbe.

« Marian, a fini par me dire Clara, tu pourrais prendre Elaine un moment ? Elle n'aime pas aller par terre et je ne sens plus mes bras.

— Je vais la prendre », a proposé subitement Ainsley.

Clara a détaché la petite collée contre elle et la lui a passée en déclarant :

« Allez, petite sangsue. Parfois, j'ai la sensation qu'elle est comme une pieuvre, truffée de ventouses. »

Renfoncée dans son fauteuil, les yeux fermés, elle ressemblait à une drôle de légumineuse, à un tubercule bulbeux qui aurait déployé quatre fines racines blanches et une minuscule fleur jaune pâle. Une cigale chantait dans un arbre proche, et sa stridulation monotone nous transperçait entre les oreilles comme une aiguille de soleil, chauffée à blanc.

Ainsley, qui tenait le bébé maladroitement, le dévisageait avec curiosité. Je me suis fait la réflexion que leurs deux visages présentaient une similitude étonnante. La petite, qui avait des yeux ronds et bleus, fixait Ainsley, elle aussi ; un léger filet de bave coulait de sa bouche rose.

Clara a relevé la tête et soulevé les paupières.

« Est-ce que je peux vous offrir quelque chose ? nous a-t-elle proposé en se rappelant ses devoirs d'hôtesse.

— Oh non, ça va, me suis-je empressée de répondre, effrayée à l'idée de la voir batailler pour s'extirper de son fauteuil. Et moi, je peux aller te chercher quelque chose ? »

Me rendre utile m'aurait permis de me sentir plus à l'aise.

« Joe ne va pas tarder à venir nous rejoindre, a-t-elle ajouté comme pour se justifier. Alors, quoi de neuf ?

— Pas grand-chose. »

J'ai essayé de penser à des trucs susceptibles de la distraire, mais tout ce dont je pouvais parler, le bureau, les endroits où j'étais allée ou l'ameublement de l'appartement, n'aurait fait que la renvoyer à sa propre inertie, à son manque d'espace et de temps, à ses journées où elle se retrouvait piégée par d'incontournables petits détails.

« Tu sors toujours avec ce type sympa ? Celui qui est bien physiquement. Machin. Je me souviens qu'il est venu te chercher ici, une fois.

— Tu veux dire Peter ?

— Oui, s'est écriée Ainsley, avec une note de désapprobation. Il l'accapare complètement. »

Assise en tailleur, elle a calé le bébé entre ses genoux pour s'allumer une cigarette.

« C'est bon signe, on dirait, a remarqué Clara d'un ton lugubre. Au fait, devine qui est revenu ? Len Slank. Il a appelé l'autre jour.

— Ah, vraiment ? Quand est-ce qu'il est arrivé ? »

J'étais vexée qu'il ne m'ait pas donné signe de vie.

« Il y a à peu près une semaine, à ce qu'il a dit. Il m'a expliqué qu'il avait voulu te téléphoner, mais qu'il n'avait pas réussi à mettre la main sur ton numéro.

— Il aurait pu essayer les renseignements, ai-je rétorqué sèchement. N'empêche, j'aimerais bien le voir. Comment tu l'as trouvé ? Combien de temps il reste ?

— C'est qui ? a lancé Ainsley.

— Oh, il ne t'intéresserait pas, me suis-je dépêchée de répondre. (Difficile d'imaginer deux personnes plus mal assorties.) C'est juste un vieux copain de l'université.

— Il est allé en Angleterre et s'est déniché un boulot à la télé, a poursuivi Clara. Je ne sais pas trop ce qu'il fabrique. Un type sympa d'ailleurs, mais il est horrible avec les femmes, une sorte de Don Juan pour minettes. Pour lui, tout ce qui a plus de dix-sept ans, c'est trop vieux.

— Ah, c'est un mec comme ça, a déclaré Ainsley. Quels emmerdeurs ! »

Elle a écrasé sa cigarette dans l'herbe.

« En fait, j'ai eu l'impression que c'était pour ça qu'il était revenu, a poursuivi Clara, en s'animant un peu. Sans doute une histoire de fille ; comme l'embrouille qui l'a obligé à dégager.

— Ah », ai-je murmuré, pas du tout surprise.

À cet instant précis, Ainsley a poussé un petit cri et posé le bébé sur la pelouse.

« Elle a fait pipi sur ma robe, s'est-elle écriée d'un ton accusateur.

— Eh bien, ça arrive, tu sais », a remarqué Clara.

La petite s'est mise à hurler et je l'ai prise précautionneusement dans mes bras pour la confier à Clara. J'étais disposée à me montrer serviable, mais jusqu'à un certain point seulement.

Clara a hoché le bébé.

« Eh bien, toi, fichue bouche à incendie, a-t-elle chantonné d'une voix apaisante. Tu as arrosé l'amie à maman, hein ? Ça va partir, Ainsley. Mais on ne voulait pas te mettre de culotte imperméable par cette chaleur, hein, espèce de petit geyser puant ? N'allez jamais croire ce qu'on vous raconte sur l'instinct maternel, a-t-elle ajouté sombrement à notre intention. Je ne vois vraiment pas comment on peut aimer ses enfants tant qu'ils ne se sont pas transformés en êtres humains. »

Joe est apparu sur le porche, un torchon coincé dans la ceinture du pantalon en guise de tablier.

« Quelqu'un veut une bière avant le dîner ? »

Ainsley et moi, on a répondu : « Oui » avec enthousiasme tandis que Clara disait :

« Un petit vermouth pour moi, chéri. Je ne peux rien boire d'autre en ce moment, ça me retourne l'estomac. Joe, tu veux bien prendre Elaine et aller la changer ? »

Joe a descendu l'escalier pour récupérer la petite.

« Au fait, a-t-il ajouté, vous n'avez pas vu Arthur ?

— Oh, merde, où est-ce qu'il est encore allé se fourrer, ce petit bonhomme ? s'est exclamée Clara – question de pure forme, à ce qu'il semblait, tandis que Joe disparaissait à l'intérieur de la maison. À mon avis, il a compris comment ouvrir la porte de derrière. La petite canaille. Arthur ! Viens ici, mon chéri », a-t-elle crié languissamment.

Au bout de l'étroit jardin, deux menottes crasseuses ont écarté le linge étendu qui traînait presque par terre et l'aîné de Clara a pointé le bout de son nez. Comme le bébé, il ne portait rien à part ses couches. Hésitant, il nous a observées avec méfiance.

« Viens, mon chaton, et montre à maman ce que tu fabriquais. Lâche les draps propres », a-t-elle ajouté sans conviction.

Arthur s'est frayé prudemment un chemin dans l'herbe, en levant bien haut ses pieds nus à chaque pas. L'herbe devait le chatouiller. Sous son ventre renflé au nombril protubérant, ses couches, un peu lâches, semblaient ne tenir en place que parce qu'elles le voulaient bien. Il fronçait les sourcils, la mine grave.

Joe est revenu avec un plateau.

« Je l'ai collée dans le panier à linge, a-t-il annoncé. Elle joue avec les pinces. »

Les sourcils toujours froncés, Arthur nous avait rejoints et s'était planté à côté du fauteuil de sa mère.

« Pourquoi tu fais cette drôle de bobine, petit démon ? » l'a interrogé Clara.

Elle a procédé à une vérification manuelle.

« J'aurais dû m'en douter, a-t-elle soupiré, il était tellement sage. Mon cher mari, une fois de plus, ton fils a chié quelque part. Où ? je ne sais pas, ce n'est pas dedans. »

Joe a servi les boissons, puis s'est agenouillé et a dit à Arthur, fermement mais gentiment :

« Montre à papa où tu as fait caca. »

Arthur a levé les yeux vers lui, sans trop savoir s'il devait pleurnicher ou sourire. L'air grave, il a fini par piquer d'un côté du jardin, s'est accroupi près d'un massif de chrysanthèmes rouges empoussiérés et a fixé un carré de terre avec concentration.

« Tu es gentil », a conclu Joe avant de rentrer à l'intérieur.

« Cet enfant aime vraiment la nature, il adore chier dans le jardin, nous a confié Clara. Il se prend pour un dieu de la fertilité. Si on ne nettoyait pas, cet endroit ne serait plus qu'un vaste tas de fumier. Je ne sais pas comment il va se débrouiller quand la neige sera là. »

Elle a fermé les yeux.

« On essaie de lui apprendre à être propre, bien que, d'après certains bouquins, ce soit trop tôt, et on lui a acheté un pot en plastique. Il n'a pas la moindre idée de ce à quoi ça peut servir ; il le met sur la tête et se balade avec. Je pense qu'il le prend pour un casque. »

Sous nos yeux, Joe a traversé le jardin pour revenir avec un bout de journal plié tandis qu'on sirotait notre bière.

« Après celui-ci, je prends la pilule », a décrété Clara.

Lorsque Joe a eu enfin fini de préparer le repas, on est rentrées dîner autour de la table massive dans la salle à manger. La petite, repue, avait été exilée dans le landau sous le porche de devant, pendant qu'Arthur, installé dans sa chaise haute, esquivait avec des contorsions de handicapé moteur les cuillerées que Clara essayait de lui enfourner dans la bouche. Le repas se composait de boulettes de viande desséchées et de pâtes instantanées, accompagnées d'une salade de laitue. Pour le dessert, on a eu quelque chose que j'ai reconnu.

« C'est ce fameux nouveau riz au lait en boîte ; ça fait gagner beaucoup de temps, nous a expliqué Clara pour se justifier. Avec de la crème, ce n'est pas mauvais, et Arthur adore ça.

— Oui, ai-je renchéri. Et bientôt, il y en aura à l'orange et au caramel, aussi.

— Ah bon ? » s'est écriée Clara qui a rattrapé avec habileté un long filet de bave mêlée de riz au lait qu'elle a renfourné dans la bouche d'Arthur.

Ainsley a sorti une cigarette et l'a présentée à Joe pour avoir du feu.

« Dis-moi, lui a-t-elle lancé, tu le connais leur copain… Leonard Slank ? Elles font tellement de mystère à son sujet. »

Joe avait passé le repas à aller et venir pour enlever les assiettes et s'occuper de tout dans la cuisine. Il paraissait proche de l'étourdissement.

« Oh oui, je me souviens de lui. Cela étant, c'est un ami de Clara. »

Il a avalé son riz au lait à la hâte et a demandé à Clara si elle avait besoin d'aide, mais elle ne l'a pas entendu. Arthur venait de jeter son bol par terre.

« Et *toi*, qu'est-ce que tu penses de lui ? » a insisté Ainsley, comme si elle faisait appel à son intelligence supérieure.

Joe a fixé le mur pour réfléchir. Il n'aimait pas émettre de jugements négatifs, je le savais, cela dit je savais aussi qu'il n'appréciait pas Len.

« Il n'a pas d'éthique », a-t-il fini par répondre.

Joe est professeur de philosophie.

« Oh, c'est un peu injuste », ai-je protesté.

Avec moi, Len ne s'était jamais mal comporté.

Joe m'a regardée en fronçant les sourcils. Il ne connaît pas très bien Ainsley et a tendance à penser que toutes les jeunes célibataires représentent des proies faciles qu'il faut protéger. Il m'avait spontanément prodigué des conseils paternels à plusieurs reprises et, là, il a développé son point de vue.

« Ce n'est pas quelqu'un de… fréquentable », a-t-il déclaré avec gravité.

Nullement déconcertée, Ainsley est partie d'un petit rire et a soufflé sa fumée.

« Ça me rappelle que vous feriez bien de me donner son numéro de téléphone », ai-je remarqué.

Après le dîner, on s'est assises dans le salon jonché d'une foule d'objets pendant que Joe débarrassait. Je lui avais proposé de lui prêter main-forte, mais il m'avait répondu que ce n'était pas la peine, qu'il préférait que je bavarde avec Clara. Elle s'était installée, les paupières closes, sur le canapé, dans un nid de journaux froissés ; de nouveau, je me suis retrouvée à ne pas trop savoir quoi dire. Les yeux rivés sur le centre du plafond où se déployait une décoration en plâtre, aux volutes tarabiscotées, qui avait peut-être servi de base à un lustre, j'ai repensé à Clara au lycée : une grande fille fragile, perpétuellement dispensée d'éducation physique. Assise sur la touche, elle nous regardait dans nos survêtements aux allures de bloomers bleus, comme si des créatures pareillement ruisselantes de sueur et disgracieuses représentaient pour elle un spectacle tellement neuf qu'il en était vaguement amusant. Dans notre classe pleine d'adolescentes empâtées aux chips huileuses, elle incarnait, pour chacune d'entre nous, l'idéal de féminité diaphane des publicités pour parfums. À l'université, sa santé s'était un peu améliorée, mais elle avait laissé pousser ses cheveux blonds, ce qui lui avait donné un physique plus médiéval que jamais : dans ma tête, je l'associais aux dames qu'on voit sur les tapisseries, au cœur d'une roseraie. Intellectuellement, elle n'avait bien entendu aucun point commun avec elles, mais j'ai toujours été sensible aux apparences.

Elle s'est mariée avec Joe Bates au mois de mai de notre deuxième année, et j'ai d'abord cru qu'ils formaient un couple parfait. Grand, hirsute et légèrement voûté, Joe, qui avait presque sept ans de plus qu'elle, était alors en troisième cycle et se montrait très protecteur. L'adoration qu'ils se vouaient avant leur mariage relevait parfois d'un idéalisme ridicule ; personne n'aurait été surpris de voir Joe jeter son pardessus sur une flaque d'eau boueuse ou tomber à genoux pour baiser les bottes en caoutchouc de Clara. Les bébés étaient arrivés sans prévenir : Clara avait accueilli sa première grossesse avec stupéfaction et la deuxième avec consternation ; maintenant, avec la troisième, elle avait plongé dans un fatalisme amer mais léthargique. Parmi les métaphores qu'elle utilisait pour évoquer ses enfants, il y avait les bernacles collées après les bateaux et les patelles accrochées aux rochers.

Submergée par un flot de pitié gênante, je l'ai regardée : que faire ? Peut-être pouvais-je lui proposer de venir briquer sa maison un de ces jours. Clara n'avait aucun sens pratique, elle était incapable de se dépatouiller des questions les plus banales de l'existence, telles que les histoires d'argent ou le fait d'arriver à l'heure aux cours. Du temps où on vivait sur le campus, il y avait des périodes où elle se retrouvait désespérément empêtrée dans sa chambre sans être fichue de retrouver deux chaussures appareillées ou une tenue propre et il fallait que je l'arrache au bazar qu'elle avait laissé s'accumuler autour d'elle. Son désordre n'avait pas la créativité dynamique de celui d'Ainsley qui, lorsqu'elle se sentait perdue, pouvait vous chambouler une pièce en cinq minutes ; celui de Clara était passif. Elle restait là, impuissante, tandis que la marée de cochonneries montait autour d'elle sans qu'elle puisse ni la stopper ni la fuir. Pour les bébés, c'était pareil ; en un sens, son propre corps semblait n'en faire qu'à sa tête et suivre sa voie sans se soucier le moins du monde de sa volonté à elle. J'ai observé le motif floral très coloré de sa robe de grossesse ; pétales et vrilles stylisés bougeaient au rythme de sa respiration, comme doués de vie.

On est parties tôt, une fois Arthur couché dans des braillements après un « accident », pour reprendre les termes de Joe, derrière la porte du séjour.

« Ce n'était pas un accident, a affirmé Clara en rouvrant les yeux. Il adore faire pipi derrière les portes. Je me demande ce que ça signifie. Ce sera quelqu'un de dissimulé en grandissant, un agent secret, un diplomate ou je ne sais quoi. Quelle sournoise petite canaille ! »

Joe nous a raccompagnées à la porte, une pile de linge sale dans les bras.

« Il faut que vous reveniez nous voir bientôt, nous a-t-il dit, il y a si peu de gens avec qui Clara peut réellement parler. »

5.

On est descendues vers le métro dans une semi-obscurité, au milieu des stridulations des criquets, des bruits étouffés des téléviseurs (dans certaines maisons, on voyait leurs lueurs bleutées par les fenêtres ouvertes) et d'une odeur de bitume chaud. J'avais la sensation que ma peau était un carcan, comme si j'étais enfermée dans une couche de pâte humide. J'avais peur qu'Ainsley se soit ennuyée : elle observait un silence maussade.

« Le dîner n'était pas mauvais, ai-je dit parce que je voulais me montrer loyale envers Clara qui, après tout, était mon amie depuis plus longtemps qu'Ainsley, Joe est vraiment en train de devenir un bon cuisinier.

— Comment elle peut supporter ça ? a lancé Ainsley, avec plus de virulence que d'habitude. Rester allongée pendant que ce mec se tape tout le boulot ! Elle se laisse traiter en *objet* !

— Voyons, elle est enceinte de sept mois. Et elle n'a jamais été très en forme.

— Tu parles qu'elle n'est pas en forme ! a riposté Ainsley avec indignation. Elle se porte très bien ; c'est lui qui n'est pas en forme. Je le connais depuis même pas quatre mois et je vois déjà qu'il a pris un coup de vieux. Elle lui pompe toute son énergie.

— Qu'est-ce que tu suggères ? »

Ainsley m'énervait : elle n'avait pas idée de ce que Clara vivait.

« Eh bien, qu'elle *fasse* quelque chose, ne serait-ce que de manière symbolique. Elle n'a pas terminé ses études, non ? Ce ne serait pas le moment de s'y remettre ? Il y a des flopées de femmes enceintes qui passent leurs diplômes. »

J'ai repensé aux molles résolutions de Clara après son premier bébé : pour elle, c'était une interruption temporaire. Après le deuxième, elle avait gémi : « Je ne comprends pas pourquoi on se trompe ! J'essaie de faire très attention. » Elle avait toujours été contre la pilule – d'après elle, ça risquait de modifier sa personnalité – mais, peu à peu, elle était devenue moins catégorique. Elle avait lu un roman français (sa traduction) et un livre sur des expéditions archéologiques au Pérou et avait parlé de cours du soir. Depuis quelque temps, elle lâchait des remarques amères sur le fait qu'elle n'était « qu'une femme au foyer ».

« Mais Ainsley, tu n'arrêtes pas de répéter qu'un diplôme ne vaut pas grand-chose.

— Évidemment, le diplôme en soi ne signifie rien, c'est ce qu'il représente. Elle devrait s'organiser. »

De retour à l'appartement, j'ai repensé à Len et décidé qu'il n'était pas trop tard pour l'appeler. Il était chez lui et, après les politesses d'usage, je lui ai dit que ça me ferait vraiment plaisir de le voir.

« Super. Où et quand ? Choisis un endroit frais. Bordel, j'avais oublié à quel point il fait chaud, ici, l'été.

— Il ne fallait pas revenir, alors », ai-je rétorqué.

En lui laissant entendre que je savais pourquoi il était de retour, je lui tendais une perche.

« C'était plus sûr, a-t-il répondu avec une pointe de suffisance. Plus on leur en donne, plus elles en veulent. »

Il avait maintenant un léger accent anglais.

« Alors, Clara m'a dit que tu avais une nouvelle colocataire.

— Ce n'est pas ton genre. »

Installée sur le canapé du salon, Ainsley me tournait le dos.

« Ah, tu veux dire trop vieille, comme toi, hein ? »

C'était une de ses plaisanteries classiques.

J'ai éclaté de rire.

« Disons demain soir », ai-je proposé.

Je venais de penser que Len tombait à pic pour distraire Peter.

« À huit heures et demie environ au Park Plaza. Je te présenterai un ami.

— Ah ! ah ! Le type dont Clara m'a parlé. Ce n'est pas sérieux, si ?

— Oh non, pas du tout », ai-je affirmé pour le rassurer.

Lorsque j'ai eu raccroché, Ainsley a lancé :

« C'était à Len Slank que tu parlais ? »

J'ai répondu que oui.

« Comment il est physiquement ? » a-t-elle poursuivi d'un ton désinvolte.

Je ne pouvais pas refuser de le lui dire.

« Oh, plutôt banal. D'après moi, il ne te plairait pas. Il a des cheveux blonds et bouclés et des lunettes à monture d'écaille. Pourquoi ?

— Je me demandais, c'est tout. »

Elle se leva pour aller à la cuisine.

« Tu veux boire un truc ? m'a-t-elle crié.

— Oui, merci, mais de l'eau, pas d'alcool. »

Je suis allée m'asseoir sur le siège près de la fenêtre du séjour par laquelle entrait une petite brise.

Elle est revenue avec un whisky et des glaçons pour elle et m'a tendu mon verre d'eau. Puis elle s'est installée par terre.

« Marian, j'ai quelque chose à te dire. »

Il y avait une telle gravité dans sa voix que l'inquiétude m'a immédiatement saisie.

« Qu'est-ce qu'il y a ?

— Je vais avoir un bébé », m'a-t-elle annoncé calmement.

J'ai vite pris une gorgée d'eau. Comment Ainsley avait-elle pu faire pareille erreur de calcul ? C'était inimaginable.

« Je ne te crois pas. »

Elle a éclaté de rire.

« Oh, je ne te dis pas que je suis déjà enceinte. Mais je vais l'être. »

Malgré mon soulagement, je suis restée perplexe.

« Tu veux dire que tu vas te marier ? » ai-je insisté en pensant au malheureux Trigger.

J'ai tenté de deviner qui pouvait bien intéresser Ainsley, en vain ; je l'avais toujours connue résolument opposée au mariage.

« Je savais que tu dirais ça, a-t-elle rétorqué avec un mépris amusé. Non, je ne vais pas me marier. C'est ça le problème pour la plupart des enfants, ils ont trop de parents. On ne peut pas dire que le foyer de Clara et Joe constitue un cadre idéal pour un gamin. Pense un peu à la confusion des représentations maternelle et paternelle qu'ils vont avoir ; ils sont déjà bourrés de complexes. Et ce principalement à cause du père.

— Mais Joe est merveilleux ! Il fait tout ou presque pour elle ! Comment est-ce qu'elle se débrouillerait sans lui ?

— Précisément. Il faudrait qu'elle s'en sorte toute seule. D'ailleurs, elle s'en sortirait et, au bout du compte, ils grandiraient de manière bien plus harmonieuse. Ce qui démolit les familles de nos jours, ce sont les maris. Tu as remarqué qu'elle n'allaite même pas la petite ?

— Mais elle a des dents. En général, on sèvre les bébés quand ils ont des dents.

— C'est absurde, a rétorqué Ainsley, pas du tout convaincue, je te parie que c'est Joe qui l'a poussée. En Amérique du Sud, ils les allaitent bien plus longtemps que ça. En Amérique du Nord, les hommes détestent être témoins du fonctionnement naturel de la dyade mère-enfant, ils ont le sentiment d'être inutiles. Comme ça, Joe peut donner le biberon lui aussi. Une femme livrée à elle-même allaitera aussi longtemps que possible, c'est automatique : moi, en tout cas, c'est ce que je vais faire. »

J'ai eu l'impression que la discussion avait dévié : on était en train de débattre au plan théorique alors qu'on était confronté à un problème pratique. J'ai risqué une attaque personnelle :

« Ainsley, tu ne connais rien de rien aux bébés. En plus, tu ne les aimes pas tant que ça : pour toi, ils sont trop sales et trop bruyants, je t'ai entendue le dire.

— Ce n'est pas parce qu'on n'aime pas les bébés des autres qu'on n'aime pas le sien. »

Ne pouvant nier cette évidence, je me sentis à court d'arguments : je ne voyais même plus comment justifier mon opposition à son projet. Le pire, c'était qu'elle allait sans doute le mettre à exécution. Quand elle veut quelque chose, elle sait se montrer extrêmement efficace, même s'il s'agit parfois, à mon avis, de trucs pas raisonnables – on en avait là un exemple flagrant. J'ai décidé d'aborder le problème avec pragmatisme.

« Bon, je te l'accorde. Mais pourquoi est-ce que tu désires un bébé, Ainsley ? Qu'est-ce que tu vas en *faire* ? »

Elle m'a décoché un regard écœuré.

« Toutes les femmes devraient avoir au moins un enfant. »

On aurait juré une voix radiophonique affirmant que toutes les femmes devraient avoir au moins un sèche-cheveux électrique.

« C'est même plus important que le sexe. Ça comble ta féminité la plus profonde. »

Ainsley adore les bouquins de poche où des anthropologues décrivent des sociétés primitives : il y en a plusieurs ensevelis au milieu des vêtements qui traînent par terre dans sa chambre. Dans sa fac, vous êtes obligé de suivre ce genre de cours.

« Mais pourquoi maintenant ? ai-je insisté en me triturant les méninges pour lui opposer des arguments. Et ton job dans une galerie d'art ? Et les artistes que tu rêves de rencontrer ? »

Je lui avançais ces options comme on offre une carotte à un âne.

Ainsley m'a regardée avec de grands yeux.

« Quel est le rapport entre avoir un bébé et un job dans une galerie d'art ? Pour toi, c'est toujours ou tout blanc ou tout noir. Le truc, c'est de voir l'*ensemble*. Quant à pourquoi maintenant, eh bien, ça fait un moment que j'y pense. Tu ne ressens pas le besoin d'avoir un but dans la vie ? Et tu ne préférerais pas avoir tes enfants pendant que tu es jeune ? que tu peux en profiter ? En plus, il est prouvé qu'ils ont plus de chances d'être en bonne santé si tu les as entre vingt et trente ans.

— Et tu vas le garder. »

J'ai embrassé le salon du regard en calculant déjà le temps, l'énergie et l'argent qu'il nous faudrait pour emballer et déménager le mobilier. C'était moi qui avais apporté la majorité des meubles les plus conséquents : la table basse, ronde et massive, un cadeau provenant du grenier d'un parent de ma ville natale ; la table à abattants, en noyer, qu'on déployait quand on avait de la visite, un cadeau aussi ; le fauteuil rembourré et le canapé que j'avais dénichés à l'Armée du Salut et retapissés. L'affiche géante de Theda Bara et les fleurs en papier, multicolores, étaient la propriété d'Ainsley, de même que les cendriers et les coussins en plastique gonflables aux dessins géométriques. D'après Peter, notre salon manquait d'unité. Pour moi, ça n'avait jamais été un aménagement définitif, mais à présent que notre cadre était menacé, je lui trouvais une stabilité séduisante. Les tables plantaient leurs pieds sur le sol avec davantage de fermeté ; il me paraissait inconcevable qu'on puisse jamais descendre par l'escalier étroit la table basse et ronde, qu'on roule l'affiche de Theda Bara en mettant à nu la fissure dans le plâtre, que les coussins en plastique se laissent dégonfler et ranger dans une malle. Je me suis demandé si la dame d'en bas allait considérer la grossesse d'Ainsley comme un manquement à nos obligations contractuelles et nous traîner en justice.

Ainsley s'est rembrunie.

« Bien sûr que je vais le garder. Sinon, pourquoi se coltiner tous ces problèmes ?

— Alors, ça revient à dire, ai-je enchaîné en finissant mon verre d'eau, que tu as décidé, de sang-froid, d'avoir un enfant illégitime et de l'élever seule.

— Oh, que c'est pénible d'*expliquer* ! Pourquoi ce terme horriblement bourgeois ? Naître est légitime, non ? Tu es une prude, Marian, et c'est bien ça le hic avec notre société.

— D'accord, je suis une prude, ai-je répliqué, secrètement blessée. (Je me jugeais plus large d'esprit que bien des gens.) Mais si la société est ce qu'elle est, ne te montres-tu pas égoïste ? L'enfant ne va-t-il pas souffrir ? Comment comptes-tu l'assumer et te débrouiller des préjugés de ton entourage, etc. ?

— Comment la société pourra-t-elle jamais changer, m'a lancé Ainsley avec une dignité de croisé, si personne n'ouvre la voie ? Je dirai la vérité et c'est tout. Je sais que je vais me heurter à des problèmes de temps à autre, mais je suis sûre que, même ici, il y aura des gens qui se révéleront très tolérants. Voyons, ce ne sera pas aussi dur que si j'étais tombée enceinte par accident ou autre chose. »

On est restées silencieuses pendant quelques minutes. On avait apparemment fait le tour de la question.

« D'accord, ai-je fini par déclarer, je vois que tu as pensé à tout. Mais *quid* d'un père pour ce bébé ? J'ai bien conscience que ce n'est là qu'un simple détail technique, n'empêche qu'il va t'en falloir un, tu vois, ne serait-ce qu'un petit moment. Tu ne peux pas juste te reproduire par scissiparité.

— Eh bien (elle m'avait prise au pied de la lettre), en fait, j'y ai réfléchi. Il faudra qu'il ait une hérédité convenable et qu'il soit assez bel homme ; et ça m'aiderait si je pouvais dégotter quelqu'un de coopératif qui comprenne que je n'ai pas envie de me marier et qui n'en fasse pas tout un plat. »

Elle me rappelait, plus que je ne l'aurais souhaité, un éleveur de bétail débattant de reproduction.

« Tu as quelqu'un en vue ? L'étudiant de l'école dentaire ?

— Mon Dieu, non, il a le menton fuyant.

— Le témoin du meurtre à la brosse à dents électrique ? »

Elle a plissé le font.

« À mon avis, il n'est pas très futé. Je préférerais un artiste, bien sûr, mais, génétiquement, c'est trop risqué ; à l'heure qu'il est, ils se sont sûrement tous bousillé les chromosomes à coups de L S D. J'imagine que je pourrais activer Freddy, le mec de l'année dernière, ça ne le gênerait pas du tout, mais il est trop gros et, en fin de journée, il a vraiment une méchante barbe. Je ne voudrais pas d'un enfant gros.

— Ni d'un trop barbu », ai-je ajouté, soucieuse d'apporter mon concours.

Ainsley m'a regardée avec mécontentement.

« Là, tu es sarcastique. Si seulement les gens voulaient bien réfléchir davantage aux caractères qu'ils transmettent à leurs enfants, ils ne se lanceraient peut-être pas aveuglément dans l'aventure. On sait que la race humaine dégénère, et tout ça parce que les gens transmettent leurs gènes défaillants sans s'interroger au préalable. Or, du fait des progrès de la médecine, il n'y a plus de sélection naturelle. »

Je commençais à perdre pied. J'avais beau savoir qu'Ainsely avait tort, elle paraissait extrêmement rationnelle. Je me suis dit que je ferais mieux d'aller me coucher avant qu'elle ne m'ait convaincue malgré moi.

Dans ma chambre, je me suis assise sur mon lit, dos au mur, pour réfléchir. Après avoir essayé de me concentrer sur les moyens de la dissuader, je me suis résignée. Elle avait pris sa décision et, même si je pouvais espérer qu'il ne s'agissait que d'un caprice passager, en quoi cela me concernait-il ? J'allais devoir m'adapter à la situation, un point c'est tout. Peut-être faudrait-il que je me trouve une autre colocataire, le jour où on serait obligées de déménager ; mais serait-il correct d'abandonner Ainsley à son sort ? Je ne voulais pas me comporter en irresponsable.

Je me suis couchée, perturbée.

6.

Le réveil m'a brutalement tirée d'un rêve dans lequel mes pieds commençaient à se dissoudre comme de la gelée sur le feu et où j'enfilais une paire de bottes en caoutchouc juste à temps pour m'apercevoir que l'extrémité de mes doigts devenait translucide. Je m'élançais vers le miroir pour contrôler mon visage mais, là, je me suis réveillée. En général, je ne me souviens pas de mes rêves.

Ainsley dormait toujours, je me suis donc fait un œuf à la coque et j'ai bu mon jus de tomate et mon café, seule. Puis j'ai mis une tenue spéciale enquêtes, jupe style fonctionnaire, chemisier à manches longues et chaussures de marche à talons plats. Je voulais démarrer de bonne heure, mais ne pouvais être trop matinale, sinon les amateurs de grasse matinée ne seraient pas encore levés. J'ai sorti mon plan de ville afin de l'étudier et ai éliminé mentalement les zones retenues pour l'enquête proprement dite. J'ai avalé un toast et une seconde tasse de café et me suis tracé quelques itinéraires possibles.

Ce qu'il me fallait, c'était sept ou huit consommateurs de bière – avec une consommation hebdomadaire moyenne – qui accepteraient de répondre à mes questions. Compte tenu du week-end prolongé, ils s'avéreraient peut-être plus difficiles à localiser qu'en temps normal. Je savais par expérience que les hommes répugnaient souvent plus que les femmes à jouer le jeu du questionnaire. Les rues adjacentes à l'appartement étaient exclues : la dame d'en bas risquait d'apprendre par la bande que j'avais interrogé les voisins sur leur consommation de bière. Par ailleurs, j'avais dans l'idée que, mis à part un petit noyau de veuves qui ne buvaient jamais une goutte d'alcool, mon voisinage était davantage porté sur le whisky. Le quartier des maisons de rapport plus à l'est était exclu lui aussi : je l'avais essayé une fois pour une dégustation de chips et m'étais heurtée à des logeuses très hostiles. Apparemment, elles m'avaient prise pour un agent du gouvernement, circulant incognito dans le but de s'assurer qu'elles n'avaient pas plus de locataires qu'elles ne le déclaraient au fisc, auquel cas elles auraient été davantage imposées. J'ai songé aux confréries d'étudiants à côté de l'université, mais me suis rappelé que l'enquête exigeait des sondés au-dessus de la limite d'âge.

J'ai pris le bus, me suis arrêtée à la station de métro où j'ai noté le prix de mon billet sous l'intitulé « Transport », dans la rubrique dépenses de ma feuille de relevé d'heures, puis j'ai traversé la rue. Après quoi, je suis descendue jusqu'au jardin plat et sans un seul arbre qui s'étendait en face de la station. Il y avait un terrain de base-ball dans un coin, mais pas un seul joueur. Le reste se résumait à une simple pelouse jaunie qui crissait sous les pieds. La journée s'annonçait pareille à la précédente : il n'y avait pas un souffle de vent et on étouffait. Bien que dégagé, le ciel semblait bouché : l'atmosphère était lourde, comme chargée de vapeur invisible, de sorte que les couleurs et les contours des objets au loin paraissaient flous.

Au bout du parc se trouvait une rampe asphaltée que j'ai gravie. Elle menait à une rue bordée de petites maisons assez minables, serrées les unes contre les autres, du genre boîtes à chaussures à deux étages avec habillage en bois autour des fenêtres et des avant-toits. Sur certaines, les encadrements venaient d'être repeints, ce qui soulignait d'autant l'aspect délabré des façades en bardeaux. C'était un quartier qui, après s'être dégradé durant plusieurs décennies, avait suscité, comme d'autres, un regain d'intérêt au cours des dernières années. Plusieurs rescapés des banlieues avaient acheté ces maisons de ville et les avaient entièrement retapées : après les avoir peintes en blanc – un blanc sophistiqué –, ils leur avaient ajouté des allées dallées, des arbres à feuillage persistant dans des pots en ciment et des lanternes d'extérieur près des portes. À côté des autres, elles affichaient un air effronté comme si elles avaient choisi de tourner le dos avec une belle insouciance aux problèmes que posaient le passage du temps, le délabrement et le climat puritain. J'ai décidé de les éviter pour mes interviews. Ce n'était pas là que je trouverais les personnes qu'il me fallait : ici, il devait y avoir des amateurs de Martini.

Quand on sait qu'on doit aller demander ce qui n'est ni plus ni moins qu'une faveur, une rangée de portes fermées a quelque chose d'intimidant. Je me suis rajustée, j'ai redressé les épaules et pris une expression autoritaire mais aimable – du moins, je l'espérais –, que j'ai gardée jusqu'au pâté de maisons suivant avant de parvenir à me motiver suffisamment pour me lancer. J'ai repéré, tout au bout, un bâtiment relativement neuf en apparence. J'en ai fait mon objectif final : dedans, il ferait frais et peut-être que je pourrais y obtenir les entretiens qui me manqueraient encore.

J'ai pressé la première sonnette. Quelqu'un m'a détaillée brièvement à travers les rideaux semi-transparents de la fenêtre ; puis la porte s'est ouverte sur une femme aux traits anguleux, vêtue d'un tablier imprimé à bavette. Son visage ne portait pas la moindre trace de maquillage, pas même de rouge à lèvres, et elle était chaussée de ces souliers noirs à lacets et gros talons qui m'évoquent le mot « orthopédique » et que j'associe aux fameuses bonnes affaires que proposent les sous-sols des grands magasins.

« Bonjour, madame, je représente Seymour Surveys, lui ai-je expliqué avec un sourire fourbe. Nous effectuons une petite enquête et je me demandais si votre mari aurait la gentillesse de répondre à quelques-unes de mes questions.

— Vous vendez quelque chose ? a-t-elle répliqué en jetant un coup d'œil sur mes papiers et mon crayon.

— Oh non ! Nous n'avons rien à voir avec la vente. Notre société assure des études de marché et des enquêtes, rien de plus. C'est un moyen d'améliorer les produits de consommation courante », ai-je ajouté sans conviction.

À mon avis, ce n'était pas là que j'allais trouver mon bonheur.

« Et c'est sur quoi ? a-t-elle ajouté, les lèvres pincées par la méfiance.

— Euh, sur la bière, en fait », ai-je répondu d'un ton métallique et criard alors que je m'efforçais de donner au terme le plus de légèreté possible.

Son visage s'est métamorphosé. Elle va refuser, me suis-je dit. Mais, après un moment d'hésitation, elle s'est effacée et a déclaré d'une voix qui m'a évoqué de la bouillie de flocons d'avoine froide :

« Entrez. »

Dans le couloir carrelé et impeccablement propre, je suis restée à humer des odeurs de cire et d'eau de Javel pendant qu'elle s'éclipsait derrière une porte à quelques pas de là. J'ai entendu des murmures, puis la porte s'est rouverte et un homme de grande taille, aux cheveux gris et à la mine sévère, a surgi, la femme sur ses talons. Malgré la chaleur, il arborait une veste noire.

« Bon, jeune demoiselle, a-t-il déclaré, je ne vais pas vous semoncer personnellement, car je vois bien que vous êtes quelqu'un d'honorable, un simple jouet innocent au service de cette finalité exécrable. Mais voulez-vous avoir la gentillesse de remettre ces tracts à vos employeurs ? Qui peut dire si leurs cœurs ne vont pas s'adoucir ? Propager la boisson et l'ivresse est une iniquité, un péché contre Notre-Seigneur. »

J'ai pris les documents qu'il me tendait mais, dans un élan de loyauté envers Seymour Surveys, j'ai spécifié :

« Notre société n'a rien à voir avec la *vente* de bière, vous savez.

— C'est la même chose, a-t-il rétorqué sévèrement, tout cela revient au même. “Ceux qui ne sont pas avec moi sont contre moi”, a dit le Seigneur. Ne tentez pas de blanchir le sépulcre de ces trafiquants de la misère et de la dégradation humaines. »

Il allait se détourner, mais a ajouté comme après réflexion :

« Vous pourriez peut-être les lire, vous aussi, jeune demoiselle. Certes, vous ne polluez jamais vos lèvres avec de l'alcool, mais il n'est pas d'âme qui soit absolument pure et à l'abri de la tentation. Peut-être la semence ne tombera-t-elle ni sur le bord du chemin ni même sur un terrain pierreux ? »

J'ai bredouillé un faible « Merci » et l'homme a distendu sa bouche en un sourire. Son épouse, qui avait écouté ce bref sermon avec une austère satisfaction, s'est avancée pour m'ouvrir, et je me suis éclipsée en résistant au réflexe impérieux qui me poussait à leur serrer la main, comme à la sortie de l'église.

Ça commençait mal. J'ai jeté un coup d'œil sur les tracts en poursuivant mon chemin. « Tempérance », conseillait l'un d'entre eux. L'autre, plus virulent, s'intitulait « La boisson et le diable ». Ce doit être un pasteur, ai-je pensé, mais certainement pas anglican, et sans doute même pas de l'Église unifiée. Il doit appartenir à une obscure secte.

Il n'y avait personne dans la maison voisine et, à celle d'après, j'ai été accueillie par une gamine barbouillée de chocolat qui m'a expliqué que son papa n'était pas encore levé. À la suivante par contre, j'ai vite compris que j'avais enfin trouvé un bon terrain de chasse. La porte principale était entrebâillée et, peu après mon coup de sonnette, j'ai vu approcher un homme de taille moyenne, très trapu et presque gras. Lorsqu'il a ouvert la moustiquaire, j'ai noté qu'il n'avait que des chaussettes aux pieds, pas de chaussures ; il était vêtu d'un maillot de corps et d'un bermuda. Il avait le teint rouge brique.

Je lui ai détaillé ma mission et lui ai présenté la fiche avec l'échelle-de-consommation-moyenne-de-bière-par-semaine classée de 0 à 10. Seymour Surveys procède ainsi parce que certains hommes n'osent pas avouer franchement combien ils consomment. Celui-ci a coché le numéro 9, le deuxième en partant du haut. Personne ou presque ne choisit le numéro 10 : les gens aiment croire qu'ils ne sont pas ceux qui boivent le plus.

À ce stade, le bonhomme m'a proposé :

« Venez vous asseoir au salon. Vous devez être fatiguée de vous promener par la chaleur qu'il fait. Ma femme vient juste de partir en courses », a-t-il ajouté, sans que je voie le rapport avec le sujet qui nous occupait.

Je me suis installée dans l'un des fauteuils pendant qu'il baissait le volume de la télévision. J'ai remarqué une bouteille d'un concurrent de la bière Élan, à moitié vide, par terre à côté de son siège. Souriant et s'épongeant le front avec son mouchoir, il s'est assis en face de moi et a répondu aux questions préliminaires à la manière d'un expert assénant un jugement de pro. Après avoir écouté le jingle chanté, il s'est gratté pensivement les poils du torse et a réagi avec un enthousiasme à la hauteur des prières quotidiennes d'un plein séminaire de publicitaires. Une fois l'enquête terminée, j'ai noté son nom et son adresse, précaution dont la société a besoin afin de ne pas interroger les mêmes personnes deux fois, puis me suis levée pour le remercier, mais il s'est extrait de son siège et m'a approchée en tanguant et me fixant avec des yeux où la lubricité le disputait à l'alcool.

« Maintenant, qu'est-ce qu'une petite mignonne dans ton genre fait à se promener en demandant aux hommes combien de bières ils boivent ? a-t-il bredouillé d'une voix doucereuse. Tu devrais être chez toi avec un grand costaud pour te dorloter. »

J'ai collé les deux brochures sur la tempérance dans la main moite qu'il tendait vers moi et me suis carapatée.

J'ai mené vaille que vaille quatre autres entretiens sans trop d'incidents et découvert par la même occasion qu'il manquait deux cases au questionnaire : « N'a pas le téléphone… Fin de l'enquête », puis : « N'écoute pas la radio », et que les hommes qui souscrivaient aux sentiments tarzano-virils de la publicité avaient tendance à critiquer le terme « excitante » qu'ils jugeaient « trop léger » ou, pour reprendre la formulation de l'un d'eux, « trop chochotte ». Pour le cinquième entretien, j'ai eu affaire à un grand type malingre qui commençait à se dégarnir et avait tellement peur de donner son avis qu'il était à peu près aussi commode de lui tirer un mot que d'essayer de délester quelqu'un d'une paire de quenottes à l'aide d'une clé anglaise. À chacune de mes questions, il rougissait, déglutissait avec de grands mouvements de la pomme d'Adam et grimaçait tant qu'il pouvait. Quand, après le jingle chanté, je lui ai demandé : « Avez-vous aimé cette publicité ? Beaucoup, moyennement ou pas du tout ? », il est resté muet l'espace de plusieurs minutes avant de balbutier dans un filet de voix :

« Oui. »

Ne me restait maintenant plus que deux entretiens. J'ai décidé de sauter les quelques maisons suivantes et d'aller directement à l'immeuble carré. J'y suis entrée en recourant à ma méthode habituelle, c'est-à-dire que j'ai appuyé sur tous les boutons en même temps jusqu'à ce qu'un brave pigeon débloque la porte intérieure.

La fraîcheur m'a revigorée. J'ai grimpé un modeste escalier dont la moquette commençait à s'élimer et frappé à la première porte qui se présentait, la 6. Ça m'a paru bizarre car, vu son emplacement, elle aurait dû afficher le numéro 1.

Rien ne s'est passé. J'ai frappé de nouveau, plus fort, et, au bout d'un moment, alors que j'allais passer à l'appartement suivant, la porte s'est ouverte sans bruit vers l'intérieur et je me suis retrouvée devant un jeune garçon qui m'a donné l'impression d'avoir une quinzaine d'années.

Il se frottait l'œil d'un doigt, comme s'il venait de se lever. D'une maigreur cadavérique et torse nu, il avait les côtes saillantes d'un de ces personnages émaciés des gravures sur bois moyenâgeuses. La peau qui les recouvrait, pratiquement incolore, n'était pas blanche, mais plus proche du ton cireux du linge de maison vieilli. Il était pieds nus et ne portait qu'un pantalon kaki. Ses yeux, en partie masqués par une masse de cheveux raides et noirs qui lui tombait sur le front, reflétaient une tristesse obstinée et comme voulue.

On s'est dévisagés. Il n'avait manifestement pas l'intention de dire quoi que ce soit et, moi, je ne savais pas vraiment par où commencer. Mes questionnaires s'étaient subitement vidés de leur sens et se révélaient même menaçants, sans que je puisse me l'expliquer. Tout en ayant le sentiment de manquer totalement de naturel, j'ai finalement réussi à bredouiller :

« Salut, est-ce que votre papa est là ? »

Il a continué à me dévisager d'un air impassible.

« Non. Il est mort.

— Oh. »

J'ai un peu perdu pied ; le contraste avec la chaleur extérieure m'avait valu un léger vertige. Le temps semblait s'être ralenti ; j'avais la sensation qu'il n'y avait rien à ajouter, cependant je ne pouvais ni partir ni bouger. Quant à lui, il était toujours planté dans l'embrasure de la porte.

Puis, après une éternité, je me suis dit qu'il n'était peut-être pas aussi jeune qu'il y paraissait. Il avait des cernes sombres sous les yeux et de fines pattes-d'oie.

« Vous n'avez vraiment que quinze ans ? lui ai-je demandé, comme s'il m'avait confié son âge.

— J'en ai vingt-six », a-t-il répondu d'un ton morne.

J'ai eu un sursaut visible et, comme si la réponse avait appuyé sur un accélérateur caché quelque part en moi, je me suis mise à débiter à toute bise une version de mon baratin selon lequel j'appartenais à Seymour Surveys, que je ne vendais rien, que c'était juste pour améliorer les produits de consommation courante et que je voulais lui poser quelques questions simples sur la quantité moyenne de bière qu'il buvait par semaine ; en même temps, je me disais qu'il avait l'air de n'avoir jamais bu que de l'eau pour faire glisser la croûte de pain qu'on lui jetait au fond des oubliettes où il gisait enchaîné. Croyant déceler chez lui un intérêt lugubre, de l'ordre de celui qu'on pourrait éprouver (dans l'hypothèse où ça pourrait jamais arriver) devant un chien mort, je lui ai tendu la fiche de consommation-moyenne-par-semaine et lui ai demandé de se situer. Il l'a fixée un instant, l'a retournée pour étudier le verso, qui était vierge, a baissé les paupières et m'a lancé :

« Le 6. »

Cela correspondait à sept à dix bouteilles par semaine, assez pour qu'il puisse répondre au questionnaire ; je le lui ai dit.

« Entrez, alors », m'a-t-il proposé.

Une fois le seuil franchi, quand la lourde porte en bois s'est refermée en claquant derrière moi, j'ai éprouvé une pointe d'inquiétude.

On s'est retrouvés dans un salon de taille moyenne parfaitement carré, avec une kitchenette d'un côté et, de l'autre, le couloir menant aux chambres. Les lames du store vénitien protégeant l'unique petite fenêtre étant baissées, il régnait dans la pièce une obscurité crépusculaire. Les murs étaient d'un blanc terne, pour autant que je pouvais en juger, et totalement vides. Un très joli tapis persan orné de riches motifs de volutes et de fleurs vert, bordeaux et violet recouvrait le sol ; il était encore plus beau, me suis-je dit, que celui que la dame d'en bas avait hérité de son grand-père paternel et qui trônait dans son petit salon. Une bibliothèque, dans le genre de celles qu'on monte soi-même avec des briques et des planches, occupait toute la longueur d'un mur. Le reste du mobilier se résumait à trois vieux fauteuils exagérément rembourrés, l'un tapissé de peluche rouge, l'autre d'un brocart bleu verdâtre fatigué et le dernier d'un tissu fané, violet, et à trois lampadaires, un par fauteuil. Feuilles volantes, carnets, livres ouverts et posés à plat et divers autres manuels hérissés de crayons et de bouts de papier en guise de signets mobilisaient toutes les surfaces libres des lieux.

« Vous vivez tout seul ? » ai-je demandé.

Il m'a fixée de ses yeux lugubres.

« Ça dépend de ce que vous entendez par “tout seul”.

— Oh, je vois », ai-je marmonné poliment.

J'ai traversé le salon et me suis efforcée de préserver mon joyeux dynamisme de façade tandis que j'enjambais ou contournais d'un pas hésitant le désordre par terre pour me diriger vers le siège violet, le seul à ne pas crouler sous un fouillis de paperasse.

« Vous ne pouvez pas vous asseoir là, a-t-il déclaré dans mon dos d'un ton légèrement critique, c'est le fauteuil de Trevor. Ça ne lui plairait pas.

— Oh. Et le rouge, ça va ?

— Euh, c'est celui de Fish, ça ne le gênerait pas, enfin, je crois. Mais il a ses papiers dessus et vous risqueriez de les déranger. »

Je ne voyais pas comment le simple fait de m'asseoir dessus pourrait les déranger davantage, mais je me suis gardée de tout commentaire. Je me demandais si Trevor et Fish étaient deux camarades de jeu nés de la fantaisie de ce garçon et s'il avait menti sur son âge. À voir son visage sous cet éclairage, on lui aurait donné dix ans. Le dos voûté, les bras croisés sur le torse et les mains nouées sur les coudes, il me fixait avec gravité.

« Et je suppose que le vôtre, c'est le vert, donc ?

— Oui, mais ça fait des semaines que je ne l'ai pas utilisé. J'ai tout bien rangé dessus. »

J'eus envie d'examiner ce qu'il avait rangé au juste, mais me suis rappelé que j'étais là pour travailler.

« Où est-ce qu'on va s'installer, alors ?

— Par terre, ou dans la cuisine, ou bien dans ma chambre.

— Oh non, pas la chambre ! » me suis-je écriée.

J'ai reculé au milieu des documents pour jeter un œil dans la kitchenette. Une odeur bizarre m'a accueillie – il y avait apparemment des sacs d'ordures à chaque coin ; de grosses casseroles et des bouilloires, propres pour certaines, occupaient le reste de la pièce.

« On dirait qu'il n'y a pas de place », ai-je reconnu.

Je me suis penchée pour dégager les papiers répandus sur le tapis, un peu comme on écumerait un bassin envahi de détritus.

« À mon avis, il vaut mieux ne pas faire ça. Ils ne sont pas tous à moi. Vous risqueriez de les mélanger. Il serait préférable que nous allions dans la chambre. »

Il s'est engagé dans le couloir d'un pas traînant et a franchi une porte ouverte. Par la force des choses, je l'ai suivi.

La pièce, une boîte rectangulaire aux murs blancs, était aussi obscure que le salon : là aussi, le store vénitien était baissé. Il n'y avait aucun meuble à part une table à repasser avec un fer dessus, un jeu d'échecs dont certains pions gisaient éparpillés dans un coin, une machine à écrire à même le sol, un carton – plein de linge sale apparemment –, qu'il a poussé d'un coup de pied vers le placard au moment où j'entrais, et un lit à une place. Il a tiré une couverture grise de l'armée sur les draps en désordre et s'est installé en tailleur dans l'angle formé par les deux murs. Il a branché la lampe de chevet au-dessus du lit, sorti une cigarette d'un paquet qu'il a remis ensuite dans sa poche arrière, l'a allumée et l'a gardée devant lui, les mains en coupe, tel un Bouddha émacié qui se serait fait brûler de l'encens.

« Bon », a-t-il dit.

Je me suis assise sur le bord du lit – il n'y avait pas de chaise – et j'ai parcouru le questionnaire avec lui. Après chaque question, il renversait la tête contre le mur et fermait les paupières pour me répondre ; puis il rouvrait les yeux et me fixait, l'air à peine attentif, tandis que je lui soumettais la suivante.

Quand nous sommes arrivés au jingle chanté, il est allé composer le numéro sur le téléphone dans la cuisine. Il est resté parti une éternité. Je suis allée voir ce qu'il se passait et l'ai trouvé, le récepteur collé sur l'oreille et la bouche tordue en une sorte de sourire.

« Vous êtes censé ne l'écouter qu'une seule fois », lui ai-je lancé sur le mode du reproche.

Il a raccroché de mauvaise grâce.

« Est-ce que je peux rappeler et réécouter quand vous serez partie ? m'a-t-il demandé du ton timide mais enjôleur du petit enfant qui réclame un biscuit supplémentaire.

— Oui, mais pas la semaine prochaine, d'accord ? »

Je ne voulais pas qu'il bloque la ligne réservée aux enquêtrices.

Revenus dans la chambre, on a repris nos positions respectives.

« Maintenant, je vais vous répéter certaines phrases du message publicitaire et j'aimerais que vous me disiez à quoi chacune d'entre elles vous fait penser », lui ai-je expliqué.

C'était la partie association libre du questionnaire qui visait à tester les réactions spontanées à certaines phrases clés.

« D'abord, que pensez-vous de “profondément virile” ? »

Il a renversé la tête en arrière et fermé les yeux.

« Sueur, a-t-il lâché, songeur. Chaussures de gym en toile. Vestiaires en sous-sol et slips de sport. »

Un enquêteur est toujours censé noter les termes exacts de la réponse, ce que j'ai fait. J'ai envisagé de glisser cet entretien dans la pile des véritables enquêtes afin de distraire une des femmes aux crayons de la monotonie de leur boulot – Mme Weemers, peut-être, ou Mme Gundridge. Elle la lirait aux autres à voix haute et elles s'exclameraient qu'il fallait de tout pour faire un monde ; ça les occuperait durant trois pauses-café au moins.

« Et maintenant que pensez-vous de "une bonne rasade bien fraîche" ?

— Pas grand-chose. Oh, attendez une minute. Je vois un rapace, blanc, qui tombe de très haut. Atteint d'une balle au cœur, en hiver ; il perd ses plumes, elles tombent doucement… C'est exactement comme ces tests d'association de mots que le psy vous file, a-t-il ajouté, les yeux ouverts. Ils m'ont toujours plu. C'est mieux que ceux avec des images.

— Je suppose qu'ils suivent le même principe. Que pensez-vous de "robuste, tonique" ? »

Il a réfléchi durant plusieurs minutes.

« Ça me fait penser à des problèmes cardiaques. Ou bien non, ça ne peut pas être ça. »

Son front s'est plissé.

« Maintenant, je vois. C'est une histoire de cannibales. »

Pour la première fois, il semblait contrarié.

« Je connais ce canevas, il y en a un dans le *Décameron* et deux dans Grimm ; le mari tue l'amant de la femme ou vice versa, découpe le cœur qu'il accommode en ragoût ou dont il fait une tourte, il sert le tout dans un plat en argent et l'autre le mange. Mais ça n'explique pas très bien le "robuste", non ? Dans Shakespeare, a-t-il poursuivi d'une voix moins agitée, dans Shakespeare, on trouve un truc dans cet esprit-là aussi. Il y a une scène dans *Titus Andronicus*, bien qu'on soit en droit de se demander si Shakespeare en est vraiment l'auteur ou…

— Merci. »

J'écrivais frénétiquement. Désormais convaincue d'avoir affaire à un individu atteint d'une forme de névrose obsessionnelle, je me disais qu'il valait mieux que je reste calme et que je ne manifeste pas la moindre appréhension. Je n'étais pas effrayée à proprement parler – il n'avait pas l'air du genre violent –, mais ces questions le stressaient, c'était évident. Peut-être risquait-il de basculer sur le plan émotionnel, peut-être une de ces phrases suffirait-elle à le faire plonger ? Ces gens-là sont comme ça, me disais-je, en repensant aux cas sociaux dont Ainsley m'avait parlé ; des bricoles, des mots par exemple, peuvent vraiment les perturber.

« Maintenant, “excitante, mousseuse et brute” ? »

Là, il a réfléchi longuement.

« Ça ne m'évoque rien du tout, ça ne va pas ensemble. Le début me donne l'image de quelqu'un avec une tête en verre sur laquelle on frappe avec un bâton : comme les verres musicaux. Mais “brute” ne m'évoque rien. J'imagine que mon commentaire ne va pas vous être très utile, a-t-il remarqué tristement.

— Vous vous débrouillez très bien, ai-je répondu en m'interrogeant sur la réaction de la machine IBM si jamais ils essayaient de lui faire analyser ce truc-là. Et maintenant, la dernière : “le mordant des grands espaces sauvages”.

— Oh, s’est-il exclamé d’un ton proche de l’enthousiasme, celle-là, elle est facile ; elle m’a frappé dès que je l’ai entendue. C’est un film en technicolor sur les chiens et les chevaux. “Le mordant des grands espaces sauvages”, il s’agit d’un chien, c’est sûr, moitié loup, moitié husky, il sauve son maître à trois reprises, une fois du feu, une fois d’une inondation et une fois des méchants, lesquels, de nos jours, sont vraisemblablement plus des chasseurs blancs que des Indiens, un cruel trappeur l’abat à bout portant avec un 22 long rifle et, après, tout le monde le pleure. Enterré, sans doute dans la neige. Panoramique avec arbres et lac. Coucher de soleil. Fondu au noir.

— Bien », ai-je dit tout en griffonnant furieusement pour ne rien oublier.

Un silence s’est installé, seulement rompu par le crissement de mon crayon.

« Maintenant, pardonnez-moi de vous importuner avec ça, mais vous êtes censé me dire comment, à votre avis, chacun de ces cinq extraits s’applique à une bière : très bien, moyennement bien ou pas bien du tout ?

— Je ne pourrais pas vous dire, a-t-il rétorqué en se désintéressant totalement de la question. Je n’en bois jamais. Je ne prends que du whisky. Et pas une seule de vos phrases ne marche pour le whisky.

— Mais, ai-je protesté, étonnée, vous avez choisi le 6 sur la fiche. Ça correspond à sept à dix bouteilles par semaine.

— Vous vouliez que je choisisse un chiffre, m'a-t-il expliqué patiemment, et six c'est mon chiffre fétiche. Je leur ai même fait changer les numéros des appartements ; ici, en réalité, c'est l'appartement numéro 1, vous savez. En plus, je m'ennuyais ; j'avais envie de parler à quelqu'un.

— Ça veut dire que je ne vais pas pouvoir prendre en compte votre enquête, ai-je répondu sévèrement, oubliant momentanément qu'il ne s'agissait que d'un pré-test.

— Oh, vous vous êtes bien amusée, a-t-il riposté en arborant de nouveau son demi-sourire. Vous savez bien que toutes les autres réponses que vous avez recueillies sont totalement barbantes. Avouez que j'ai drôlement animé votre journée. »

J'ai ressenti une pointe d'irritation. J'avais éprouvé de la compassion pour lui, pauvre victime au bord de l'effondrement mental, et voilà qu'il me révélait qu'il m'avait fait un véritable numéro. Soit je me levais et m'en allais illico en manifestant mon mécontentement, soit je reconnaissais qu'il avait raison. Je l'ai regardé d'un air renfrogné en essayant de décider de la conduite à tenir mais, au même moment, j'ai entendu la porte d'entrée et des voix.

Il s'est brusquement penché en avant et a prêté l'oreille avec attention, puis s'est rejeté contre le mur.

« C'est juste Fish et Trevor. Mes colocataires, les deux autres emmerdeurs. Trevor est l'emmerdeur en chef : il va être scandalisé quand il va me voir torse nu en compagnie d'une nana avec un N majuscule dans la chambre. »

Ils ont déposé leurs sacs de courses dans la cuisine dans des craquements de papier kraft et une voix grave s'est écriée :

« Bon sang, quelle chaleur dehors !

— Je crois que je ferais mieux de partir », ai-je déclaré.

Si les autres ressemblaient un tant soit peu à celui-ci, je ne me sentais pas d'attaque. J'ai rassemblé mes questionnaires et me suis levée à l'instant précis où la voix claironnait : « Eh Duncan, tu veux une bière ? » et où une tête à la barbe touffue apparaissait dans l'embrasure de la porte.

« Alors, vous buvez bien de la bière, finalement ! ai-je bredouillé dans un souffle.

— Oui, hélas ! Désolé. Je ne voulais pas continuer, c'est tout. La suite avait l'air casse-pieds et, n'importe comment, je n'avais plus rien à ajouter. Fish, a-t-il lancé à l'adresse du barbu, je te présente Boucles d'or. »

J'ai affiché un sourire sévère. Je ne suis pas blonde.

Une autre tête a alors surgi au-dessus de la première : un visage à la peau blanche, aux cheveux fins qui commençaient à se faire rares, aux yeux bleu ciel et au nez admirablement ciselé. En me voyant, sa mâchoire s'est décrochée.

Il était temps de prendre congé.

« Merci, ai-je dit froidement mais poliment au garçon sur le lit. Votre aide m'a été très utile. »

Il a souri franchement quand j'ai piqué vers la porte d'un pas énergique, puis quand les têtes, inquiètes, ont battu en retraite pour me laisser passer, il s'est écrié :

« Eh, pourquoi vous faites un job minable comme ça ? Moi, je croyais qu'il n'y avait que les grosses bonnes femmes négligées, les ménagères, pour se fader ce genre de trucs.

— Oh, ai-je répondu avec toute la dignité que je pouvais afficher et sans chercher à me justifier en expliquant le statut élevé – enfin, plus élevé – de mon véritable poste, il faut bien manger. Et puis, qu'est-ce qu'on peut faire d'autre avec un diplôme en lettres et sciences humaines de nos jours ? »

Une fois dehors, j'ai jeté un œil au questionnaire. À la lumière éblouissante du soleil, les notes que j'avais prises à partir de ses réponses s'avéraient quasiment illisibles ; je ne voyais sur la page qu'un gribouillage gris et flou.

7.

Techniquement parlant, il me manquait encore une enquête et demie, mais j'avais assez de matériel pour rédiger mon rapport et revoir le questionnaire. D'autre part, j'avais envie de prendre un bain et de me changer avant d'aller chez Peter, or ces entretiens m'avaient pris plus de temps que prévu.

Une fois rentrée, j'ai jeté mes papiers sur mon lit, puis j'ai cherché Ainsley, mais elle était sortie. J'ai alors rassemblé gant de toilette, savon, brosse à dents et dentifrice, enfilé mon peignoir et suis descendue. Notre logement n'a pas de salle de bains, ce qui explique la modicité du loyer. Peut-être la maison a-t-elle été construite avant d'être équipée ou peut-être estimait-on que les domestiques n'en avaient pas besoin ? Toujours est-il que nous sommes obligées d'utiliser celle du premier étage, ce qui nous complique parfois la vie. Ainsley y laisse invariablement des auréoles, ce que la dame d'en bas considère comme une violation de son sanctuaire. Elle place désodorisants, produits d'entretien, brosses et éponges bien en évidence, ce qui ne fait ni froid ni chaud à Ainsley, mais me met mal à l'aise. Il m'arrive d'aller récurer la baignoire après le passage de ma colocataire.

Je comptais traîner dans l'eau, mais je m'étais à peine débarrassée du film de poussière et de gaz d'échappement amassé au fil de l'après-midi que, de l'autre côté de la porte, la dame d'en bas y allait de bruissements de pieds ou de jupe et de raclements de gorge. C'est sa façon de nous signifier qu'elle veut entrer : jamais elle ne frappe ni ne nous demande de lui céder la place. Je suis remontée péniblement, me suis habillée, ai avalé une tasse de thé et j'ai filé chez Peter. La bouche pincée au-dessus de leurs cols amidonnés et les yeux de plus en plus pâlots, les daguerréotypes des ancêtres m'ont regardée descendre l'escalier.

En général, on dîne dehors, mais sinon j'achète en route – dans un de ces petits magasins cracra qu'on trouve à l'occasion dans les vieux quartiers résidentiels – de quoi nous préparer quelque chose. Bien sûr, Peter aurait pu venir me chercher avec sa Volkswagen, mais faire les courses le met de mauvaise humeur ; par ailleurs, je n'aime pas donner trop de grain à moudre à la dame d'en bas. Faute de connaître notre programme – il ne m'avait rien précisé –, je me suis arrêtée au magasin, par précaution. Après sa soirée, il aurait sans doute la gueule de bois et pas envie d'un vrai repas.

L'immeuble de Peter est un peu éloigné sans l'être trop, de sorte qu'utiliser les transports publics représente plus de tracas que le trajet ne le mérite. Il se situe au sud de notre quartier et à l'est de l'université, dans une zone dégradée et proche d'un bidonville qui, avec l'apparition de tours d'habitation, devrait connaître une véritable métamorphose au cours des années à venir. Plusieurs sont déjà terminées, mais celle dont Peter est le seul et unique occupant est toujours en construction ; il loge là à titre provisoire et au tiers du loyer qui sera exigé une fois l'édifice achevé. Il a réussi à négocier cet arrangement grâce à une relation qu'il a nouée lors d'un bricolage contractuel. Cette année, Peter fait son stage d'avocat et il ne dispose pas encore de sommes d'argent faramineuses – il n'aurait pas eu les moyens, par exemple, de louer l'appartement au prix du marché –, mais le cabinet où il bosse est petit et, là, il grimpe comme un ballon.

Tout l'été, il a fallu, chaque fois que je suis allée chez lui, que je me fraye un chemin parmi les amoncellements de blocs de béton à côté de l'entrée de la réception, que je contourne, à l'intérieur, des formes à même le sol protégées sous des bâches poussiéreuses et parfois que j'enjambe, dans l'escalier, bacs à gâcher le plâtre, échelles et empilements de tuyaux ; les ascenseurs ne fonctionnent pas encore. Il m'est arrivé d'être arrêtée par des ouvriers qui, totalement ignorants de la présence de Peter, me soutenaient que je ne pouvais pas entrer puisque personne n'habitait là. Il s'ensuivait alors force discussions sur l'existence ou la non-existence de M. Wollander et, un jour, un petit groupe d'entre eux m'a même escortée jusqu'au septième étage où je leur ai présenté un Peter en chair et en os. Cela étant, je savais qu'ils ne travailleraient pas aussi tard un samedi et, par ailleurs, ils avaient sans doute quartier libre du fait de ce week-end prolongé. Ils donnaient généralement l'impression de ne pas trop se fouler, ce qui arrange Peter. Une grève ou un chômage technique avait également retardé la progression des travaux. Peter espère que les choses continueront ainsi : tant qu'ils n'auront pas fini, son loyer n'augmentera pas.

Le gros œuvre était achevé, mais il restait les finitions. Ils avaient posé toutes les fenêtres sur lesquelles ils avaient dessiné des hiéroglyphes au savon blanc pour éviter que quelqu'un se blesse. Les portes vitrées avaient été installées quelques semaines auparavant et Peter avait obtenu un jeu de clés supplémentaire pour moi, ce qui était plus nécessaire que pratique dans la mesure où l'interphone n'était pas encore branché. À l'intérieur, les surfaces brillantes – sols carrelés, murs peints, miroirs, luminaires – qui donneraient plus tard à l'immeuble son vernis de luxe, sa dure carapace interne de scarabée, n'avaient pas encore entamé leur processus de sécrétion. La peau grise et rugueuse du sol dénué de son revêtement définitif et les parois en mal de plâtre étaient encore telles quelles et les fils électriques dénudés qui émergeaient de la plupart des prises ressemblaient à des filaments nerveux. J'ai gravi l'escalier prudemment en évitant de toucher la rampe sale et me suis fait la réflexion que mes week-ends étaient désormais intimement associés aux odeurs de sciure de bois et de poussière de ciment de cet immeuble neuf. À chaque étage, les futurs appartements, pas encore équipés de portes, béaient sur le vide. L'ascension m'a pris du temps et je haletais en arrivant à l'étage de Peter. Je serai vraiment contente quand les ascenseurs fonctionneront.

Son appartement est presque fini, bien sûr ; si modique que soit le loyer, jamais il n'habiterait un endroit où les sols et l'électricité ne seraient pas terminés. Sa relation l'utilise comme appartement témoin pour le montrer à d'éventuels locataires et téléphone toujours à Peter avant de passer. Ce dernier n'y voit pas vraiment d'inconvénient : il est souvent absent et ça lui est égal qu'on visite son logement.

J'ai ouvert la porte et suis allée ranger les courses dans le réfrigérateur de la kitchenette. En entendant des bruits d'eau, j'ai compris que Peter était en train de prendre une douche : il en prend souvent. Je me suis baladée dans le séjour et j'ai regardé par la fenêtre. L'étage n'est pas suffisamment élevé pour qu'on ait une bonne vue sur le lac ou la ville – on ne voit qu'une mosaïque de petites rues lugubres et d'arrière-cours étroites – et pas assez bas pour qu'on distingue clairement ce que les gens fabriquent chez eux. Peter n'a pas encore installé grand-chose dans le séjour. Il a acheté un canapé de style danois, moderne, et son fauteuil assorti, ainsi qu'une chaîne hi-fi, mais rien d'autre. Il dit qu'il préfère attendre et s'offrir de jolies choses plutôt que d'encombrer les lieux de trucs bon marché qui ne lui plaisent pas. J'imagine qu'il a raison, mais ce sera tout de même plus pratique lorsqu'il s'équipera un peu : ses deux meubles ont l'air fragiles et perdus au milieu de ce vaste espace vide.

Quand j'attends, je ne tiens pas en place et j'ai tendance à faire les cent pas. Je me suis aventurée dans la chambre et, là aussi, j'ai regardé par la fenêtre, alors que la vue est à peu près la même. La pièce est presque terminée, selon Peter, encore que d'aucuns la jugeraient peut-être un peu trop dépouillée à leur goût. Il a une peau de mouton de bonne taille par terre et un lit sobre et massif, de bonne taille lui aussi, d'occasion mais en parfait état et toujours impeccable. Puis un austère bureau rectangulaire en bois sombre et un fauteuil pivotant avec siège en cuir également acheté d'occasion ; d'après lui, c'est très confortable pour travailler. Sur le bureau, il y a une lampe, un sous-main, un assortiment de stylos et de crayons et, dans un cadre, le portrait de Peter le jour où il s'est vu remettre son diplôme. Sur le mur, au-dessus, est accrochée une petite bibliothèque – ses livres de droit sur l'étagère du bas, son stock de policiers en poche sur celle du haut et, au milieu, divers ouvrages et revues. D'un côté de la bibliothèque, il y a un panneau perforé équipé de crochets supportant la collection d'armes de Peter : deux fusils, un pistolet et plusieurs couteaux apparemment dangereux. Il m'a dit comment s'appelaient ces différents objets, mais je suis incapable de retenir leurs noms. Je n'ai jamais vu Peter s'en servir, mais il est vrai qu'en ville il n'en aurait pas vraiment l'occasion. Avant, il semble qu'il allait souvent chasser avec ses vieux copains. Ses appareils photographiques sont accrochés là, eux aussi, des étuis en cuir protègent leur œil de verre. Un miroir en pied habille la porte du placard à l'intérieur duquel se trouve sa garde-robe.

Peter m'a sans doute entendue rôder. Il m'a appelée de la salle de bains :

« Marian ? C'est toi ?

— Oui, je suis là. Salut.

— Salut. Prépare-toi un verre. Et un pour moi aussi – un gin tonic, d'accord ? J'en ai pour une minute. »

Je savais où tout était rangé. Peter a une étagère bien approvisionnée en alcools et il n'oublie jamais de remplir les bacs à glaçons. Je suis allée à la cuisine où j'ai soigneusement préparé les boissons, en veillant bien à ajouter le zeste de citron, comme il aime. Ça me prend plus de temps qu'à la moyenne des gens, car je suis obligée de mesurer.

La douche s'est arrêtée, j'ai entendu des pas et, quand je me suis retournée, Peter s'encadrait dans l'embrasure de la porte, enroulé dans une élégante serviette bleu marine, il ruisselait.

« Salut, ai-je répété. Ton verre est sur la paillasse. »

Il s'est avancé sans rien dire, m'a chipé le mien, l'a vidé d'un tiers et l'a abandonné sur la table derrière moi. Puis il m'a enlacée.

« Tu me mouilles », lui ai-je dit doucement.

J'ai posé ma main, froide d'avoir tenu le verre glacé, sur le creux de ses reins, mais il n'a pas bronché. Il avait la peau chaude et souple après la douche.

Il m'a embrassé l'oreille.

« Viens dans la salle de bains. »

J'ai levé le nez vers le rideau de douche : sur un fond en plastique argent, des cygnes roses aux cous incurvés nageaient par groupes de trois au milieu de feuilles de nénuphar albinos ; ça ne correspondait pas aux goûts de Peter, il l'avait acheté à la va-vite, car l'eau mouillait le sol chaque fois qu'il se douchait, il n'avait pas eu le temps de bien regarder, et c'était pour le moins criard. Je me demandais pourquoi il avait insisté pour qu'on s'installe dans la baignoire. Pour moi, ce n'était pas une bonne idée, je préfère de beaucoup le lit et je savais que la baignoire serait trop petite, inconfortable, dure et tout en angles, mais je n'ai rien dit : j'avais le sentiment que, compte tenu de Trigger, il fallait que je me montre compréhensive.

Cela étant, j'avais pris le tapis de bain, ça arrondissait les angles.

J'avais cru trouver Peter déprimé, mais c'était loin d'être le cas, même s'il n'était pas comme d'habitude. Je ne m'expliquais pas bien la baignoire. J'ai repensé aux deux autres mariages. Après le premier, on avait étrenné la peau de mouton dans sa chambre et, après le deuxième, une couverture rêche dans un champ qui nous avait valu quatre heures de route et où j'avais été incommodée en songeant aux fermiers et aux vaches alentour. À mon avis, ça relevait du même comportement, quel qu'il soit. Peut-être cherchait-il à affirmer sa jeunesse et sa spontanéité, ou bien se révoltait-il contre le morne destin avec bas dans l'évier et graisse de bacon figée dans la poêle que le mariage de ses amis lui laissait présager ? La distraction que Peter avait manifestée alors m'avait donné le sentiment qu'il aimait pratiquer ce genre de chose parce qu'il avait lu des trucs sur la question, mais je n'avais jamais réussi à débusquer ses sources. Le champ venait, à ce que je croyais, d'une histoire de chasse glanée dans une revue pour mecs amateurs de plein air ; à mon souvenir, il portait une veste écossaise ce jour-là. La peau de mouton, je la situais dans un luxueux magazine pour hommes, du genre débauche au penthouse. Mais la baignoire ? Peut-être d'un policier qu'il lisait à titre de « littérature d'évasion », comme il disait ; en ce cas, n'était-ce pas plutôt un noyé qu'il fallait avoir dans la baignoire ? De sexe féminin ? Voilà qui ferait une superbe illustration de couverture : une femme totalement nue sous un mince film d'eau, les cheveux répandus autour d'elle avec éventuellement un savon, un canard en caoutchouc ou une tache de sang sur la surface liquide pour amadouer les censeurs, le corps enchâssé dans la pureté froide de la baignoire ; une femme chaste comme la glace du seul fait qu'elle était morte, les yeux ouverts sur ceux du lecteur. La baignoire pour cercueil. Une vision fugace m'est venue : que se passerait-il si on s'endormait tous les deux après avoir malencontreusement tourné le robinet sur tiède, de sorte que l'eau monterait lentement à notre insu ? Quelle surprise pour la relation de Peter lorsqu'elle viendrait faire visiter les lieux à son nouveau lot de locataires putatifs : la pièce inondée et deux cadavres nus, étroitement unis en une ultime étreinte. « Suicide, dirait-on à l'unisson. Morts par amour. » Et les nuits d'été, on verrait nos fantômes glisser dans les couloirs des appartements Brentview – studio, deux chambres et luxe – avec des serviettes de toilette pour tout vêtement…

Lassée des cygnes, j'ai bougé la tête pour regarder à la place l'arrondi de la pomme de douche argent. Je notai l'odeur de propre et de savon des cheveux de Peter. Il sentait toujours le savon, pas seulement après sa douche. C'était une odeur que j'associais aux fauteuils et à la pharmacopée des dentistes mais, sur lui, je la trouvais attirante. Il ne portait jamais de lotions de rasage à la senteur doucereuse ni d'autres succédanés de parfums pour hommes.

Il avait le bras posé sur moi et, dessus, ses poils formaient des rangées bien nettes. Peter ressemblait à sa salle de bains : il était propre, blanc et neuf et avait la peau exceptionnellement douce pour un mec. Je ne voyais pas son visage, niché contre mon épaule, mais j'ai essayé de le visualiser. Il était, pour reprendre le commentaire de Clara, « bien physiquement » ; c'était sans doute ce qui m'avait attirée au départ. Les gens le remarquaient, non parce qu'il avait des traits marquants ou singuliers, mais parce qu'il incarnait la banalité élevée au rang de perfection, tels ces visages jeunes et très soignés des publicités pour cigarettes. Or, parfois j'avais envie d'une verrue, d'un grain de beauté rassurant ou d'un carré de peau rugueuse, de quelque chose qui puisse arrêter la main et non la laisser glisser.

On s'était rencontrés à une garden-party juste après la remise de mon diplôme ; c'était l'ami d'un ami, et on avait mangé une glace ensemble, à l'ombre. Il s'était montré très à cheval sur les convenances et m'avait demandé ce que je comptais faire. J'avais parlé de mon avenir professionnel, en faisant comme si c'était beaucoup moins vague que ça ne l'était dans ma tête, et il m'avait dit ensuite que c'était mon côté indépendant et mon bon sens qui lui avaient plu : il avait vu en moi une fille qui n'essaierait pas de régir son existence. Il venait de vivre une mauvaise expérience avec quelqu'un du « style opposé », pour reprendre ses termes. Tels avaient été nos présupposés de départ et ça m'avait convenu. On avait pris nos déclarations respectives pour argent comptant et, du coup, on s'était très bien entendus. Naturellement, il avait fallu que je m'adapte à ses sautes d'humeur, mais c'est pareil pour tous les hommes ; en plus, les siennes n'étaient pas difficiles à décrypter et ne me posaient donc pas trop de problèmes. Au fil de l'été, il était devenu une agréable habitude et, comme on ne se voyait que le week-end, le vernis n'avait pas eu l'occasion de s'effriter.

Cependant, la première fois que j'étais allée chez lui avait failli être la dernière. Se croyant malin et suffisamment beau parleur, il m'avait soûlée de musique et de cognac, et je l'avais laissé me pousser vers la chambre. On avait posé nos ballons de cognac sur le bureau, quand, jouant les acrobates, il avait renversé un des verres qui s'était fracassé par terre.

« Oh, laisse ce foutu truc », m'étais-je écriée, sans grande diplomatie peut-être.

Mais il avait rallumé, était allé chercher la pelle et la balayette et avait balayé les éclats de verre en ramassant les bouts les plus gros avec une minutie et une précision de pigeon picorant des miettes de pain. Ça avait cassé l'ambiance. On n'avait pas tardé à se dire bonsoir, plutôt sèchement, ensuite de quoi je n'avais pas entendu parler de lui pendant plus d'une semaine. Bien sûr, les choses s'étaient sérieusement arrangées.

À côté de moi, il s'est étiré et a bâillé en me broyant le bras contre la porcelaine. J'ai grimacé et me suis dégagée en douceur.

« C'était comment pour toi ? » m'a-t-il demandé d'un ton décontracté, la bouche contre mon épaule.

Il me posait la question chaque fois.

« Merveilleux », ai-je lâché dans un murmure.

Pourquoi n'était-il pas fichu de deviner ? Un de ces jours, il faudrait que je lui réponde : « Nul », juste pour voir sa réaction ; mais je savais d'avance qu'il ne me croirait pas. J'ai levé la main pour caresser ses cheveux mouillés et lui gratter la nuque ; ça lui plaisait, modérément.

Peut-être la baignoire représentait-elle pour lui une manière d'affirmer sa personnalité ? J'ai tenté de réfléchir aux éléments susceptibles de justifier cette interprétation. Un penchant pour l'ascétisme ? Une version moderne de la haire et du cilice ou de la planche à clous ? La mortification de la chair ? Néanmoins, rien chez Peter ne suggérait ça ; il appréciait son confort et, par ailleurs, ce n'était pas lui qui souffrait : lui, il était sur moi. Peut-être fallait-il y voir un comportement de jeune homme insouciant, du style qui se jette tout habillé dans la piscine ou qui se colle des machins sur la tête à l'occasion d'une soirée ?

Mais cette image ne lui correspondait pas davantage. J'étais contente que tous ses vieux copains soient mariés : sinon, la fois d'après, qui sait s'il n'aurait pas essayé de nous caser dans un placard à vêtements ou de nous faire prendre une position exotique dans l'évier de la cuisine ?

Mais peut-être – et cette idée m'a glacée – avait-il voulu que j'affirme *ma* personnalité à moi ? Un nouveau lot d'hypothèses s'est présenté à mon esprit : me considérait-il réellement comme un réceptacle sanitaire ? Pour quel genre de fille me prenait-il ?

Il a noué ses doigts dans mes cheveux, sur ma nuque.

« Je parie que tu serais superbe en kimono », m'a-t-il chuchoté.

Il m'a mordu l'épaule et son geste m'est apparu comme une facétie irresponsable : normalement, Peter ne mord pas.

Je lui ai mordu l'épaule en retour, puis, après m'être assurée que la manette de la douche était toujours levée, j'ai tendu le pied droit – j'ai le pied souple – et ouvert le robinet d'eau froide.

8.

Vers huit heures et demie, on a pris la route pour aller rejoindre Len. L'humeur de Peter, relativement énigmatique jusque-là, avait changé et, n'ayant pas encore décrypté cette nouvelle phase, je n'ai pas cherché à alimenter la conversation pendant le trajet. Les yeux rivés sur la route, il négociait les virages trop vite et fulminait contre les autres conducteurs. Il n'avait pas attaché sa ceinture.

Quand je lui avais expliqué ce que j'avais prévu avec Len, il avait tiqué, même lorsque j'avais ajouté :

« Je suis sûre que tu vas le trouver sympa.

— Qui c'est ? » m'avait-il demandé d'un ton méfiant.

Il ne se serait pas agi de Peter, j'aurais cru à de la jalousie. Mais Peter n'est pas du genre jaloux.

« C'est un vieux copain d'université. Il vient de rentrer d'Angleterre ; il me semble qu'il est producteur télé ou quelque chose dans ce goût-là. »

Len n'était pas si haut placé, je le sais, il n'empêche que Peter est sensible au statut professionnel des gens. Étant donné que j'avais organisé ce rendez-vous dans le but de distraire Peter, je voulais que la soirée soit agréable.

« Oh, un de ces mecs qui fait dans l'art. Un homo sans doute. »

Installés à la table de la cuisine, on mangeait des petits pois surgelés et de la viande fumée, du genre qui doit bouillir trois minutes dans l'emballage plastique. Peter avait choisi de ne pas dîner dehors.

« Oh non, m'étais-je écriée, très désireuse de défendre Len, c'est tout à fait le contraire.

— Pourquoi n'es-tu jamais fichue de *cuisiner* quoi que ce soit ? » m'avait lancé Peter d'un ton irrité en repoussant son assiette.

Ça m'avait blessée : j'avais trouvé ça injuste. J'aime faire la cuisine mais, chez Peter, je m'en étais délibérément abstenue de crainte qu'il ne se sente menacé. Par ailleurs, il avait toujours aimé la viande fumée avant, et c'était parfaitement nourrissant. J'avais failli répliquer de manière cinglante, mais m'étais retenue. Après tout, Peter souffrait. À la place, j'avais demandé :

« Comment était le mariage ? »

Après un grognement, Peter s'était carré dans sa chaise où il avait allumé une cigarette et contemplé le mur au loin d'un air impénétrable. Puis il s'était levé pour se préparer un nouveau gin tonic. Il avait essayé de faire les cent pas dans la cuisine mais, comme elle était trop étroite, il s'était rassis.

« Merde, s'était-il exclamé, pauvre Trigger ! La tête qu'il avait ! Comment est-ce qu'il a pu se faire avoir comme ça ? »

Il s'était lancé dans un monologue décousu dans lequel il avait dépeint Trigger sous les traits du dernier des Mohicans, noble et libre, du dernier des dinosaures, victime du destin et d'espèces moins évoluées, et du dernier des dodos, trop stupide pour se défiler. Puis il avait attaqué la mariée, l'avait accusée d'être malveillante et prédatrice, d'aspirer le pauvre Trigger dans le néant de la vie de famille (que j'avais alors visualisée sous la forme d'un aspirateur) et avait terminé d'un ton grinçant par quelques funèbres prédictions sur l'avenir solitaire qui l'attendait. Par solitaire, il voulait dire sans autres hommes célibataires.

J'avais avalé le reste de mes petits pois surgelés. J'avais entendu ce discours, ou quelque chose d'approchant, à deux reprises déjà et je savais qu'il n'y avait rien à répondre. Si j'avais abondé dans son sens, cela n'aurait servi qu'à aggraver son humeur dépressive et, dans le cas contraire, il m'aurait soupçonnée de prendre parti pour la mariée. La première fois, je m'étais montrée enjouée et sentencieuse, et j'avais tenté de le réconforter.

« Eh bien, maintenant c'est fait, avais-je dit, et peut-être qu'au final ce sera une bonne chose. Après tout, ce n'est pas comme si elle l'avait pris au berceau. Il a vingt-six ans, non ?

— J'ai vingt-six ans ! » avait-il répondu, maussade.

Donc, cette fois, j'avais gardé le silence en me disant que c'était une bonne chose qu'il se soit débarrassé de ce couplet en début de soirée. Je m'étais levée pour lui servir une glace, ce qu'il avait pris pour un geste de compassion : il avait passé le bras autour de ma taille et m'avait enlacée d'un air accablé.

« Bon sang, Marian, je ne sais pas ce que je ferais si tu ne comprenais pas. La plupart des femmes ne pourraient pas mais, toi, tu es tellement sensée. »

Je m'étais appuyée contre lui et lui avais caressé les cheveux pendant qu'il mangeait son dessert.

On a laissé la voiture à une de nos places habituelles, dans une petite rue derrière le Park Plaza. En marchant, j'ai glissé la main sous le bras de Peter et il m'a souri distraitement. Je lui ai rendu son sourire – contente qu'il ait renoncé à l'humeur grinçante qu'il avait manifestée en conduisant – et il a posé sa main sur la mienne. J'ai failli faire de même, mais me suis dit que, dans ce cas, la mienne se retrouverait dessus et qu'il lui faudrait se dégager afin de poser son autre main sur le dessus du tas, comme dans un de ces jeux qui se pratiquent à la récré. À la place, je lui ai pressé le bras tendrement.

Au Park Plaza, Peter, fidèle à lui-même, m'a ouvert la porte vitrée. Il fait très attention à ce genre de chose ; il ouvre aussi les portières de voiture. Parfois, j'ai l'impression qu'il va claquer des talons.

En attendant l'ascenseur, j'ai observé notre double reflet dans le miroir à côté de la cabine. Peter arborait un de ses costumes les plus discrets, un costume d'été brun-vert dont la coupe soulignait sa minceur de sportif. Tous ses accessoires étaient assortis.

« Je me demande si Len est déjà là-haut », ai-je remarqué en m'adressant directement au miroir où je continuais à m'étudier.

Je m'étais fait la réflexion que j'étais juste de la bonne taille pour lui.

L'ascenseur est arrivé et Peter a lancé : « Le dernier étage, s'il vous plaît » à la jeune fille en gants blancs et on s'est élevés en douceur. À dire vrai, le Park Plaza est un hôtel, mais il abrite un bar au dernier étage, un des endroits préférés de Peter quand il s'agit de prendre un verre tranquillement, et c'était pour ça que je l'avais proposé à Len. À cette hauteur, on profite du panorama, ce qui est rare dans notre ville. La salle est bien éclairée – contrairement à des tas d'autres établissements, il n'y fait pas noir comme dans un four –, et impeccable. Sur place, personne n'a jamais l'air soûl à un point pénible et on s'entend parler : il n'y a ni orchestre ni chanteur. Les sièges sont confortables, le décor a un côté dix-huitième siècle et tous les barmen connaissent Peter. Ainsley m'a raconté un jour avoir vu quelqu'un menacer d'enjamber le mur de la terrasse dehors pour se suicider, mais, si ça se trouve, c'est encore une histoire qu'elle a inventée.

On est entrés ; il n'y avait pas foule, et j'ai donc immédiatement repéré Len, assis à l'une des tables dotées d'un plateau noir. On s'est approchés et je lui ai présenté Peter ; ils se sont serré la main, Peter sèchement, Len avec affabilité. Le garçon n'a pas tardé à se manifester et Peter a commandé deux gin tonics.

« Marian, que c'est chouette de te voir ! » s'est exclamé Len en se penchant par-dessus le coin de la table pour m'embrasser sur la joue.

Il a dû prendre cette habitude en Angleterre, me suis-je dit, avant il ne faisait jamais ça. Il avait un peu grossi.

« Alors, c'était comment l'Angleterre ? »

J'avais envie qu'il distraie Peter, qui paraissait ronchon.

« Pas mal, j'imagine ; en revanche, quel monde ! Tu ne peux pas te retourner sans tomber sur quelqu'un d'ici. À tel point qu'on ferait aussi bien de ne pas y mettre les pieds, tellement c'est bourré de touristes, bordel ! N'empêche, ça m'a fait mal au cœur de devoir partir, a-t-il ajouté en se tournant vers Peter ; j'avais un bon job et d'autres trucs sympa, aussi. Mais il faut vraiment faire gaffe à ces nanas quand elles se mettent à te cavaler après. Elles n'arrêtent pas de te harceler pour que tu les épouses. Il faut s'en taper une et se tirer illico. Les feinter avant qu'elles ne te feintent et prendre la tangente aussi sec. »

Il a souri, en découvrant ses dents bien blanches et brillantes.

Peter s'est déridé notablement.

« Marian m'a dit que tu étais dans la télévision.

— Oui, a répondu Len en étudiant les ongles carrés de ses mains exagérément grandes. Je n'ai rien pour le moment, cela étant je devrais pouvoir dénicher quelque chose ici. Ils ont besoin de gens d'expérience comme moi. Reportages d'actualité. J'aimerais bien voir un bon programme d'analyse dans ce pays, je veux dire un vraiment bon, mais, nom de Dieu, c'est fou la paperasserie qu'il faut se farcir pour pouvoir faire quoi que ce soit ici. »

Peter s'est détendu ; un mec qui s'intéressait aux reportages d'actualité, devait-il se dire, ne pouvait pas être homo.

J'ai senti une main m'effleurer l'épaule et je me suis retournée. Une jeune fille que je n'avais encore jamais vue avait surgi derrière moi. J'ouvrais la bouche pour lui demander ce qu'elle voulait quand Peter s'est exclamé :

« Oh, mais c'est Ainsley ! Tu ne m'avais pas dit qu'elle venait aussi. »

J'ai regardé plus attentivement : oui, *c'était* bien Ainsley !

« Ça alors, Marian, a-t-elle murmuré, le souffle court, tu ne m'avais pas dit qu'il s'agissait d'un bar. J'espère qu'ils ne vont pas me réclamer mon certificat de naissance. »

Len et Peter s'étaient levés. J'ai présenté Ainsley à Len, bien malgré moi, et elle s'est installée sur le quatrième siège. Peter paraissait perplexe. Il avait déjà rencontré Ainsley et elle ne lui avait pas plu, car il l'avait soupçonnée d'avoir des idées « radicalo-fadasses » parce qu'elle l'avait gratifié d'un discours théorique sur la libération du ça. Politiquement, Peter est conservateur. En plus, elle l'avait vexé en qualifiant une de ses opinions de « lieu commun », et il s'était vengé en qualifiant l'une des siennes de « grossière ». Là, il m'a semblé qu'il devinait qu'elle manigançait quelque chose mais attendait d'en savoir plus pour jouer les trouble-fête. Il lui fallait des preuves.

Le garçon a réapparu et Len a demandé à Ainsley ce qu'elle désirait. Elle a hésité, puis a bredouillé timidement :

« Oh, est-ce que je pourrais avoir juste un verre… juste un verre de ginger ale ? »

Len lui a décoché un sourire radieux.

« Je savais que tu avais une nouvelle colocataire, Marian, s'est-il écrié, mais tu ne m'avais pas dit qu'elle était si jeune !

— Je veille sur elle, en quelque sorte, ai-je répliqué d'un ton aigre, pour sa famille. »

J'étais furieuse contre Ainsley. Elle me plaçait dans une situation très inconfortable. Soit je vendais la mèche et révélais qu'elle avait terminé ses études et avait en fait plusieurs mois de plus que moi, soit je me taisais et me faisais complice de ce qui n'était ni plus ni moins qu'une supercherie. Je savais très bien pourquoi elle était là : Len représentait un candidat potentiel et, sachant qu'elle risquait d'avoir du mal à m'obliger à le lui présenter, elle avait choisi de l'étudier ainsi.

Le garçon est revenu avec son ginger ale. J'étais stupéfaite qu'il ne lui ait pas demandé son certificat de naissance mais, après réflexion, je suis arrivée à la conclusion qu'un garçon ayant un tant soit peu de métier n'irait jamais imaginer qu'une fille d'allure aussi jeune oserait entrer dans un bar habillée de cette façon et se commander un ginger ale si elle n'avait pas eu l'âge requis. Ceux qu'ils soupçonnent, ce sont les adolescents qui s'habillent avec trop de recherche, or ce n'était pas le cas d'Ainsley. Elle avait déterré de je ne sais où une création estivale en coton que je ne lui avais encore jamais vue, un imprimé à carreaux roses et bleu ciel sur fond blanc, avec un col à volant. Un nœud rose retenait ses cheveux en queue de cheval et elle avait au poignet un bracelet en argent à breloques tintinnabulantes. Elle avait un maquillage léger, les paupières discrètement mais soigneusement fardées, afin de faire paraître deux fois plus grands ses yeux ronds et bleus, et avait sacrifié ses longs ongles ovales en les rongeant presque jusqu'au sang si bien qu'on aurait juré des mains d'écolière. Elle était déterminée, c'était évident.

Désireux de la faire sortir de sa coquille, Len lui parlait, lui posait des questions tandis qu'elle buvait son ginger ale à petites gorgées et lui répondait par de courtes phrases timides. Consciente que Peter représentait un risque, elle craignait manifestement d'en dire trop. Quand Len lui a demandé ce qu'elle faisait, là, elle a pu lui fournir une réponse sincère.

« Je travaille pour un fabricant de brosses à dents électriques », lui a-t-elle confié en piquant un fard d'un rose chaud qui ne semblait pas feint.

J'ai manqué m'étouffer.

« Excusez-moi, ai-je marmonné, je vais juste prendre l'air sur la terrasse. »

En réalité, je voulais réfléchir à la conduite à tenir – en laissant Len se faire duper, je me montrais indéniablement malhonnête – et Ainsley a dû deviner mes états d'âme, car elle m'a mise en garde, d'un coup d'œil, lorsque je me suis levée.

Dehors, je me suis appuyée contre le mur, lequel m'arrivait presque à la clavicule, et j'ai contemplé la ville. À mes pieds, une ligne de lumières ondoyante venait heurter une zone d'obscurité autour de laquelle elle se brisait : le parc ; une autre ligne, perpendiculaire, se perdait dans le lointain. Que pouvais-je faire ? En quoi est-ce que cette histoire me regardait ? Si j'intervenais, j'avais conscience que j'allais bafouer un code implicite et qu'Ainsley se vengerait d'une manière ou d'une autre à travers Peter. Pour ce genre de chose, c'était une maligne.

Loin à l'horizon, vers l'est, j'ai remarqué la lueur d'un éclair. On allait avoir un orage. « Bien, ai-je dit tout haut, ça va nettoyer l'atmosphère. » Si je m'interdisais des mesures radicales, il allait falloir que je sois sûre de mon self-control afin d'éviter les remarques malencontreuses. J'ai arpenté la terrasse deux à trois fois jusqu'à ce que je me sente prête à retourner à l'intérieur et me suis aperçue, avec une pointe de surprise, que je vacillais un peu.

Le garçon avait dû revenir : un nouveau verre de gin tonic trônait à ma place. En grande conversation avec Len, c'est à peine si Peter a remarqué mon retour. Ainsley, silencieuse et les yeux baissés, faisait tinter son glaçon dans son verre de ginger ale. En observant cette dernière version de ma colocataire, je me suis dit qu'elle ressemblait à une de ces grandes poupées potelées en caoutchouc lavable qui fourmillent dans les grands magasins au moment de Noël, la peau lisse, les yeux vides d'expression et les cheveux brillants et artificiels. Rose et blanc.

Je me suis laissée aller à écouter Peter ; sa voix m'a paru très lointaine. Il était en train de raconter une histoire à Len, sur la chasse, je crois. Je savais qu'il chassait régulièrement, surtout avec son groupe de vieux copains, mais il ne m'en avait jamais beaucoup parlé. Il m'avait dit un jour qu'ils ne tiraient jamais que des corbeaux, des marmottes et d'autres petits animaux nuisibles.

« Alors je l'ai laissé filer et pan ! Un coup, en plein cœur. Les autres ont disparu. Je l'ai ramassé et Trigger m'a dit : "Pour le vider, tu lui ouvres le ventre, tu lui colles une bonne tape et toute la tripaille tombe." Donc, j'ai sorti mon couteau, un super couteau en acier allemand, je l'ai éventré, puis je l'ai empoigné par les pattes arrière et te lui ai flanqué un de ces coups, comme si j'avais eu un fouet, tu vois, et je n'ai pas eu le temps de dire ouf qu'il y avait du sang et des boyaux partout. Partout sur moi, quel merdier, des boyaux de lapin pendaient après les arbres, nom de Dieu, les arbres étaient rouges sur des mètres et des mètres… »

Il s'est interrompu pour rire. Len a découvert ses dents. Le timbre de Peter avait changé ; il avait une voix que je ne lui connaissais pas. J'ai revu le panneau « tempérance » : il ne fallait pas que l'alcool altère ma perception de Peter, ai-je pensé en me rappelant à plus de mesure.

« Putain, quelle rigolade ! Par chance, Trigger et moi, on avait nos vieux appareils avec nous, on a pris quelques bonnes photos de tout ce foutoir. Je voulais te demander, dans ton boulot, tu dois en connaître un rayon sur les appareils photo… »

Et ils sont partis dans une discussion sur les objectifs japonais.

Peter semblait parler de plus en plus fort et de plus en plus vite – il était impossible de suivre ce torrent de paroles, et j'ai décroché, préférant me concentrer sur l'image de la scène dans la forêt. Je la voyais comme s'il s'était agi d'une diapositive projetée sur l'écran d'une salle obscure, avec des couleurs lumineuses, du vert, du marron, du bleu pour le ciel, du rouge. Vêtu d'une chemise à carreaux et la carabine en bandoulière, Peter me tournait le dos. Un groupe d'amis, ces fameux amis que je n'avais jamais rencontrés, étaient rassemblés autour de lui ; sous les rais de soleil qui tombaient au milieu des arbres, on distinguait nettement leurs visages éclaboussés de sang, la bouche tordue en un éclat de rire. Je ne voyais pas le lapin.

Je me suis penchée en avant, les bras en appui sur le plateau noir de la table. J'avais envie que Peter se retourne et me parle, j'avais envie d'entendre sa voix normale, en vain, il ne m'a pas décoché un coup d'œil ; j'ai observé les reflets de mes trois compagnons qui se déployaient et bougeaient sous la surface noire et brillante, comme dans une mare d'eau ; ils étaient tout en mentons, mais sans yeux, sauf Ainsley, qui fixait son verre sans trop le voir. Au bout d'un moment, j'ai remarqué avec une légère surprise qu'il y avait une grosse goutte sur la table, à côté de ma main.

Je l'ai touchée du doigt et l'ai un peu étalée avant de comprendre, à ma grande horreur, que c'était une larme. Je devais donc être en train de pleurer ! Quelque chose en moi s'est mis à courir frénétiquement dans un dédale de panique, à croire que j'avais avalé un têtard. J'étais à deux doigts de craquer et de faire une scène, or, ça, c'était impensable.

Je me suis levée de mon siège le plus discrètement possible, j'ai traversé la salle en évitant avec soin les autres tables et j'ai gagné les toilettes pour femmes. Après m'être assurée qu'il n'y avait personne – je ne voulais pas de témoins –, je me suis enfermée dans un des cabinets d'un chaud rose orangé où j'ai pleuré pendant quelques instants. Je n'arrivais pas à comprendre ce qui se passait, pourquoi je me comportais ainsi ; je ne m'étais jamais effondrée en public et mon attitude me paraissait absurde. « Reprends-toi, me disais-je. Ne te ridiculise pas. » Tapi là avec moi, le rouleau de papier-toilette, démuni, blanc et pelucheux, attendait passivement que je me calme. J'en ai déchiré un bout et me suis mouchée.

Des chaussures ont fait leur apparition. Je les ai observées attentivement par-dessous la porte. C'était celles d'Ainsley, ai-je pensé.

« Marian, ça va ?

— Oui. »

Après m'être séché les yeux, je suis sortie.

« Alors, ai-je lancé, en m'efforçant de me ressaisir, tu te décides ?

— On verra, m'a-t-elle répondu froidement. Il faut d'abord que j'en sache plus sur lui. Tu ne vas rien dire, bien sûr.

— Je pense que non, même si ça paraît malhonnête. C'est comme attraper un oiseau au gluau ou pêcher à la lanterne ou je ne sais quoi.

— Je ne vais rien lui *faire*, a-t-elle protesté. Ça ne lui fera pas mal. »

Elle a retiré son nœud rose pour se recoiffer.

« Mais qu'est-ce qu'il y a ? J'ai vu que tu commençais à pleurer à table.

— Rien. Tu sais que je ne supporte pas bien l'alcool. Ce doit être l'humidité. »

Là, je maîtrisais parfaitement la situation.

On a regagné nos sièges. Peter, pareil à un moulin, expliquait à Len les différentes méthodes pour réaliser des autoportraits : les images réfléchies dans les miroirs, les retardateurs vous permettant d'appuyer sur le déclencheur, puis de courir prendre la pose, et ceux équipés de déclencheurs souples à bouton, ceux à poire. Len lui donnait des indications sur la manière d'effectuer une bonne mise au point mais, quelques minutes après mon retour, il m'a lancé un drôle de petit coup d'œil, comme si mon comportement le décevait. Puis il a repris la conversation.

Quel message avait-il voulu me faire passer ? Je les ai regardés l'un après l'autre. Peter m'a souri au beau milieu d'une phrase, affectueusement mais avec une certaine distance, et, là, je me suis dit que j'avais compris. Il me traitait comme un accessoire de théâtre, muet et néanmoins fiable, un carton en deux dimensions. Il ne m'ignorait pas, contrairement à ce que j'avais cru ressentir (est-ce que cela expliquait ma fuite ridicule ?) – il comptait sur moi ! Et Len m'avait regardée de cette manière parce qu'il pensait que je m'effaçais à dessein, et que cette histoire était donc plus sérieuse que je ne l'avais admis. Len ne souhaitait le mariage à personne, surtout pas à ceux qu'il aimait bien. Il n'empêche qu'il ne connaissait pas la situation et qu'il se trompait dans son interprétation.

Soudain, la panique m'a reprise. J'ai agrippé le coin de la table. L'élégante salle rectangulaire avec ses rideaux à embrasses, sa moquette sobre et ses chandeliers en cristal dissimulait certaines choses ; les murmures alentour recelaient une vague menace.

« Attends, me suis-je dit, ne bronche pas. »

J'ai regardé portes et fenêtres pour évaluer les distances. Il fallait que je m'échappe.

Les lumières se sont éteintes, puis rallumées, et l'un des garçons a crié :

« Messieurs, c'est l'heure. »

Fauteuils et chaises ont raclé le sol.

On est redescendus par l'ascenseur. Au moment d'en sortir, Len a proposé :

« Il est encore tôt, pourquoi est-ce que vous ne viendriez pas tous prendre un autre verre chez moi ? Vous pourrez jeter un œil sur mon téléconvertisseur. »

Et Peter a répondu :

« Super. Ça me ferait vachement plaisir. »

On a franchi les portes en verre. J'ai pris le bras de Peter et on a ouvert la marche. Ainsley avait isolé Len du troupeau et le laissait la tenir à bonne distance derrière.

Dans la rue, l'air était plus frais ; une légère brise soufflait. J'ai lâché Peter et pris mes jambes à mon cou.

9.

Je courais sur le trottoir. Passé la première minute, j'ai constaté avec stupéfaction que mes pieds bougeaient et me suis demandé ce qui les avait mis en mouvement, mais je ne me suis pas arrêtée pour autant.

Éberlués, les autres ont commencé par ne pas réagir, puis Peter a hurlé :

« Marian ! Où vas-tu ? Qu'est-ce qui t'arrive, bon sang ? »

J'ai noté la fureur dans sa voix : en me comportant ainsi en public, je commettais un péché impardonnable. Je n'ai pas répondu, mais j'ai jeté un coup d'œil par-dessus mon épaule sans ralentir l'allure. De concert, Peter et Len s'étaient lancés à ma poursuite. Puis, de concert, ils se sont arrêtés et Peter a crié :

« Je vais chercher la voiture pour lui couper la route, toi, essaie de l'empêcher de quitter la grand-rue. »

Là-dessus, il a fait demi-tour et filé dans la direction opposée. Ça m'a contrariée – j'avais dû espérer qu'il me poursuivrait, mais, à la place, c'était Len qui galopait pesamment à ma remorque. J'ai regardé de nouveau devant moi, juste à temps pour ne pas percuter un vieux bonhomme qui sortait d'un restaurant en traînant les pieds, puis j'ai jeté encore une fois un coup d'œil en arrière. Ne sachant qui suivre, Ainsley avait hésité, mais, là, elle bondissait sur les traces de Peter. Je l'ai vue disparaître au coin de la rue dans un froufrou frémissant de rose et de blanc.

Bien que déjà essoufflée, j'avais quand même une bonne avance sur eux. Je pouvais me permettre de ralentir. Chaque lampadaire s'est transformé en une borne marquant la distance parcourue : les dépasser, un à un, constituait un succès, une sorte d'accomplissement. Comme c'était l'heure de la fermeture des bars, il y avait pas mal de gens dans la rue. Je leur ai souri et j'ai même salué quelques personnes de la main, en riant presque devant leurs visages surpris. La course m'emplissait d'une joie intense ; on aurait juré qu'on jouait à chat.

« Hé ! Marian ! Arrête ! » hurlait Len par moments, dans mon dos.

Puis la voiture de Peter a surgi au croisement devant moi et s'est engagée dans l'artère principale. Il avait dû faire le tour du pâté de maisons. « Ce n'est pas grave, me suis-je dit, il est obligé de traverser pour arriver de ce côté-ci, il ne réussira pas à me rattraper. »

Le véhicule, qui venait sur moi, se trouvait sur la voie opposée, dans la file la plus éloignée, mais les voitures n'étant pas à touche-touche, il a foncé et négocié un demi-tour risqué, puis m'a dépassée et a ralenti. J'ai vu le visage impassible d'Ainsley, rond comme la lune, m'observer par la lunette arrière.

Tout à coup, ça n'a plus été un jeu. Cette masse grossière à l'aspect de char de combat m'a effrayée. J'ai trouvé effrayant que Peter se soit enfermé dans l'armure de la voiture plutôt que de me poursuivre à pied, même si c'était la solution logique, bien entendu. Dans un instant, le véhicule allait s'arrêter, la porte s'ouvrir… Où aller ?

J'avais maintenant dépassé boutiques et restaurants et atteint une enfilade de vieilles maisons imposantes, largement en retrait de la rue, dont la plupart n'étaient plus habitées, je le savais, mais avaient été transformées en cabinets dentaires ou en ateliers de couture. J'ai aperçu un portail en fer forgé invitant. Je me suis précipitée et j'ai remonté l'allée de gravillons à toutes jambes.

Il devait s'agir d'une sorte de club privé. Un auvent protégeait la porte d'entrée et les fenêtres étaient éclairées. J'hésitais, alors que les pas de Len résonnaient, de plus en plus proches, sur le trottoir, quand la porte s'est ouverte.

Il était impensable que je me fasse surprendre ainsi ; c'était une propriété privée. J'ai sauté la petite haie bordant l'allée et traversé furtivement la pelouse en diagonale afin de me fondre dans la pénombre. J'ai visualisé Len remontant l'allée à toute allure et percutant, à leur grande indignation, les représentants de la bonne société, que je me suis représentés sous les traits d'un groupe de dames d'âge mûr en tenue de soirée, et j'ai éprouvé un bref remords. C'était mon ami. Mais il avait pris parti contre moi, il allait devoir en payer le prix.

Dans l'obscurité, j'ai fait une pause afin de réfléchir. Derrière moi, il y avait Len ; d'un côté, la maison et, devant moi, sur la droite, j'ai remarqué une masse, plus dense que l'obscurité, qui me barrait le passage. C'était le mur de brique se terminant sur le portail à l'entrée ; apparemment, il entourait toute la propriété. J'allais être obligée de passer par-dessus.

Je me suis frayé un chemin à travers un fouillis d'arbustes épineux. Devant le mur qui ne m'arrivait qu'à l'épaule, j'ai retiré mes chaussures, les ai lancées par-dessus, puis je me suis hissée comme j'ai pu en ancrant mes pieds sur des branches et des défauts de la maçonnerie. J'ai entendu quelque chose se déchirer. Le sang pulsait à mes oreilles.

Une fois en haut, j'ai fermé les yeux et suis restée agenouillée un instant, en tanguant de manière vertigineuse, puis j'ai basculé.

J'ai senti qu'on m'attrapait, qu'on me posait par terre et qu'on me secouait. C'était Peter : il avait dû suivre ma progression et m'attendre dans la ruelle, sachant que j'allais devoir franchir cet obstacle.

« Qu'est-ce qui t'a pris, bon Dieu ? » s'est-il écrié d'un ton sévère.

À la lumière des lampadaires, son visage paraissait mi-furieux, mi-inquiet.

« Ça va ? »

Je me suis appuyée contre lui et lui ai caressé le cou. J'étais tellement soulagée d'avoir été arrêtée, d'être dans ses bras, d'entendre à nouveau sa voix normale et de le savoir là, que j'ai éclaté de rire.

« Ça va, bien sûr que ça va. Je ne sais pas ce qui m'a pris.

— Mets tes chaussures alors », a-t-il répondu en me les tendant.

Il était fâché, mais n'allait pas faire de scène.

À son tour, Len a franchi le mur et a atterri dans un bruit sourd à côté de nous. Il haletait.

« Tu l'as ? Bien. Filons avant que ces gens ne lancent la police à nos trousses. »

La voiture était tout près. Peter m'a ouvert la portière avant et je me suis glissée à l'intérieur ; Len s'est installé à l'arrière avec Ainsley. Il s'est contenté de me lancer : « Je ne t'imaginais pas hystérique. » Ainsley n'a rien dit. On s'est écartés du trottoir et on a tourné, conformément aux directives de Len. J'aurais préféré rentrer, mais ne voulais pas ennuyer davantage Peter pour ce soir. Je me suis assise bien droite, les mains croisées sur les genoux.

On s'est garés à côté de l'immeuble de Len qui, pour autant que je pouvais en juger de nuit, s'inscrivait dans la catégorie délabrée et à moitié effondrée, en brique sombre, avec escalier de secours à l'extérieur. Il n'y avait pas d'ascenseur, juste des marches qui craquaient sous nos pas et une rampe en bois sombre. On est montés en couples, très dignes.

L'appartement lui-même était minuscule : il se composait d'une seule grande pièce qui ouvrait d'un côté sur la salle de bains et, de l'autre, sur la cuisine. L'endroit était mal rangé, par terre traînaient des valises ainsi que des livres et des vêtements éparpillés un peu partout : Len n'avait manifestement pas fini d'emménager. Le lit, tout de suite à gauche de l'entrée, servait également de canapé ; j'ai enlevé mes chaussures d'un brusque mouvement du pied et me suis effondrée dessus. Mes muscles se vengeaient et je commençais à ressentir les douleurs de l'effort.

Len nous a servi une généreuse lampée de cognac à tous les trois, puis, après voir fouillé la cuisine où il a réussi à dénicher du Coca pour Ainsley, il a mis un disque. Ensuite, Peter et lui ont bricolé avec des appareils photo, sur lesquels ils ont vissé différents objectifs, qu'ils ont comparés tout en échangeant des informations sur les temps d'exposition à respecter. Je me sentais à plat. J'étais bourrelée de remords, mais il n'y avait pas d'exutoire. Si j'étais seule avec Peter, ce serait différent, me disais-je : il pourrait me pardonner.

Ainsley ne m'était d'aucune aide. Je voyais bien qu'elle allait continuer son numéro de petite-fille-sage-comme-une-image, parce que c'était l'option la plus sûre. Elle s'était installée dans un fauteuil en osier rond, pareil à celui de l'arrière-cour de Clara, sinon que celui-ci avait une housse matelassée en velours côtelé jaune d'œuf. Ces housses, je les avais déjà pratiquées. Un élastique les maintient en place autour des bords du fauteuil et elles ont la manie de se relever autour de vous et de se défaire si on se tortille trop. Cela dit, Ainsley restait très statique et contemplait son reflet sur la surface brune de son verre de Coca-Cola, en équilibre sur ses genoux. Elle ne manifestait ni plaisir ni ennui ; sa patience amorphe s'apparentait à celle d'une plante carnivore attendant, au milieu d'un marais, d'attirer un insecte qui se noiera dans l'urne de ses feuilles à moitié remplies d'eau où elle la digérera.

Appuyée contre le mur, je buvais mon cognac à petites gorgées tandis que, pareil à des vagues, le brouhaha des voix et de la musique clapotait autour de moi. Sous le poids de mon corps, le lit s'était légèrement déplacé, me semblait-il ; quoi qu'il en soit, j'ai, sans trop penser à rien, tourné la tête et baissé les yeux vers le sol. Et l'espace frais et sombre entre le lit et le mur a commencé à me paraître très attirant.

Il devrait y avoir moins de bruit là en bas, me suis-je dit, et moins d'humidité. J'ai posé mon verre sur la table du téléphone et jeté un rapide coup d'œil alentour. Ils étaient tous très absorbés : personne ne remarquerait rien.

Une minute plus tard, je me retrouvais coincée entre le lit et le mur, allongée sur le côté, bien cachée, mais dans une position très inconfortable. « Ça n'ira jamais, ai-je pensé ; il va falloir que je m'installe carrément dessous. Ça fera une sorte de tente. » Il ne m'est pas venu à l'esprit de m'extirper de là pour reprendre ma place initiale. J'ai écarté le sommier du mur le plus discrètement possible, en faisant levier avec mon corps, soulevé la bordure à franges du couvre-lit et me suis glissée dessous, telle une lettre dans une fente. Je tenais tout juste : les lattes étaient exceptionnellement basses et, du coup, j'ai dû rester aplatie par terre. J'ai ramené peu à peu le lit contre le mur.

C'était très exigu. Et puis, d'énormes moutons, pareils à des bouts de pain moisi, traînaient un peu partout (indignée, je me suis dit : « Quel cochon, ce Len ! Il ne balaie pas sous les meubles », puis je me suis reprise : ça ne faisait pas longtemps qu'il habitait là et peut-être était-ce le locataire précédent qui avait laissé toute cette poussière). Pourtant la pénombre, à laquelle le filtre du couvre-lit autour de moi donnait une teinte orangée, la fraîcheur et la solitude étaient agréables. Le matelas étouffait le vacarme de la musique, le staccato des rires et le bourdonnement des voix. En dépit de l'exiguïté et de la saleté de ma cachette, j'étais contente de ne pas être obligée de subir la réverbération de la lumière aveuglante de la pièce. J'étais à peine moins de un mètre plus bas que les autres, mais ils me paraissaient se situer « là-haut ». Moi, j'étais sous terre, je m'étais creusé mon terrier personnel. Je me sentais très contente de moi.

Une voix masculine, celle de Peter, je crois, a dit tout fort : « Eh, où est Marian ? » et l'autre a répondu : « Oh, sans doute aux chiottes. » J'ai souri. Ça m'a fait plaisir d'être la seule à savoir où j'étais réellement.

Cependant, cette position devenait de plus en plus pénible. J'avais le cou endolori et je rêvais de m'étirer ; j'allais éternuer. J'ai commencé à souhaiter qu'ils se dépêchent de remarquer ma disparition et se mettent à me chercher. Je n'arrivais plus à me rappeler quelles – bonnes – raisons m'avaient poussée à me coller sous le lit de Len. C'était ridicule : j'allais être couverte de peluches et de poussière en sortant de là.

Mais, ayant fait ce choix, il n'était pas question que je revienne sur ma décision. Si je sortais de dessous le couvre-lit tout empoussiérée à la manière d'un charançon émergeant d'un tonneau de farine, ça manquerait vraiment de dignité. Ce serait admettre que j'avais fait une ânerie. J'étais là et j'y resterais jusqu'à ce qu'on me déloge de force.

Mon ressentiment envers Peter qui me laissait coincée sous ce sommier alors que lui était là-haut, dehors, à l'air libre, en train de discuter photos tant qu'il pouvait, m'a amenée à réfléchir aux quatre mois qui venaient de s'écouler. Tout l'été, on avait évolué dans une certaine direction sans en avoir conscience et en réussissant à se persuader qu'on faisait du sur-place. Ainsley m'avait dit que Peter m'accaparait ; elle ne comprenait pas pourquoi je ne pouvais pas « aller voir ailleurs ». Pour elle, c'était très bien mais, moi, j'étais infichue de dépasser le sentiment subjectif qu'il était malhonnête d'en avoir plus d'un à la fois. Du coup, je me retrouvais sans rien de concret. Peter et moi avions évité de parler avenir, parce qu'on savait que ça n'avait pas d'importance : entre nous, ce n'était pas sérieux. Maintenant, pourtant, quelque chose en moi avait décidé que ça l'était : ce qui expliquait sans aucun doute que j'aie craqué dans les toilettes et pris la fuite. J'avais fui la réalité. À présent, il allait falloir que je l'affronte. Il allait falloir que je décide de ce que je voulais.

Quelqu'un s'est laissé choir lourdement sur le lit et m'a écrasée contre le sol. La gorge irritée par la poussière, j'ai poussé un cri étranglé.

« Mais enfin ! s'est exclamée la personne en question en se relevant. Il y a quelqu'un sous le lit. »

Ils ont discuté à voix basse, puis Peter a demandé, bien plus fort que nécessaire :

« Marian, tu es sous le lit ?

— Oui », ai-je répondu d'une voix neutre.

J'avais décidé de me montrer évasive.

« Bon, tu ferais mieux de sortir, a-t-il déclaré prudemment. Je crois qu'il est temps de rentrer. »

Ils me traitaient comme une enfant boudeuse, qu'il faut gentiment déloger du placard où elle s'est enfermée. Ça m'a à la fois amusée et indignée. J'ai envisagé de rétorquer : « Je ne veux pas », puis j'ai pensé que, pour Peter, ça risquait d'être une provocation de trop, et que Len était tout à fait capable de décréter : « Bof, qu'elle passe donc la nuit là-dessous, bon sang, moi, je m'en fiche. C'est comme ça qu'il faut s'y prendre avec elle. Je ne sais pas ce qui la travaille, mais ça la calmera. » Donc, à la place, j'ai marmonné :

« Je ne peux pas, je suis coincée ! »

J'ai essayé de bouger : j'étais vraiment coincée.

Loin au-dessus de ma tête, ils ont de nouveau débattu de l'attitude à tenir.

« On va soulever le lit, m'a crié Peter, et après tu sors, compris ? »

Ils ont échangé des ordres. On allait avoir droit à une prouesse technique. J'ai entendu des raclements de chaussures quand ils ont pris position et assuré leur prise. Puis Peter s'est écrié : « Un, deux, trois ! », le lit s'est élevé dans les airs et, moi, je me suis dépêchée de sortir à reculons, telle une écrevisse quand on s'attaque à son rocher.

Peter m'a relevée. Ma robe était entièrement recouverte de peluches et de poussière et Len et Peter ont entrepris de m'épousseter en riant.

« Merde, qu'est-ce que tu fabriquais là-dessous ? » m'a lancé Peter.

Vu la lenteur et l'air concentré avec lesquels ils enlevaient les peluches les plus grosses, j'ai compris qu'ils avaient descendu pas mal de cognac pendant mon éclipse.

« C'était plus calme, ai-je déclaré d'un ton maussade.

— Tu aurais dû me dire que tu étais coincée ! a-t-il poursuivi avec une magnanimité courtoise. Je t'aurais fait sortir. Te voilà bien arrangée ! »

Il était condescendant et amusé.

« Oh, je ne voulais pas vous interrompre. »

Je venais d'identifier le sentiment qui me dominait : c'était de la fureur.

La pointe de colère qui brûlait dans ma voix a dû pénétrer l'euphorie de surface de Peter. Il a reculé d'un pas ; ses yeux m'ont donné l'impression de me jauger avec froideur. Il m'a attrapée par le haut du bras comme s'il m'arrêtait pour avoir traversé en dehors d'un passage clouté et s'est tourné vers Len.

« Je crois vraiment qu'on ferait mieux de filer, a-t-il déclaré. On a passé une soirée formidablement agréable. J'espère qu'on pourra se revoir très bientôt.

Ça me ferait plaisir de savoir ce que tu penses de mon trépied. »

À l'autre bout de la pièce, Ainsley s'est extirpée de sa housse en velours côtelé et s'est levée.

M'arrachant à l'emprise de Peter, j'ai dit d'un ton glacial :

« Je ne repars pas avec toi. Je rentre à pied. »

Et je suis sortie en trombe.

« Fais ce que tu veux, nom de Dieu », a rétorqué Peter.

Il n'empêche qu'il m'a suivie à toutes jambes, en abandonnant Ainsley à son sort. Je dévalais l'escalier étroit quand j'ai entendu Len proposer à ma colocataire :

« On reprend un verre, Ainsley ? Je veillerai à ce que tu rentres sans problèmes ; mieux vaut laisser les deux amoureux régler leurs histoires. »

Et Ainsley de protester avec inquiétude :

« Oh, je ne crois pas que je devrais… »

Une fois dehors, je me suis sentie nettement mieux. Je m'étais libérée ; de quoi ou pour faire quoi ? Je l'ignorais. Même si je ne savais pas trop pourquoi j'avais agi ainsi, au moins, j'avais agi. Une sorte de décision avait été prise, quelque chose était terminé. Après cette violence, ce déballage qui me paraissait subitement gênant, il ne pouvait y avoir de réconciliation ; pourtant, maintenant que je partais, je n'étais plus du tout irritée contre Peter. Je me suis fait la réflexion, absurdement, qu'on avait vécu une relation très sereine : jusqu'à ce jour, on ne s'était jamais disputés. Il n'y avait pas eu matière à dispute.

J'ai jeté un coup d'œil derrière moi : Peter avait disparu. J'ai marché dans les rues désertes et suis repassée devant les rangées de vieux immeubles pour rejoindre la grande rue la plus proche où il me serait possible d'attraper un bus. À cette heure-ci, pourtant (quelle heure était-il ?), il allait falloir que j'attende longtemps. Cette perspective m'a inquiétée : le vent avait forci et fraîchi et les éclairs semblaient se rapprocher de minute en minute. Il commençait à tonner dans le lointain. Je ne portais qu'une petite robe d'été. Me demandant si j'avais assez d'argent pour sauter dans un taxi, je me suis arrêtée pour vérifier et j'ai constaté que non.

Il y avait dix minutes que j'avais mis cap au nord et que je longeais des magasins fermés à l'éclairage glacé, quand la voiture de Peter s'est arrêtée le long du trottoir à une centaine de mètres de moi. Il est descendu et m'a attendue au milieu du trottoir désert. J'ai continué à avancer d'un pas ferme, sans ralentir ni changer de direction. Il n'y avait certainement plus aucune raison de courir. Je ne vivais plus rien de sérieux avec lui.

Lorsque je suis arrivée à sa hauteur, il s'est planté devant moi.

« Aurais-tu la bonté de me permettre de te raccompagner ? m'a-t-il demandé avec une politesse irréprochable. Je serais désolé que tu te fasses tremper jusqu'aux os. »

Là-dessus, les premières grosses gouttes ont commencé à tomber.

J'ai hésité. Pourquoi faisait-il cela ? Peut-être juste par respect des convenances, comme lorsqu'il m'ouvrait la portière – un réflexe quasi automatique –, auquel cas je pouvais, sans risque, accepter cette faveur en vertu de la même courtoisie : qu'est-ce que le fait de monter dans sa voiture impliquerait au fond ? Je l'ai observé : il avait manifestement trop bu, même s'il était tout aussi manifestement en pleine possession – ou presque – de ses moyens. Il avait les yeux un peu voilés, c'était vrai, mais il se tenait bien droit.

« Eh bien, ai-je répondu un rien indécise, franchement, je préférerais marcher. Mais merci quand même.

— Oh, allez Marian, ne fais pas l'enfant », a-t-il rétorqué avec brusquerie, en me prenant le bras.

Je me suis laissé entraîner jusqu'à la voiture, où il m'a invitée à m'asseoir sur le siège avant. J'étais, je crois, réticente, mais je n'avais pas particulièrement envie de me faire mouiller.

Il est monté, a claqué sa portière et démarré.

« Maintenant, tu vas peut-être m'expliquer ce que signifient toutes ces sottises ? » a-t-il lancé avec colère.

On négociait un virage quand l'orage a éclaté et de violentes bourrasques ont projeté des paquets de pluie contre le pare-brise. On n'allait pas tarder à avoir un coup de tabac ou un coup de chien, comme disait une de mes grand-tantes.

« Je n'ai pas demandé à ce que tu me raccompagnes », ai-je riposté en éludant sa question.

J'étais convaincue que ce n'était pas des sottises, mais j'étais aussi tout à fait consciente que, pour un observateur extérieur, ça devait y ressembler beaucoup. Je ne voulais pas discuter ; ça ne pouvait mener qu'à une impasse. Assise bien droite sur le siège avant, j'ai regardé fixement le pare-brise sans rien voir, ou du moins pas grand-chose, de l'autre côté.

« Qu'est-ce qui t'a toquée, bon sang, de gâcher une soirée parfaitement sympa, je ne le comprendrai jamais », a-t-il ajouté sans relever ma remarque.

Le tonnerre a claqué.

« Apparemment, je ne te l'ai pas beaucoup gâchée. Tu t'es quand même pris du bon temps, toi.

— Ah, alors c'est ça. On ne s'est pas assez occupés de toi. Notre conversation t'a cassé les pieds, on n'a pas assez fait attention à toi. Eh bien, la prochaine fois, on le saura et on t'épargnera une soirée avec nous. »

Sa pique m'a paru très injuste. Après tout, Len était mon ami à moi.

« Len est mon ami, tu sais, ai-je riposté d'une voix presque chevrotante. Je ne vois pas pourquoi je ne devrais pas avoir envie de bavarder un peu avec lui alors qu'il rentre d'Angleterre. »

Je savais pourtant que Len n'était pas du tout concerné.

« Ainsley s'est comportée correctement, tu ne pouvais pas en faire autant ? Le problème avec toi, a-t-il décrété férocement, c'est que tu refuses ta féminité, point. »

Cet éloge d'Ainsley m'a piquée au vif.

« Oh, merde pour ma féminité, ai-je hurlé. La féminité n'a rien à voir là-dedans. Tu t'es juste montré d'une grossièreté parfaitement ordinaire ! »

Peter ne supportait pas qu'on l'accuse de manquer de courtoisie involontairement, et je le savais. Cela le rangeait dans la catégorie des mecs des publicités pour déodorants.

Les yeux plissés comme s'il visait une cible, il m'a décoché un bref coup d'œil, puis a serré les dents et appuyé sur l'accélérateur avec une férocité assassine. Il pleuvait maintenant à torrents : quand on l'entrevoyait, la route disparaissait sous un tapis d'eau. Lorsque j'avais lancé ma pique, on venait d'entamer une descente, si bien que, sous la brusque accélération, la voiture a dérapé et décrit deux tours un quart avant de partir en glissade arrière sur une pelouse en pente où elle a stoppé dans un cahot à vous désosser menu-menu. J'ai entendu un bruit sec.

« Espèce de dingue ! ai-je hurlé après avoir ricoché contre la boîte à gants et m'être rendu compte que je n'étais pas morte. Tu vas tous nous tuer ! »

Je devais m'imaginer fabriquée en plusieurs exemplaires.

Peter a baissé sa vitre, sorti la tête et éclaté de rire.

« Je leur ai un peu rabattu la haie », a-t-il déclaré.

Il a appuyé sur le champignon. Les roues ont tourné un instant en projetant une pluie de boue, ce qui a creusé (je l'ai vu après) deux profondes ornières, puis, dans un grincement de vitesse, on a franchi la limite de la pelouse et on s'est retrouvés sur la route.

Pour ma part, je tremblais sous l'effet combiné de la peur, du froid et de la fureur.

« D'abord, tu me forces à monter dans ta voiture, ai-je piaillé, puis tu ne cesses de m'embêter parce que tu te sens coupable et, après, tu essaies de me tuer ! »

Peter continuait à rire. Il avait la tête trempée, malgré le peu de temps où il s'était exposé aux intempéries, les cheveux plaqués sur le crâne et le visage ruisselant.

« Demain matin, au réveil, ils vont trouver du changement dans leur jardin paysagé », a-t-il ajouté en gloussant.

Ce saccage délibéré de la propriété d'autrui semblait l'amuser énormément.

« On dirait que ça t'amuse énormément de saccager délibérément la propriété d'autrui, ai-je remarqué d'un ton sarcastique.

— Oh, ne sois pas si rabat-joie », a-t-il répliqué aimablement.

Cet incident, qu'il assimilait à une vigoureuse manifestation de force, lui procurait une satisfaction tangible. Et ça m'a irritée de le voir s'approprier un mérite qui revenait aux roues arrière de sa voiture.

« Peter, pourquoi tu ne peux pas être sérieux ? Tu n'es qu'un gamin. »

Il a choisi d'ignorer ma remarque.

La voiture a stoppé en cahotant.

« Nous voici arrivés », a-t-il déclaré.

J'ai refermé les doigts sur la poignée de la porte avec l'intention, je crois, de lâcher une dernière flèche qui lui clouerait le bec avant que je ne regagne mon appartement à toutes jambes, mais il m'a retenue d'une main sur le bras.

« Mieux vaut attendre que ça se calme. »

Il a coupé le contact et les essuie-glaces ont cessé leur bruit de battements de cœur ; nous avons alors écouté l'orage en silence. Il devait se trouver juste au-dessus de nos têtes ; les éclairs, aveuglants, se succédaient sans interruption et, chaque fois que ces fourches zébraient le ciel, il s'ensuivait presque aussitôt un fracas déchirant, comme si on abattait les arbres d'une forêt à la hache. Dans les intervalles d'obscurité, la pluie tambourinait contre la voiture ; sur le pourtour des vitres fermées, de fines gouttelettes d'eau suintaient.

« Heureusement que je ne t'ai pas laissée rentrer à pied », a déclaré Peter du ton de l'homme qui a pris une décision ferme et adéquate.

Je n'ai pu qu'approuver.

Durant un long flash vacillant, je me suis tournée vers lui et j'ai remarqué qu'il me regardait, le visage curieusement menaçant, les yeux brillants comme ceux d'un animal pris dans le faisceau des phares d'un véhicule. Il me fixait avec intensité, de façon un peu inquiétante. Puis il s'est penché vers moi et m'a dit :

« Tu as un flocon de poussière, ne bouge pas. »

Ses mains se sont aventurées sur mon crâne : il a dégagé, maladroitement mais avec douceur, une peluche prise dans mes cheveux.

J'ai eu alors l'impression de ramollir comme un Kleenex humide. J'ai appuyé mon front contre le sien et fermé les yeux. Il avait la peau froide et mouillée et son haleine sentait le cognac.

« Ouvre les yeux », m'a-t-il demandé.

J'ai obéi : nos fronts se touchaient toujours et, l'éclair d'après, je me suis retrouvée confrontée à une multitude d'yeux.

« Tu as huit yeux », lui ai-je dit à mi-voix.

On a éclaté de rire et il m'a attirée contre lui et m'a embrassée. J'ai noué les bras autour de sa taille.

On est restés comme ça, sans rien dire, au milieu de l'orage. Je sentais juste que j'étais très fatiguée et que mon corps refusait d'arrêter de grelotter.

« Je ne sais pas ce qui m'a pris ce soir », ai-je murmuré.

Indulgent, compréhensif et un rien condescendant, il a caressé mes cheveux.

« Marian. »

J'ai remarqué qu'il déglutissait, mais je ne savais plus lequel, de son corps ou du mien, tremblait ; il a resserré son étreinte.

« Comment tu crois qu'on s'entendrait… comment tu crois qu'on serait, mariés ? »

Je me suis reculée.

Un formidable éclair bleu électrique, tout proche, a illuminé l'habitacle de la voiture et, durant ce bref instant lumineux, je me suis vue reflétée, petite et ovale, dans ses prunelles.

10.

En me réveillant, le dimanche matin – on frisait en réalité le début de l'après-midi –, j'avais l'esprit complètement vide, à croire qu'on m'avait évidé le crâne à la façon d'un melon en ne me laissant que la peau pour penser. J'ai jeté un coup d'œil dans la pièce, que j'ai eu du mal à reconnaître. Mes vêtements froissés traînaient par terre ou en tas sur le dossier de la chaise, tels des vestiges d'un épouvantail féminin, grandeur nature, qui aurait explosé, et j'ai eu l'impression d'avoir la bouche tapissée de coton hydrophile. Je me suis levée et j'ai gagné la cuisine en chancelant.

Un soleil lumineux et de l'air frais entraient en miroitant par la fenêtre ouverte. Ainsley était déjà debout. Assise en tailleur sur sa chaise, elle était penchée en avant, les cheveux cascadant sur les épaules, et se concentrait sur un truc déployé devant elle. De dos, elle ressemblait à une sirène sur un rocher : une sirène vêtue d'un peignoir en tissu éponge vert pas très net. Autour d'elle, sur la table constellée de miettes, gisaient les restes de son petit déjeuner – peau de banane aux allures d'étoile de mer molle, bouts de coquille d'œufs et croûtes de toasts brunes échouées çà et là, au petit bonheur, tel du bois flotté.

J'ai sorti le jus de tomate du réfrigérateur.

« Salut », ai-je lancé au dos d'Ainsley.

Je me demandais si j'allais pouvoir avaler un œuf.

« Bon, a-t-elle fait en se retournant.

— Tu es bien rentrée, hier soir ? Quel orage ! »

Je me suis servi un verre de jus de tomate rouge sang, que j'ai descendu d'un trait.

« Bien sûr. Je l'ai obligé à appeler un taxi. J'étais là juste avant l'orage et je me suis offert une cigarette et un double whisky, puis je suis allée me coucher direct ; pétard, j'étais vraiment crevée. Rester assise comme ça, c'est pompant, et ensuite, après votre départ, je me suis demandé comment j'allais m'en sortir. Ça a été comme échapper à un calmar géant, mais j'ai réussi, principalement parce que j'ai joué la gourde apeurée. C'est absolument nécessaire, à ce stade, tu sais. »

J'ai jeté un coup d'œil dans la casserole encore très chaude sur l'un des brûleurs.

« Tu as fini avec l'eau de ton œuf ? ai-je lancé en allumant la cuisinière.

— Bon, et toi ? J'étais drôlement inquiète, j'ai pensé que tu étais peut-être soûle ou je ne sais quoi ; si tu me permets de te dire ça, tu t'es comportée de manière vraiment idiote.

— On s'est fiancés », ai-je annoncé, un peu à contrecœur.

Je savais qu'elle serait contre. J'ai collé l'œuf dans la casserole ; il a craqué instantanément. Il sortait tout droit du frigo et était trop froid.

Ainsley a haussé ses sourcils tout juste nubiles ; elle n'avait pas l'air surprise.

« Eh bien, si j'étais toi, je me marierais aux États-Unis, le moment venu, ce sera nettement plus simple de divorcer. Je veux dire, tu ne le connais pas vraiment, pas vrai ? Mais au moins, a-t-elle poursuivi d'un ton plus gai, Peter ne va pas tarder à gagner suffisamment d'argent pour que vous puissiez vivre séparément quand vous aurez un bébé, même si tu n'es pas divorcée. Enfin, j'espère que tu ne vas pas te marier tout de suite. À mon avis, tu ne sais pas ce que tu fais.

— Inconsciemment, j'ai dû vouloir dès le début me marier avec Peter. »

Ça lui a cloué le bec. On aurait cru que j'avais cité un dieu.

J'ai examiné mon œuf, lequel déployait un bras blanc à moitié figé à la manière d'une huître en mal de nourriture. « Il est sans doute cuit », me suis-je dit, et je l'ai repêché. J'ai mis le café en route et j'ai dégagé un peu de place sur la toile cirée. Du coup, j'ai vu ce qui occupait Ainsley. Elle avait décroché le calendrier du mur de la cuisine – dessus, il y avait, vêtue d'une robe démodée, une petite fille installée sur une balançoire avec un panier de cerises et un chiot blanc (un lointain cousin qui tient une station-service dans ma ville natale m'en envoie un tous les ans) – et, armée d'un crayon, y traçait des signes mystérieux.

« Qu'est-ce que tu bricoles ? »

J'ai cogné mon œuf énergiquement contre le bord de mon assiette et me suis retrouvée le pouce coincé dedans. En fin de compte, il n'était pas cuit. Je l'ai vidé dans mon assiette et j'ai touillé.

« Je mets ma stratégie au point, m'a-t-elle expliqué d'un ton dégagé.

— Franchement, Ainsley, je ne comprends pas comment tu peux traiter ça aussi froidement, ai-je rétorqué en regardant les chiffres noirs bien ordonnés.

— Mais il me faut un père pour mon enfant ! »

À l'entendre, je cherchais à ôter le pain de la bouche des orphelins et des veuves du monde entier, présentement incarnés en sa personne.

« OK, je te l'accorde, mais pourquoi Len ? Je veux dire, ça pourrait être compliqué avec lui, après tout, c'est mon ami et il vient de traverser une période difficile ; je ne voudrais pas qu'il souffre. Il y en a plein d'autres autour de toi, non ?

— Pas en ce moment, ou du moins pas de spécimen aussi valable, a-t-elle déclaré en toute logique, et j'aimerais assez avoir le bébé au printemps. J'aimerais un bébé de printemps, ou du début de l'été. Comme ça, il peut fêter son anniversaire dehors dans le jardin plutôt qu'à l'intérieur de la maison, ce sera moins bruyant…

— Tu t'es renseignée sur ses ancêtres ? ai-je demandé d'un ton acide en ramassant à la cuillère la dernière coulée d'œuf.

— Oh oui, m'a répondu Ainsley avec enthousiasme, on a eu une brève conversation juste avant qu'il me fasse des avances. J'ai appris que son père était allé à l'université. À ce qu'il semble, il n'y a pas de crétins de son côté, c'est déjà ça, et il n'a pas d'allergies non plus. J'avais envie de savoir s'il était rhésus négatif, mais ça aurait été un peu trop poussé, tu ne crois pas ? Et il bosse à la télévision, donc il doit avoir la fibre artistique. Je n'ai pas réussi à découvrir beaucoup de choses sur les grands-parents, mais on ne peut pas être trop sélectif sur l'hérédité ou sinon autant attendre une éternité. Quoi qu'il en soit, il ne faut pas se fier à la génétique, il y a des génies qui ont des enfants pas du tout futés. »

Elle a tracé une croix apparemment décisive sur le calendrier et l'a considéré d'un air soucieux. Elle ressemblait tellement à un général fomentant une offensive cruciale que j'en ai eu froid dans le dos.

« Ainsley, ce qu'il te faut en réalité, c'est un plan de ta chambre ou, non, une carte hypsométrique. Ou une photographie aérienne. Là, tu pourrais dessiner des petites flèches et des pointillés dessus, avec un X au point de conjonction.

— S'il te plaît, ne sois pas futile. »

À présent, elle comptait à voix basse.

« C'est pour quand ? Demain ?

— Attends une seconde, s'est-elle écriée en continuant ses calculs. Non. Il faut attendre un moment. Au moins un mois. Tu vois, je dois m'assurer que la première fois sera la bonne, ou la seconde.

— La première fois ?

— Oui, j'ai tout calculé. Cela dit, ça va être un problème, tu vois, ça dépend de sa psychologie. D'après ce que je perçois, il est du genre à ficher le camp, affolé, si je me montre trop pressée. Il faut que je lui laisse beaucoup de mou. Parce que dès l'instant qu'il aura eu ce qu'il voulait, il va me débiter les excuses habituelles du style "Peut-être qu'on ferait mieux de ne plus se voir, je ne voudrais pas que ça devienne trop sérieux, il n'est pas souhaitable qu'on se retrouve ligotés", etc. Et il s'évanouira dans la nature. Je ne pourrai pas l'appeler au moment vraiment essentiel, il m'accuserait d'essayer de le monopoliser ou de trop exiger de lui, ou va savoir. En revanche, tant qu'il ne m'aura pas eue, je pourrai l'avoir quand je voudrai. »

On a réfléchi ensemble un instant.

« Le lieu aussi va poser problème, a-t-elle repris. Il faudra qu'il ait l'impression qu'il s'agit de quelque chose d'imprévu. D'un moment de passion. Qu'il a vaincu ma résistance, qu'il m'a fait perdre pied, etc. »

Elle a esquissé un bref sourire.

« Les trucs organisés à l'avance, comme le retrouver dans un motel, n'ont aucune chance de marcher. Donc, il faut que ça se passe ou chez lui ou ici.

— Ici ?

— Si nécessaire », a-t-elle déclaré avec fermeté en se levant de sa chaise.

J'ai gardé le silence : l'idée de Leonard Slank en train de se défaire sous le toit qui protégeait la dame d'en bas et son arbre généalogique encadré me perturbait ; ce serait presque un sacrilège.

Ainsley a embarqué le calendrier et a regagné sa chambre en fredonnant avec confiance. Moi, je pensais à Len. À la perspective de le voir aller à sa perte, les yeux fermés et sans même un mot d'avertissement, les remords m'avaient reprise. En un sens, il l'avait bien cherché, me disais-je, par ailleurs Ainsley n'avait pas l'air de vouloir imposer d'autres revendications à celui auquel elle ferait cet honneur plutôt contestable, parce que anonyme. Si Leonard n'avait été qu'un homme à femmes lambda, ça ne m'aurait pas tracassée. Mais c'était un être plus complexe et à l'équilibre plus fragile, me suis-je dit en buvant mon café à petites gorgées, il n'y avait aucun doute là-dessus. C'était indéniablement un coureur de jupons, un garçon lubrique qui savait ce qu'il faisait, et pourtant, contrairement à ce que Joe affirmait, il avait une éthique. À sa manière dénaturée, Len était un moraliste inverti. Il aimait dire que le monde entier ne rêvait que de sexe et d'argent, or, lorsque quelqu'un illustrait ses théories, il réagissait par de vives et sévères invectives. S'il préférait « corrompre » les jeunes filles en fleur plutôt que la variété mûre pour la vendange, c'était dû principalement au mélange de cynisme et d'idéalisme qui le caractérisait. Le prétendument pur, l'impossible, attiraient l'idéaliste en lui ; néanmoins, à peine avait-il réussi à en faire un possible que le cynique le décrétait gâté et s'en débarrassait. « En réalité, elle était comme toutes les autres », déclarait-il avec aigreur. Aux femmes qu'il considérait comme réellement inaccessibles, les épouses de ses amis, par exemple, il manifestait un profond attachement. Il leur accordait une confiance absurde, simplement parce que son propre cynisme ne risquait pas de l'obliger à les mettre à l'épreuve : de toute façon, elles étaient non seulement inaccessibles, mais trop vieilles pour lui. Clara, par exemple, il l'idolâtrait. À certains moments, il affichait une singulière tendresse – une sentimentalité à l'eau de rose ou presque envers les gens qu'il aimait, lesquels étaient peu nombreux ; malgré cela, les femmes l'accusaient constamment d'être misogyne et les hommes d'être misanthrope, et peut-être était-il les deux.

Cependant, ne voyant pas en quoi le fait qu'Ainsley se serve de lui comme elle en avait l'intention puisse le blesser de manière irréparable, ou même le blesser tout court, j'ai confié son sort aux sergents instructeurs à lunettes à monture rectangulaire noire qui lui servaient vraisemblablement d'anges gardiens, ai terminé le marc de mon café et suis allée m'habiller. Ensuite de quoi, j'ai appelé Clara pour lui annoncer la nouvelle ; la réaction d'Ainsley ne m'avait pas fait très plaisir.

Clara m'a paru contente, mais a eu néanmoins une réaction ambiguë.

« Ah, c'est bien, Joe va être ravi. Il n'arrêtait pas de dire qu'il serait temps que tu te fixes. »

Ça m'a un peu irritée : après tout, je n'avais pas trente-cinq ans et je n'étais pas désespérée. À l'entendre, j'avais simplement pris une mesure de prudence. Mais je me suis dit qu'on ne pouvait pas compter que les gens extérieurs à une relation la comprennent. Le reste de la conversation a porté sur ses problèmes digestifs.

Je m'occupais de la vaisselle du petit déjeuner quand des pas ont résonné dans l'escalier. C'était encore une manœuvre de la dame d'en bas : dans cette variante, elle laissait entrer les visiteurs discrètement, sans les annoncer, en général à des moments où on était complètement délitées, le dimanche après-midi, par exemple, sans doute dans l'espoir qu'on nous surprenne dans une mise peu présentable, la tête hérissée de bigoudis, le cheveu pendant ou encore en peignoir.

« Salut », a crié quelqu'un à mi-chemin.

C'était la voix de Peter. Il s'était déjà arrogé le privilège des visites impromptues.

« Oh, *salut*, me suis-je appliquée à répondre sur un mode décontracté mais accueillant. Je faisais juste la vaisselle », ai-je ajouté sottement alors que sa tête émergeait de la cage d'escalier.

J'ai abandonné le reste des assiettes dans l'évier et me suis essuyé les mains sur mon tablier.

« Oh là là, s'est-il exclamé en entrant dans la cuisine, à en juger par la gueule de bois que j'avais au réveil, je devais être bourré, hier soir. Je pense que j'en tenais vraiment une bonne. Ce matin, j'avais un goût de chiottes dans la bouche. »

Il s'exprimait d'un ton mi-fier, mi-contrit.

On s'est observés avec circonspection. Si l'un de nous deux envisageait de se rétracter, c'était le moment ; on pouvait mettre l'affaire sur le compte de la chimie organique. Mais ni lui ni moi n'avons reculé. Finalement, il m'a souri, d'un sourire heureux et tendu à la fois.

« Oh, quel dommage ! ai-je remarqué avec sollicitude. Tu as pas mal bu. Tu veux une tasse de café ?

— Avec plaisir. »

Et il s'est approché de moi, m'a embrassée sur la joue, puis s'est effondré sur l'une des chaises de cuisine.

« Au fait, pardon de ne pas avoir appelé avant… j'avais juste envie de te voir.

— Pas de problème. »

Il avait vraiment l'air d'avoir la gueule de bois. Il était habillé négligemment, mais Peter est bien incapable de s'habiller négligemment. C'était une négligence étudiée ; il affichait une barbe méticuleusement mal rasée et ses chaussettes allaient avec la couleur des taches de peinture sur sa chemise de sport. J'ai mis le café en route.

« Bon », a-t-il dit, exactement comme Ainsley, mais avec une accentuation très différente.

À sa voix, on aurait cru qu'il venait de s'acheter une nouvelle voiture, rutilante. Je lui ai décoché un tendre sourire chromé ; c'est-à-dire que je voulais que ce sourire exprime de la tendresse, mais ma bouche me semblait rigidifiée, rutilante et, allez savoir pourquoi, onéreuse.

J'ai rempli deux tasses de café, sorti le lait et me suis assise sur l'autre chaise de cuisine. Il a posé une main sur la mienne.

« Tu sais, a-t-il commencé, je ne pensais pas que je voulais… ce qui s'est passé hier soir… pas du tout. »

J'ai hoché la tête : moi non plus, je ne pensais pas le vouloir.

« Je crois que je fuyais ça. »

Moi aussi.

« Mais je crois que tu avais raison au sujet de Trigger. Et peut-être que je le voulais, sans le savoir. Il y a un moment où un homme doit se fixer, et j'ai vingt-six ans. »

Je l'ai alors vu sous une lumière nouvelle : il s'est métamorphosé au milieu de la cuisine, et l'étudiant insouciant est devenu le sauveur du chaos, le pourvoyeur de stabilité. Quelque part dans les chambres fortes de Seymour Surveys, une main invisible effaçait ma signature.

« Et maintenant que les choses sont décidées, je sens que je vais être bien plus heureux. Un type ne peut pas cavaler indéfiniment. À long terme, ce sera beaucoup mieux aussi pour mon cabinet, les clients aiment savoir que tu as une femme ; les gens se méfient d'un célibataire quand il a passé un certain âge, ils te prennent pour un homosexuel ou va savoir. »

Il s'est interrompu, puis a repris :

« Et il y a une chose avec toi, Marian, c'est que je sais que je pourrai toujours compter sur toi. La plupart des filles n'ont pas grand-chose dans le crâne, alors que tu es tellement sensée. Tu ne le sais peut-être pas, mais j'ai toujours pensé que c'était la qualité première lorsqu'il s'agissait de choisir une épouse. »

Je n'avais pas l'impression d'être très sensée. J'ai baissé les yeux avec modestie et fixé une miette de toast qui m'avait échappé en essuyant la table. Je ne savais pas trop quoi dire : « Tu es très sensé aussi » ne me paraissait pas opportun.

« Je suis très heureuse, moi aussi, ai-je répondu. Allons prendre notre café au salon. »

Il m'a emboîté le pas ; on a posé nos tasses sur la petite table ronde et on s'est installés sur le canapé.

« J'aime bien cette pièce, a-t-il déclaré en jetant un coup d'œil autour de lui. Elle est tellement accueillante. »

Il a passé un bras autour de mes épaules et on est restés enfermés dans un silence bienheureux, du moins je l'espérais. Il y avait une certaine gêne entre nous. Les présupposés, les rails et les chemins de notre relation antérieure n'étaient plus là pour nous guider. Tant qu'on n'aurait pas établi de nouveaux présupposés, on aurait du mal à savoir quoi faire, quoi dire.

Peter s'est mis à glousser sous cape.

« Qu'est-ce qu'il y a de drôle ?

— Oh, pas grand-chose. Quand j'ai pris la voiture, j'ai découvert trois arbrisseaux coincés dessous ; du coup, j'ai poussé jusqu'à cette fameuse pelouse. On a fait un beau petit trou dans leur haie. »

Cette histoire continuait à le mettre en joie.

« Espèce de grand idiot », ai-je murmuré affectueusement.

Je sentais naître en moi l'instinct de propriétaire. Ainsi donc, cet objet m'appartenait. J'ai appuyé la tête contre son épaule.

« Quand voudrais-tu te marier ? » m'a-t-il demandé, presque avec brusquerie.

Sur une première impulsion, j'ai failli répondre avec la désinvolture évasive que je manifestais chaque fois qu'il me posait des questions sérieuses sur moi-même : « Que penses-tu du 29 février ? » Au lieu de quoi, j'ai entendu une voix douce et sourde – que j'ai à peine reconnue – susurrer : « Je préférerais que tu décides. Je préférerais te laisser les décisions importantes. »

Ma réaction m'a stupéfiée. Je ne lui avais encore jamais rien dit de tel, il s'en fallait de beaucoup. Le plus drôle, c'est que j'étais sincère.

11.

Peter est parti tôt. Il a déclaré qu'il avait besoin de redormir un peu et m'a conseillé de suivre son exemple. Mais je n'étais pas du tout fatiguée. Je débordais d'une énergie nerveuse qui n'a pas voulu se dissiper en dépit de l'agitation fébrile que j'ai déployée dans l'appartement. Cet après-midi-là était placé sous le signe de ce vide lugubre que j'associe depuis l'enfance aux fins d'après-midi dominicales, ce sentiment de n'avoir rien à faire.

J'ai terminé la vaisselle, rangé couteaux, fourchettes et cuillères dans le tiroir de la cuisine tout en sachant qu'ils ne resteraient pas longtemps dans leurs compartiments, j'ai parcouru les magazines du salon pour la énième fois en me faisant brièvement accrocher par des titres du genre « Adoption : oui ou non ? », « Êtes-vous vraiment amoureuse ? Un quiz en vingt questions » et « Les tensions de la lune de miel » (ils avaient pris un relief nouveau) et j'ai joué avec les boutons du grille-pain qui brûlait tout ce qu'il voyait. Quand le téléphone a sonné, je me suis ruée dessus : c'était un faux numéro. J'imagine que j'aurais pu bavarder avec Ainsley qui était toujours dans sa chambre mais, allez savoir pourquoi, j'avais l'impression que ça ne m'aiderait pas beaucoup. Je voulais m'attaquer à quelque chose que je puisse terminer, mener à bien, mais quoi ? je n'en avais pas idée. En fin de compte, j'ai décidé de passer la soirée à la laverie automatique.

Nous n'utilisons pas, bien sûr, les machines de la dame d'en bas. Si tant est qu'elle en ait. Elle ne permettrait jamais que du linge – témoignage d'une activité plébéienne entre toutes – défigure sa pelouse impeccable, derrière. Peut-être qu'elles ne se salissent jamais, la petite et elle ? Peut-être sont-elles équipées d'un revêtement plastique invisible ? Ni Ainsley ni moi n'avons jamais mis les pieds dans le sous-sol, de même que nous ne l'avons jamais entendue dire qu'il y en avait un. Il se peut que la lessive représente, dans sa hiérarchie des convenances, une tâche dont tout le monde sait qu'elle existe mais dont personne, un tant soit peu respectable, ne parle.

Donc, quand les amoncellements de vêtements immettables deviennent insupportables et que les tiroirs de vêtements mettables sont complètement vides, on va à la laverie automatique. Ou disons que, généralement, j'y vais seule : je n'ai pas la résistance d'Ainsley. De tout le week-end, le dimanche soir est le meilleur moment pour ce genre de corvée. Il y a moins de vieux messieurs occupés à attacher leurs rosiers et à les traiter contre les pucerons et moins de vieilles dames en chapeau fleuri et gants blancs qui vont voir ou qu'on emmène voir d'autres vieilles dames chez lesquelles elles prendront le thé. La laverie la plus proche est à une station de métro, et le samedi est pénible à cause des bus remplis de gens allant faire leurs courses, et des re-vieilles dames chapeautées et gantées, mais moins impeccables ; et le samedi soir, ce sont les jeunes amateurs de cinéma qui sont de sortie. Je préfère les dimanches soir ; il y a moins de monde. Je n'aime pas qu'on me dévisage et mon sac de linge sale ressemble trop à un sac de linge sale.

Là, j'attendais cette échappée avec impatience. J'avais furieusement envie de fuir l'appartement. J'ai réchauffé et avalé un dîner congelé, puis j'ai enfilé mes vêtements réservés à la laverie – un jean, un sweat-shirt et une paire de tennis écossaises achetées sur un coup de tête et jamais portées – et vérifié que j'avais bien des pièces de vingt-cinq cents dans mon porte-monnaie. J'étais en train de préparer mon sac quand Ainsley est entrée d'un pas nonchalant. Elle avait passé la majeure partie de la journée enfermée dans sa chambre pour se livrer à Dieu sait quelles pratiques de magie noire : sans doute avait-elle concocté un aphrodisiaque ou fabriqué des poupées de cire à l'effigie de Leonard qu'elle avait piquées d'épingles à chapeau en divers endroits opportuns. Pour l'heure, une sorte d'intuition l'avait alertée.

« Salut, tu vas à la laverie ? m'a-t-elle demandé avec un détachement étudié.

— Non, j'ai découpé Peter en petits morceaux. Je le fais passer pour du linge sale et je vais descendre l'enterrer dans le ravin. »

Jugeant cette remarque de mauvais goût, elle s'est dispensée de sourire.

« Dis-moi, ça t'ennuierait beaucoup d'ajouter quelques affaires à moi, pendant que tu seras là-bas ? Juste des trucs indispensables.

— Entendu, ai-je répondu, résignée. Passe-les-moi. »

C'est la procédure classique. C'est une des raisons pour lesquelles Ainsley n'a jamais besoin d'aller à la laverie.

Elle a disparu pour revenir quelques minutes plus tard, les bras serrés autour d'un énorme tas de lingerie multicolore.

« Ainsley, juste des trucs indispensables.

— Ils sont tous indispensables », a-t-elle riposté d'un ton boudeur.

Mais quand je lui ai soutenu que je ne pourrais pas tout mettre dans le sac, elle a divisé son tas en deux.

« Merci beaucoup, ça me sauve la vie, a-t-elle déclaré. À tout à l'heure. »

J'ai descendu l'escalier en traînant le sac à ma remorque, puis je me le suis collé sur l'épaule et suis sortie en vacillant. Au passage, j'ai surpris un coup d'œil glacial de la dame d'en bas qui a reculé dignement de derrière un des rideaux en velours masquant l'entrée de son petit salon. Elle me signifiait, je l'ai bien compris, sa désapprobation devant cet étalage de linge sale. Nous sommes tous fondamentalement impurs, lui ai-je expliqué mentalement en reprenant une citation.

Une fois dans le bus, j'ai casé le fameux sac sur le siège à côté de moi, en espérant que, vu de loin, il pourrait passer pour un jeune enfant et décourager l'indignation vertueuse des gens susceptibles de me reprocher mes activités le jour du Seigneur. Je n'avais pas oublié un incident récent, quand une vieille dame drapée de soie noire et équipée d'un chapeau mauve m'avait agrippée un dimanche, comme je descendais du bus. Elle était contrariée, d'une part parce que je ne respectais pas le quatrième commandement, et d'autre part parce que je m'étais habillée de manière impie : Jésus, m'avait-elle laissée entendre, ne me pardonnerait jamais mes tennis écossaises. Ensuite, je me suis concentrée sur une des affiches au-dessus des vitres : vivement colorée, elle montrait une jeune femme en gaine gambadant sur trois paires de jambes. Je dois admettre que je suis, malgré moi, un peu choquée par ces réclames. Elles sont tellement exhibitionnistes. Je me suis demandé, pendant les premiers pâtés de maisons, quelles personnes cette publicité pourrait toucher au point de les pousser à faire l'achat du produit en question et si on avait jamais réalisé une enquête à ce sujet. Les formes féminines, me disais-je, sont censées attirer les hommes, pas les femmes, or, en général, les hommes n'achètent pas de gaines. Mais peut-être cette jeune personne agile correspondait-elle à une projection mentale ? Peut-être les acheteurs imaginaient-ils retrouver leur propre jeunesse et leur sveltesse dans l'affaire ? En longeant les pâtés de maisons suivants, j'ai repensé à un dicton que j'avais lu quelque part, en vertu duquel une femme élégante ne sort jamais sans sa gaine. J'ai réfléchi aux possibilités que suggérait le terme « jamais ». Puis, durant le reste du trajet, j'ai songé aux bourrelets de l'âge mûr : quand allais-je en avoir ? Peut-être en avais-je déjà ? Il faut faire attention à des trucs pareils, me suis-je dit, ça vous tombe dessus sans que vous ayez eu le temps de comprendre ce qui vous arrive.

La laverie se trouvait dans la même rue que la bouche du métro. Je venais de me planter devant une des grosses machines quand je me suis rendu compte que j'avais oublié ma lessive.

« Oh, flûte alors ! » me suis-je écriée.

L'homme qui chargeait la machine voisine s'est tourné vers moi.

Il m'a regardée, le visage vide d'expression.

« Vous pouvez prendre un peu de la mienne, m'a-t-il proposé en me tendant un paquet.

— Merci. Si seulement ils avaient installé un distributeur automatique, on aurait pu croire qu'ils auraient eu le bon sens de s'en occuper. »

Et là je l'ai reconnu : c'était le jeune homme de l'enquête sur la bière. J'en suis restée baba. Comment avait-il deviné que j'avais oublié ma lessive ? Je n'avais rien dit d'explicite.

Lui m'observait plus attentivement.

« Oh, a-t-il déclaré, je vous remets maintenant. Au début, je ne vous situais pas. Sans votre coquille officielle, on dirait que vous avez… tombé le masque. »

Et, de nouveau, il s'est penché vers sa machine.

Tombé le masque. Était-ce bien ou mal ? Je me suis vite assurée que je n'avais pas de couture déchirée ni de fermeture Éclair défaite, puis me suis dépêchée de charger mes machines, une pour le foncé et l'autre pour le clair. Je ne voulais pas lui laisser la possibilité de regarder ce que je fabriquais, mais il a fini suffisamment tôt pour me voir jeter dans le tambour quelques-unes des parures en dentelle d'Ainsley.

« C'est à vous, ça ? m'a-t-il demandé avec intérêt.

— Non, ai-je répondu en rougissant.

— C'est ce que je pensais. Ça ne vous ressemble pas. »

Était-ce un compliment ou une insulte ? À en juger par l'absence d'inflexion dans sa voix, ce n'était qu'un constat ; et, en tant que constat, c'était assez pertinent, ai-je songé avec un humour désabusé.

J'ai fermé les deux portes en verre épais, puis j'ai glissé les pièces de vingt-cinq cents dans les fentes et patienté jusqu'à ce que le chuintement familier m'informe que tout se passait normalement, après quoi je me suis dirigée vers la rangée de chaises fournies par la direction et me suis assise. Je me suis rendu compte que j'allais devoir attendre la fin ; il n'y avait rien d'autre à faire dans ce quartier, le dimanche. J'aurais pu aller au cinéma, mais je n'avais pas assez d'argent sur moi. J'avais même oublié de prendre un livre de poche. Où avais-je donc la tête en quittant l'appartement ? D'habitude, je ne suis pas étourdie.

Il est venu s'installer à côté de moi.

« Le truc avec les laveries, a-t-il poursuivi, c'est qu'on trouve toujours des poils pubiens dans les machines. Ce n'est pas que ça me gêne particulièrement. Je ne suis pas difficile pour ce qui est des germes et tout ça. Seulement, c'est assez dégueulasse. Vous voulez du chocolat ? »

J'ai jeté un coup d'œil alentour pour voir si quelqu'un avait entendu ; par chance, nous étions seuls.

« Non merci.

— Je n'aime pas trop non plus, mais j'essaie d'arrêter de fumer. »

Il a ôté l'emballage de la barre de chocolat qu'il a attaquée sans se presser. On fixait tous deux le long alignement de machines blanches étincelantes et surtout ces trois portes en verre, pareilles à des hublots ou à des aquariums, derrière lesquelles nos vêtements tournaient inlassablement, nous offrant diverses formes et couleurs qui surgissaient, se mélangeaient, puis disparaissaient et réapparaissaient au milieu d'une débauche de bulles mousseuses. Son chocolat terminé, il s'est léché les doigts, a soigneusement lissé et plié le papier argenté, l'a rangé dans l'une de ses poches, puis a sorti une cigarette.

« J'aime bien les regarder, a-t-il poursuivi, je regarde les machines des laveries comme d'autres la télévision, c'est apaisant parce qu'on sait toujours ce qu'on va voir et qu'on n'a pas besoin de réfléchir. Sauf que je peux varier mes programmes un peu ; si j'en ai marre de regarder les mêmes trucs, j'ai toujours la possibilité de mettre une paire de chaussettes vertes dedans ou autre chose de coloré. »

Penché en avant, les coudes sur les genoux, la tête rentrée dans le col de son pull foncé, comme une tortue dans sa carapace, il s'exprimait d'un ton monocorde.

« Je viens souvent ici ; parfois, il faut que je sorte de chez moi. Ça va tant que j'ai du repassage ; j'aime aplatir les choses, éliminer les plis, comme ça j'ai quelque chose à faire de mes mains, mais lorsque je n'ai plus rien à repasser, eh bien, il faut que je vienne ici. Pour regarnir mon stock. »

Il ne faisait même pas attention à moi. On aurait cru qu'il parlait tout seul. À mon tour, je me suis penchée afin de voir son visage. Sous l'éclairage fluorescent et bleuté de la laverie, lumière qui semblait bannir toute nuance, toute ombre, son teint ressemblait davantage encore à celui d'un extra-terrestre.

« Il faut que je sorte, c'est cet appartement. L'été, on est comme dans un four sombre et brûlant et, par cette chaleur, on n'a même pas envie de brancher le fer. N'importe comment, ça manque d'espace mais, quand il fait chaud, il rétrécit et les autres sont trop proches. Même bouclé dans ma chambre, je perçois leur présence ; je devine ce qu'ils font. Fish se barricade dans son fauteuil où il bouge à peine, même quand il écrit, puis il déchire son texte en disant que ça ne vaut rien et passe des journées entières, assis là, à fixer les bouts de papier par terre ; une fois, il s'est mis à quatre pattes pour essayer de les recoller avec du scotch, il n'a pas réussi bien entendu, alors il a piqué une vraie crise et nous a accusés, Trevor et moi, d'essayer de nous servir de ses idées afin d'être les premiers à publier, de lui piquer des bouts de papier. Quant à Trevor, lorsqu'il ne suit pas de cours d'été ou qu'il ne transforme pas l'appartement en fournaise en préparant des dîners de douze plats – moi, je peux me taper du saumon en boîte, c'est aussi bien –, il travaille sa calligraphie italienne du quinzième siècle, les volutes et les arabesques, et nous soûle avec le Quattrocento. Il a une mémoire des détails ahurissante. J'imagine que c'est intéressant, mais moi, ce n'est pas mon truc et je ne crois pas que ça le soit pour lui non plus. Ce qu'il y a, c'est qu'ils n'arrêtent pas de faire et de refaire les mêmes choses sans jamais arriver où que ce soit et sans jamais rien terminer apparemment. Bien entendu, je ne vaux pas mieux, je suis exactement pareil, coincé que je suis sur mon fichu mémoire trimestriel. Un jour, je suis allé au zoo et il y avait une cage avec un tatou en folie qui faisait des huit à l'intérieur, sans jamais dévier du même circuit. Il paraît que tous les animaux en cage deviennent comme ça, que c'est une forme de psychose et que, une fois qu'ils commencent, ils continuent à l'envi, même si on les libère. On passe son temps à lire des documents et, après le vingtième article, on n'y comprend plus rien et puis on pense au nombre de livres publiés par an, par mois, par semaine, et c'est trop, point à la ligne. Les mots, a-t-il ajouté en se tournant enfin vers moi – curieusement pourtant, ses yeux regardaient dans le vide, comme s'il fixait en réalité un point situé plusieurs centimètres sous ma peau –, finissent par perdre de leur sens. »

Les machines avaient entamé un cycle de rinçage et les vêtements se sont mis à tournoyer de plus en plus vite ; puis il y a eu une nouvelle arrivée d'eau, et de nouveaux brassages assortis de chuintements. Il a allumé une autre cigarette.

« J'en déduis que vous êtes étudiants, alors, ai-je avancé.

— Bien sûr, a-t-il répondu d'un ton lugubre, ça n'était pas évident ? On est en troisième cycle. En anglais. Tous les trois. Je croyais que la ville entière était à l'université ; on vit tellement en circuit fermé qu'on ne voit jamais qui que ce soit d'extérieur. Quand vous avez débarqué l'autre jour et qu'il s'est avéré que vous n'étiez pas étudiante, ça m'a fait vraiment bizarre.

— J'ai toujours pensé que ça devait être plutôt passionnant. »

Ce n'était pas totalement exact, j'essayais de me montrer amicale, mais à peine avais-je refermé la bouche que j'ai pris conscience de l'exubérance très collégienne de ma remarque.

« Passionnant. »

Il a émis un bref ricanement.

« C'est ce que je croyais, moi aussi. Ça paraît passionnant quand on est un brillant étudiant de premier ou de deuxième cycle et qu'on déborde d'enthousiasme. Tout le monde vous dit : “Passe en troisième cycle, tu toucheras un peu d'argent” ; alors, tu t'inscris en te disant : “Maintenant, je vais découvrir la vérité vraie”, mais justement tu ne la découvres pas, les choses deviennent de plus en plus complexes et de plus en plus monotones et s'écroulent dans un fatras de virgules et de notes en bas de page déchirées et, au bout d'un moment, c'est comme n'importe quoi d'autre : tu te retrouves coincé là-dedans, infichu d'en sortir, et tu te demandes ce que tu as fabriqué pour en arriver là. Si on était aux États-Unis, je pourrais me dédouaner au prétexte que j'évite la conscription, mais, les choses étant ce qu'elles sont, je n'ai aucune bonne raison. En plus, tout est traité, tout est déjà fait, publié, et toi, tu te vautres dans la lie du tonneau, au milieu de ces pauvres bougres d'étudiants de neuvième année, à éplucher des manuscrits avec l'espoir d'y dénicher des éléments neufs ou bien à trimer sur l'édition de référence des invitations à dîner et des billets de théâtre de Ruskin, ou encore à essayer de presser un vague sens de la dernière papule d'un écrivaillon déterré de je ne sais où. Ce pauvre vieux Fisher est en train de rédiger sa thèse, il voulait travailler sur les symboles matriciels chez D. H. Lawrence, mais tout le monde lui a dit que c'était déjà fait. Alors, maintenant, le voilà parti dans une théorie impossible qui devient de plus en plus incohérente à mesure qu'il avance. »

Il s'est interrompu.

« Ah, qu'est-ce que c'est ? ai-je demandé pour le tirer de son silence.

— Je ne sais pas vraiment. Il ne veut même plus aborder le sujet, sauf quand il est bourré, et, là, personne n'arrive à le suivre. C'est pour ça qu'il n'arrête pas de la déchirer – il la relit sans parvenir à y comprendre quoi que ce soit lui-même.

— Et sur quoi faites-vous la vôtre ? »

Je n'imaginais pas trop.

« Je n'en suis pas encore là. Je ne sais pas quand j'y serai ni ce qui se passera alors. J'essaie de ne pas y penser. Pour le moment, je suis censé travailler sur un mémoire trimestriel que j'aurais dû rendre il y a deux ans. J'écris une phrase par jour. Enfin, les bons jours. »

Après un cliquetis, les machines ont attaqué l'essorage final. Il les a regardées avec morosité.

« Eh bien, il est sur quoi votre mémoire, alors ? »

J'étais intriguée, autant, me suis-je dit, par les contours changeants de son visage que par ce qu'il me racontait. Toujours est-il que je n'avais pas envie qu'il s'arrête de parler.

« Ça ne vous intéresserait pas. La pornographie préraphaélite. En plus, j'essaie de pondre quelque chose sur Beardsley.

— Oh ! »

Sans rien dire, on a réfléchi l'un comme l'autre à la possible futilité de cette tâche.

« Peut-être, ai-je avancé d'un ton hésitant, n'êtes-vous pas sur une bonne voie ? Peut-être seriez-vous plus heureux si vous faisiez autre chose ? »

Il a émis un nouveau ricanement, puis s'est mis à tousser.

« Il faudrait que j'arrête de fumer, a-t-il remarqué. Qu'est-ce que je peux faire d'autre ? Quand on est allé aussi loin, on n'est plus fichu de s'orienter différemment. On est conditionné. On est surqualifié, trop spécialisé et tout le monde le sait. Personne, dans n'importe quelle autre branche, ne serait assez fou pour m'embaucher. Je ne ferais même pas un bon terrassier, je commencerais par bousiller le tout-à-l'égout, en tentant de déterrer à la pioche ces sacrés symboles chtoniens – tuyaux, valves, buses d'évacuation… Non, non. Jusqu'à la fin de mes jours, je serai esclave dans des mines de papier, impossible de faire autrement. »

N'ayant pas de réponse à lui apporter, je l'ai regardé en tentant de l'imaginer dans une boîte comme Seymour Surveys, même en haut avec les têtes pensantes, en vain. Il ne cadrait, pas, c'était sûr et certain.

« Vous n'êtes pas d'ici, non ? » ai-je fini par demander.

On avait apparemment épuisé le thème du troisième cycle.

« Bien sûr, c'est pareil pour chacun d'entre nous ; personne ne vient vraiment d'ici, pas vrai ? C'est pour ça qu'on a pris cet appartement, Dieu sait pourtant qu'il est au-dessus de nos moyens, mais il n'y a pas de résidence pour étudiants de troisième cycle. À moins qu'on ne prenne en compte cette nouvelle bâtisse pseudo-britannique avec ses armoiries et sa façade genre monastère. Cela dit, *moi*, ils ne m'accepteraient jamais et, en plus, ce serait aussi pénible que de vivre avec Trevor. Trevor est de Montréal, sa famille est plutôt snob et riche mais, après la guerre, ils ont dû se lancer dans le commerce. Ils possèdent une usine de biscuits à la noix de coco, attention, on n'est pas censé y faire allusion dans l'appartement ; n'empêche, ça fait drôle, ces montagnes de biscuits à la noix de coco qui ne cessent d'apparaître et qu'il faut manger en feignant de ne rien savoir de leur provenance. Moi, je n'aime pas la noix de coco. Fish est de Vancouver, la mer continue à lui manquer. Il descend au bord du lac, barbote au milieu des cochonneries et essaie de s'éclater en regardant les mouettes et les peaux de pamplemousse qui flottent, malheureusement ça ne marche pas. Tous les deux, ils avaient un accent, pourtant, à les entendre aujourd'hui, on ne se doute de rien ; quand on a passé un moment dans ce broyeur à cerveaux, on croirait qu'on vient de nulle part.

— D'où venez-vous ?

— Vous n'en avez jamais entendu parler », a-t-il rétorqué sèchement.

Les machines se sont arrêtées avec un déclic. On est allés chercher un chariot métallique et on a transféré nos vêtements dans les sèche-linge. Puis on s'est rassis sur les chaises. Il n'y avait plus rien à regarder maintenant, on ne pouvait qu'écouter le ronronnement sourd des sèche-linge. Il a allumé une autre cigarette.

Un vieux bonhomme miteux a fait irruption dans la laverie en traînant les pieds, nous a vus, et est ressorti toujours en traînant les pieds. Sans doute cherchait-il un endroit où passer la nuit.

« Le truc, a-t-il conclu, c'est l'inertie. On n'a jamais le sentiment d'arriver à quoi que ce soit ; on se retrouve embourbé, enlisé. La semaine dernière, j'ai foutu le feu à l'appartement, à moitié volontairement. Je crois que je voulais voir comment ils allaient réagir ou peut-être comment *moi*, j'allais réagir. En fait, ce qui m'a surtout intéressé, ça a été d'apercevoir quelques flammes et de la fumée, pour changer. Mais ils ont simplement éteint et, après, ils se sont mis à cavaler, à faire des huit frénétiques, comme deux tatous, en beuglant que j'étais sacrément "malade", pourquoi j'avais fait ça, peut-être que mes tensions intérieures commençaient à me dépasser et que je ferais mieux d'aller voir un psy. Ça ne servirait à rien. Je connais bien et ça ne sert à rien. Ces types ne peuvent plus me *convaincre*, j'en connais trop sur le sujet, je suis déjà passé par là, je suis immunisé. Foutre le feu à l'appartement n'a rien changé, sauf que je ne peux plus jouer de la narine sans que Trevor couine et fasse un bond de un mètre et que Fisher cherche un cas comme le mien dans le manuel de psycho qui lui reste de sa première année d'université. Ils pensent que je suis fou. »

Il a laissé tomber son mégot de cigarette par terre et l'a écrasé.

« Moi, je pense que c'est eux qui sont fous, a-t-il ajouté.

— Peut-être que vous devriez déménager », ai-je suggéré prudemment.

Il a esquissé son sourire en coin.

« Pour aller où ? Je n'en ai pas les moyens. Je suis coincé. En plus, ils prennent plus ou moins soin de moi, vous savez. »

Il a enfoncé encore un peu plus la tête dans les épaules.

Étonnée, j'ai regardé son profil émacié, l'arête haute et marquée de sa pommette, le creux sombre de son œil : je n'imaginais pas pouvoir jamais pratiquer ce genre de bavardage, ces confessions plutôt limpides. Ça me paraissait d'une témérité égale à celle d'un œuf cru qui déciderait de sortir de sa coquille en prenant le risque de se répandre trop et de se transformer en une flaque informe. Pourtant, à le voir avec une nouvelle cigarette en guise de bouchon sur le bec, il n'avait pas l'air de percevoir un quelconque danger.

En y repensant après coup, mon détachement m'étonne. Mon agitation de l'après-midi s'était évanouie ; je me sentais calme, sereine comme une lune de pierre, maîtresse de tout l'espace blanc de la laverie. Pour un peu, j'aurais tendu les bras le plus naturellement du monde et j'aurais enlacé ce corps tassé et emprunté afin de le réconforter, de le bercer gentiment. Néanmoins, il y avait chez lui quelque chose qui n'avait absolument rien d'enfantin, quelque chose qui suggérait plutôt un homme anormalement vieux, tellement vieux qu'on ne pouvait le réconforter. Je me suis dit aussi, en repensant à sa duplicité lors de l'enquête sur la bière, qu'il était sans aucun doute capable d'avoir monté cela de toutes pièces. Peut-être disait-il vrai mais, encore une fois, peut-être ses paroles relevaient-elles d'un calcul destiné à susciter précisément une telle réaction maternelle, ce qui lui permettrait alors de sourire malicieusement et de se retirer davantage encore dans le sanctuaire de son pull, en refusant qu'on l'approche.

Il devait être doté d'une sorte de sens supplémentaire, typique de la science-fiction, d'un troisième œil ou d'une antenne. Alors qu'il avait le visage tourné afin de ne pas voir le mien, il m'a dit d'une voix douce et sèche :

« J'ai bien conscience que vous admirez mon côté fébrile. Je sais qu'il attire, je le travaille ; les femmes aiment les invalides. Je fais ressortir la Florence Nightingale en elles. Mais méfiez-vous. »

Il me regardait maintenant d'un air sournois, de biais.

« Vous risqueriez de faire quelque chose de destructeur : le besoin de nourriture passe avant le besoin d'amour. Florence Nightingale était une cannibale, vous savez. »

Mon calme s'en est trouvé ébranlé. J'ai senti les pattes de souris de l'appréhension me courir sur la peau. De quoi exactement étais-je accusée ? Étais-je démasquée ?

Je n'ai rien trouvé à répondre.

Les sèche-linge se sont arrêtés sur un vrombissement. Je me suis levée.

« Merci pour la lessive », lui ai-je lancé avec une politesse solennelle.

Il s'est levé aussi. Il paraissait de nouveau totalement indifférent à ma présence.

« De rien. »

Debout côte à côte, on a vidé les machines et on a fourré nos vêtements dans nos sacs sans échanger une parole. Puis chacun a collé son linge sur l'épaule et, de concert, on s'est dirigés vers la porte, moi un peu devant. Je me suis arrêtée un bref instant à l'entrée, mais il n'a pas fait mine de m'ouvrir la porte, alors je m'en suis chargée.

Une fois dehors, on s'est tournés au même moment si bien qu'on a manqué se tamponner. On est restés l'un en face de l'autre une minute, sans savoir comment réagir ; tous les deux, on a commencé à dire quelque chose et, tous les deux, on s'est interrompus. Puis, comme si quelqu'un avait appuyé sur un bouton, on a laissé tomber nos sacs de linge sur le trottoir et on a avancé d'un pas. Je me suis retrouvée en train de l'embrasser ou d'être embrassée par lui, je ne sais toujours pas. Sa bouche sentait le tabac. À part ça, et une impression de minceur et de sécheresse, je ne me rappelle aucune sensation, à croire que, derrière ce corps que je serrais et derrière ce visage pressé contre le mien, il y avait en réalité une structure faite de portemanteaux métalliques tendus de papier de soie ou de parchemin.

On a mis fin à ce baiser en même temps et on a reculé. On s'est regardés encore une minute. Puis on a ramassé nos sacs de linge, on les a arrimés sur nos épaules respectives, on a fait demi-tour et on est partis d'un pas vif, l'un dans une direction, l'autre dans une autre. Tout cet épisode rappelait ridiculement les mouvements saccadés de ces chiens en plastique sur socle aimanté qu'on m'avait offerts à l'occasion de fêtes d'anniversaire et qui tantôt s'attirent et tantôt se repoussent.

Je ne me souviens absolument pas du trajet de retour à l'appartement, sinon que dans le bus j'ai longuement contemplé une publicité montrant la photo d'une infirmière en blouse et coiffe blanches. L'air sain et compétent, elle tenait un biberon et souriait. La légende disait : « Donnez la vie. »

12.

Alors, voici ce qu'il en est :

Je suis dans ma chambre, assise sur mon lit, porte fermée et fenêtre ouverte. C'est la fête du Travail, et le temps est beau et frais, comme hier. Ça m'a fait drôle de ne pas être obligée d'aller au bureau ce matin. Malgré l'heure, les autoroutes desservant la ville devaient être embouteillées, les gens commençant déjà à rentrer de leur maison de campagne afin d'éviter l'affluence du week-end. Vers dix-sept heures, ils rouleront tous au pas et le scintillement du soleil sur des kilomètres de métal ainsi que les gémissements des moteurs au ralenti et des enfants rongés par l'ennui monopoliseront toute l'atmosphère. Ici, néanmoins, c'est paisible, comme d'habitude.

Ainsley est dans la cuisine. Je l'ai à peine vue aujourd'hui. Je l'entends qui va et vient de l'autre côté de la porte et fredonne par intermittences. J'hésite à ouvrir. Nos situations respectives ont changé sans que j'aie pu évaluer la nature de ce changement et je sais que j'aurais du mal à discuter avec elle.

Vendredi me semble bien loin, il s'est produit tant de choses depuis, mais maintenant que j'ai revu tout ce qu'il s'est passé, je considère que mes actes étaient en fait plus sensés que je ne l'avais d'abord cru. Mon moi inconscient avait une longueur d'avance sur mon moi conscient, or l'inconscient a sa propre logique. La manière dont je me suis comportée a peut-être un peu manqué de cohérence par rapport à ma personnalité réelle, mais les résultats sont-ils si incohérents ? La décision s'est révélée un tantinet soudaine, il n'empêche que, maintenant que j'ai eu le temps d'y réfléchir, je me rends compte que c'est vraiment une très bonne décision. Bien sûr, j'ai toujours présumé, depuis le lycée et à l'université, que je finirais par me marier et avoir des enfants, comme tout le monde. Soit deux, soit quatre ; trois, ce n'est pas un bon chiffre, et je ne suis pas pour les enfants uniques, ils deviennent vite pourris gâtés. Pour ce qui est du mariage, je n'ai jamais eu l'attitude stupide d'Ainsley. Elle est contre par principe, or la vie n'est pas régie par des principes, mais par des ajustements. Ainsi que le dit Peter, on ne peut pas continuer à cavaler indéfiniment ; les gens qui ne sont pas mariés deviennent bizarres en vieillissant, aigris, brouillons ou va savoir, j'en ai vu suffisamment au bureau pour m'en rendre compte. Pourtant, même si je suis sûre que ça me trottait dans la tête, consciemment, je n'avais pas prévu que les choses évolueraient aussi vite ou, disons, pas tout à fait comme elles avaient évolué. Naturellement, depuis le début, ma relation avec Peter a été plus sérieuse que je ne voulais l'admettre.

Et il n'y a aucune raison pour que notre mariage se calque sur celui de Clara. Ces deux-là manquent d'esprit pratique, ils n'ont pas la moindre idée de la façon de faire marcher, de gérer un mariage bien organisé. Ce sont, pour une bonne part, des questions de détails mécaniques élémentaires, les meubles, les repas et le souci de l'ordre. Toutefois, Peter et moi devrions être capables de trouver un modus vivendi très raisonnable. Même s'il nous reste à régler, évidemment, pas mal de points de ce type. Peter est un choix idéal quand on y réfléchit. Il est séduisant, il est appelé à réussir et il est soigné aussi, ce qui est une qualité essentielle quand on va vivre avec quelqu'un.

J'imagine la tête qu'elles vont faire au bureau quand elles vont apprendre la nouvelle. Cela étant, impossible de la leur annoncer pour le moment, il faut que je garde mon job encore un peu. Tant que Peter n'aura pas fini son stage chez le notaire, on aura besoin de cet argent. On sera probablement obligés de vivre en appartement au début, mais plus tard, on pourra avoir une vraie maison, une adresse permanente ; ça vaudra la peine qu'on s'enquiquine pour la tenir propre.

D'ici là, il faudrait que je fasse quelque chose de constructif plutôt que de traînasser comme ça. Dans un premier temps, je ferais bien de revoir le questionnaire sur la bière et de préparer un rapport sur mes conclusions que je pourrai taper demain à la première heure pour en être débarrassée.

Ensuite, peut-être, je me laverai les cheveux. Et ma chambre a besoin d'un sérieux rangement. Il faudrait que je trie les tiroirs de la commode et que je jette tout ce qui a pu s'y accumuler, et il y a des vêtements dans la penderie que je ne porte pas assez souvent pour les garder. Je vais les donner à l'Armée du Salut. Beaucoup de bijoux fantaisie aussi, du style que vous offre la famille à Noël : broches caniches ou bouquets de fleurs imitation or avec verre taillé pour les yeux et les pétales. Il y a un carton rempli de bouquins, des manuels scolaires pour la plupart, et de lettres de chez moi que je ne regarderai plus jamais, je le sais, ainsi que deux poupées que j'ai conservées pour des raisons sentimentales. La plus vieille a un corps en tissu, rembourré à la sciure (je l'ai opérée un jour avec une paire de ciseaux à ongles), et des mains, des pieds et une tête sculptés dans un matériau genre bois dur. Elle n'a presque plus de doigts ni d'orteils à force d'avoir été mâchonnée ; ses cheveux, noirs et courts, se résument à quelques mèches crépues fixées à un bout de filet qui se décolle du crâne. Son visage est presque effacé, mais a toujours la bouche ouverte avec sa langue en feutrine rouge à l'intérieur et deux dents en porcelaine, son attrait majeur, si je me souviens bien. Elle est vêtue d'un bout de vieux drap. Je lui laissais toujours quelque chose à manger pour la nuit et j'étais invariablement déçue le matin en voyant que rien n'avait disparu. L'autre poupée, plus récente, est en caoutchouc et a de longs cheveux lavables. Je l'avais commandée un Noël parce qu'on pouvait lui donner un bain. Ni l'une ni l'autre ne sont plus très attirantes ; je ferais aussi bien de les jeter avec le reste des vieilleries.

Je n'arrive toujours pas vraiment à comprendre ce que représente le type de la laverie ni à m'expliquer mon propre comportement. Il s'est peut-être agi d'une sorte de laisser-aller, d'un vide de l'ego, d'une forme d'amnésie. Mais il y a peu de chances que je le recroise jamais – je ne sais même pas comment il s'appelle – et, de toute façon, il n'a rien à voir dans ma relation avec Peter.

Quand j'aurai fini ma chambre, il faudrait que j'écrive aux parents. Ils seront tous contents, c'est certainement ce qu'ils attendent depuis un moment. Ils vont vouloir qu'on aille passer un week-end avec eux le plus tôt possible. Je n'ai pas rencontré les parents de Peter non plus.

Dans un instant, je vais me lever et traverser la flaque de soleil, par terre. Je ne peux pas perdre mon après-midi ainsi, même si c'est reposant de rester assise dans cette chambre paisible, à fixer le plafond vide, le dos appuyé contre le mur frais, les jambes ballantes par-dessus le bord du lit. On croirait presque que je suis sur un canot pneumatique, à la dérive, les yeux fixés sur le ciel bleu.

Il faut que je m'organise. J'ai beaucoup à faire.

Deuxième partie

13.

Assise, apathique, à son bureau, Marian griffonnait sur le bloc réservé aux messages téléphoniques. Elle dessina une flèche pourvue de multiples barbes, puis des séries de lignes croisées. En principe, elle était en train de retravailler un questionnaire sur des lames de rasoir en acier inoxydable ; elle était parvenue à la question où l'enquêteur demandait à la victime sa lame usagée et lui en offrait une neuve en échange. Or, ça l'avait coupée dans son élan. À la place, elle avait échafaudé une intrigue complexe : le président de l'entreprise de lames de rasoir possédait, bien de famille depuis des générations, une lame miraculeuse qui, outre le fait que son fil se régénérait après chaque utilisation, garantissait à son propriétaire la réalisation de ses vœux, quels qu'ils fussent, tous les treize rasages… Hélas ! ledit président n'avait pas suffisamment protégé son trésor. Oubliant de le remettre dans son écrin de velours, il l'avait laissé traîner dans la salle de bains de sorte qu'une domestique zélée avait… (à ce stade-là, l'histoire manquait de clarté, mais c'était très compliqué. La lame, allez savoir comment, avait atterri dans une boutique, une boutique d'occasion, où un client qui ne se doutait de rien l'avait achetée et…). Ce même jour, le président avait eu un besoin d'argent pressant. Il s'était rasé frénétiquement toutes les trois heures pour arriver au treizième rasage et s'était écorché la figure ; quels ne furent pas sa surprise et son désarroi lorsque… Ayant découvert le fin mot de l'histoire, il avait ordonné que la servante incriminée soit jetée dans une fosse remplie de lames usagées et avait lancé sur la ville une véritable drège de détectives privés de sexe féminin se faisant passer pour des enquêtrices de Seymour Surveys. Dotées d'un regard d'aigle exercé à repérer toute personne, homme ou femme, affichant le moindre soupçon de barbe, elles criaient : « Échangeons lames usagées contre des neuves », pour tenter désespérément de remettre la main sur l'inestimable trésor…

Marian poussa un soupir, gribouilla une petite araignée dans un coin de ce dédale de lignes croisées et reporta son attention sur sa machine à écrire. Elle tapa telle quelle la section tirée du questionnaire : « Nous aimerions examiner l'état de votre lame de rasoir. Voulez-vous bien nous confier la lame dont vous vous servez *en ce moment* ? En voici une neuve en échange », et ajouta un « s'il vous plaît » après « voulez-vous bien ». S'il était impossible de reformuler la question pour lui donner une tournure moins bizarre, on pouvait l'exprimer plus poliment.

Alentour, une grande agitation régnait. Dans le bureau, c'était toujours soit la grande agitation, soit le calme plat et, dans l'ensemble, elle préférait l'agitation. Elle pouvait paresser sans risque, car les autres, affolées, couraient de-ci, de-là, s'égosillaient et n'avaient pas le temps de traînasser ni de jeter un coup d'œil par-dessus son épaule en s'interrogeant sur ce qui la monopolisait autant et sur ce qu'elle fabriquait au juste. Avant, elle se sentait partie prenante de cette agitation ; une fois ou deux, elle s'était même autorisée, par empathie, à céder à la frénésie ambiante et avait découvert, avec surprise, que c'était très amusant ; mais depuis qu'elle s'était fiancée et qu'elle savait qu'elle ne resterait pas là éternellement (ils en avaient discuté, Peter lui avait dit que, bien entendu, elle pourrait continuer à travailler après le mariage, si elle le souhaitait, un moment du moins, même si elle n'en avait pas besoin financièrement – il estimait que ce n'était pas correct de se marier si on n'avait pas les moyens d'entretenir sa femme, mais elle n'était pas d'accord), elle avait pu prendre du recul et considérer toutes ses collègues avec détachement. En fait, elle s'était aperçue qu'elle n'arrivait pas à s'impliquer, quand bien même elle l'aurait voulu. Ces derniers temps, elles s'étaient mises à la complimenter pour le calme qu'elle déployait dans les situations de crise.

« Eh bien, Dieu merci, on a Marian, disaient-elles, haletantes, en reprenant leurs esprits autour d'une tasse de thé et en épongeant à coups de Kleenex leur front plissé par les soucis. Elle ne se laisse jamais déborder, elle, pas vrai, mon chou ? »

Pour l'heure, elles couraient furieusement, se dit-elle, pareilles à une bande de tatous au zoo. Les tatous lui rappelèrent fugitivement le jeune homme de la laverie, qui n'avait jamais reparu, alors qu'elle était déjà retournée plusieurs fois sur les lieux en espérant toujours à moitié le revoir. Mais ce n'était pas étonnant, vu qu'il était manifestement instable ; il y avait belle lurette qu'il avait dû disparaître dans un quelconque égout…

Devant elle, Emmy fila vers le meuble de rangement et se mit à fouiller fébrilement les dossiers. Il s'agissait cette fois de l'enquête nationale sur les serviettes hygiéniques : il y avait eu un cafouillage embarrassant dans l'Ouest. Il avait été prévu, au départ, de mener une enquête en « trois vagues », pour reprendre le jargon de la boîte : la première, déferlant par voie postale, visait à localiser et à ramener sur sa crête un banc de consommatrices potentielles correspondant au profil requis et disposées à répondre aux questions, tandis que la deuxième et la troisième devaient suivre avec des enquêtes plus approfondies, effectuées dans le cadre d'entretiens individuels. Et en privé, du moins Marian l'espérait. L'ensemble du projet, et surtout certaines des questions, allait largement à l'encontre de sa perception de la bienséance, même si Lucy avait souligné, lors d'une pause-café, que c'était parfaitement convenable à l'heure actuelle, que c'était, somme toute, un produit respectable, distribué en supermarchés, qu'il bénéficiait de publicités pleine page dans certaines des meilleures revues et n'était-ce pas sympa qu'on en parle ouvertement et qu'on ne soit plus si puritain et refoulé à ce sujet ? Millie avait déclaré bien sûr que c'était un point de vue moderne, mais que ces enquêtes étaient toujours embêtantes : d'une part, on avait des problèmes avec les gens qu'on allait démarcher en porte-à-porte, d'autre part, on manquait d'enquêtrices, un grand nombre d'entre elles étaient très vieux jeu, en particulier dans les petites villes, certaines allaient jusqu'à démissionner si on leur demandait de s'en charger (c'était ce qu'il y avait de pire avec les femmes au foyer, elles n'avaient pas vraiment besoin de cet argent, alors il y avait toujours un moment où l'enquête les barbait, où elles en avaient marre, où elles tombaient enceintes, et toc, elles vous collaient leur démission, de sorte que vous étiez obligé d'en trouver de nouvelles et de les former de A à Z) ; le mieux, c'était de leur adresser une lettre type en leur expliquant qu'elles devaient faire l'impossible pour améliorer la condition féminine – on essayait d'en appeler, se dit Marian, au sens de l'abnégation de la noble et compétente infirmière, censé se nicher à l'état embryonnaire dans le cœur de toute vraie femme.

Cette fois-ci, quelque chose de plus grave s'était produit. Dans l'Ouest, la personne chargée de consulter les annuaires locaux pour y relever les noms des femmes que la première vague devait toucher (qui avait eu cette responsabilité sur place ? Mme Lietch de Foam River ? Mme Hatcher de Watrous ? Personne ne s'en souvenait et, d'après Emmy, le dossier semblait avoir été perdu) ne s'était pas montrée très consciencieuse. Au lieu du flot de réponses escompté, les questionnaires complétés étaient revenus au compte-gouttes. Derrière le bureau qui faisait face à celui de Marian, Millie et Lucy les épluchaient dans l'espoir d'identifier les causes du fiasco.

« Eh bien, un certain nombre d'entre eux a été envoyé à des hommes, c'est évident, déclara Millie d'un ton méprisant. Sur celui-ci, un certain M. Leslie Andrews a écrit : "Hi hi."

— Moi, je ne comprends pas que des femmes nous en aient retournés avec un "non" coché à chaque case. Qu'est-ce qu'elles mettent alors ? s'écria Lucy, revêche.

— Eh bien, la dame en question a plus de quatre-vingts ans.

— En voilà une qui dit qu'elle est enceinte depuis sept ans d'affilée.

— Oh non, la pauvre ! fit Millie dans un souffle. Elle va s'esquinter, voyons !

— Je te parie que cette andouille de Mme Lietch – ou bien Mme Hatcher, peu importe – les a encore envoyés à des réserves indiennes. Je lui avais bien demandé de ne pas le faire. Dieu sait ce qu'elles utilisent, lâcha Lucy avec dédain.

— De la mousse », répondit Millie d'un ton catégorique.

Ce n'était pas la première fois qu'on avait un problème dans l'Ouest. Elle recompta de plus belle la pile de questionnaires.

« Il va falloir qu'on recommence tout et le client va être furieux. Notre planning est complètement chamboulé et je préfère ne pas penser à notre échéance. »

Marian jeta un coup d'œil sur la pendule. C'était presque l'heure de déjeuner. Elle dessina une rangée de lunes en travers de sa page : lunes croissantes, pleines lunes, puis lunes décroissantes, puis rien : une lune noire. Pour faire bonne mesure, elle dessina une étoile à l'intérieur d'un des croissants. Elle régla sa montre, celle que Peter lui avait offerte pour son anniversaire, alors qu'elle n'avait que deux minutes d'écart avec celle du bureau, et la remonta. Elle tapa une autre question. Sentant qu'elle avait faim, elle se demanda si c'était parce qu'elle avait vu l'heure. Elle se leva, fit pivoter son fauteuil deux fois pour le relever, se rassit et tapa une autre question ; elle en avait marre, marre, marre de manipuler des mots. Finalement incapable de rester à sa machine, derrière son bureau et sur son siège une seconde de plus, elle proposa :

« Allons déjeuner.

— Euh… », bredouilla Millie, hésitante, en regardant la pendule.

L'idée illusoire qu'elle pouvait rattraper ce gâchis la freinait encore à moitié.

« Oui, allons-y, renchérit Lucy, cette histoire me rend dingue, il faut vraiment que je sorte d'ici. »

Elle se dirigea vers le portemanteau, et Emmy lui emboîta le pas. Quand Millie vit les autres s'habiller, elle abandonna les questionnaires. À regret.

Dans la rue, il soufflait un vent froid. De leurs mains gantées, elles remontèrent leur col et plaquèrent le devant de leur manteau contre leur cou en avançant deux par deux au milieu des gens qui, comme elles, se dépêchaient d'aller déjeuner. Leurs talons claquaient et raclaient le trottoir, car il n'avait pas encore neigé. Elles avaient davantage à marcher que d'habitude. Lucy avait proposé un restaurant plus cher que ceux qu'elles fréquentaient d'ordinaire et, compte tenu du métabolisme élevé que leur avait valu l'agitation autour des serviettes hygiéniques, elles avaient accepté.

« Ooooh, gémit Emmy tandis qu'elles se penchaient pour se protéger du vent cinglant. Par temps sec comme ça, je ne sais vraiment pas quoi faire. J'ai la peau complètement desséchée et elle desquame. »

Quand il pleuvait, elle avait affreusement mal aux pieds ; quand il faisait soleil, elle avait la vue fatiguée, des maux de tête, des taches de rousseur et des vertiges ; quand le temps était neutre, gris et relativement doux, elle avait des bouffées de chaleur et des accès de toux.

« Le mieux, c'est le cold-cream, affirma Millie. Ma grand-mère avait la peau sèche elle aussi et c'est ce qu'elle mettait.

— Mais j'ai entendu dire que ça donnait des boutons », répondit Emmy, pas convaincue.

Le restaurant avait des prétentions vieille Angleterre, des fauteuils en cuir rembourré et des poutres de style Tudor. Après les avoir fait attendre un bref instant, une hôtesse en soie noire les conduisit à leur table ; elles s'installèrent et ôtèrent leur manteau. Marian remarqua que Lucy avait une nouvelle robe en jersey laminé d'un mauve foncé très digne et une broche argent à l'encolure. « Voilà donc pourquoi elle voulait venir ici aujourd'hui », se dit-elle.

Lucy effleura de ses yeux frangés de longs cils les autres convives – des hommes d'affaires quelconques et, pour la plupart, relax, qui buvaient quelques verres à grands traits en avalant gloutonnement leur repas afin d'en finir au plus vite pour retourner à leur bureau et gagner un peu d'argent afin d'en finir au plus vite pour, l'heure de pointe venue, retourner à leur foyer, leur épouse et leur dîner et en finir au plus vite encore une fois. Lucy portait un fard à paupières mauve assorti à sa tenue et un rouge à lèvres mauve pâle. Elle était, comme toujours, élégante. Au cours des deux derniers mois, elle s'était offert des déjeuners de plus en plus chers (Marian se demandait d'ailleurs comment elle pouvait se permettre ce luxe), se traînant à la manière d'un leurre garni d'un train de plumes, de perles de verre, de trois cuillères tournantes et de dix-sept hameçons dans des lieux à fort potentiel, bons restaurants et bars chics avec philodendrons en pots en guise de banc d'herbes où elle pouvait espérer que se cachaient des spécimens d'homme idéal, dotés d'un féroce appétit de brochet, maritalement parlant, bien entendu. Hélas ! ces spécimens d'homme idéal ne mordaient pas ou s'en étaient allés vers d'autres fonds ou bien se ruaient sur d'autres types d'appâts – petit poisson en plastique brun, ou simple cuillère en laiton terni, ou encore leurre doté d'un nombre de plumes et de hameçons supérieur à ce que Lucy pouvait déployer. Et dans ce restaurant, comme dans d'autres du même genre, c'était en vain que Lucy arborait ses robes exquises et ses yeux confiserie devant un plein bassin de poissons arc-en-ciel pansus qui n'avaient pas de temps à perdre avec du mauve.

La serveuse s'approcha. Millie commanda une tourte à la viande de bœuf et aux rognons, plat roboratif s'il en est. Emmy choisit une salade au fromage blanc pour accompagner ses trois pilules, une rose, une blanche et une orange, alignées sur la table à côté de son verre d'eau. Lucy fit des tas de chichis et changea d'avis plusieurs fois avant de se décider finalement pour une omelette. Quant à Marian, elle se surprit. Elle qui, affamée, mourait d'envie d'aller déjeuner n'avait même plus faim. Elle opta pour un sandwich au fromage.

« Comment va Peter ? » demanda Lucy après avoir chipoté devant son omelette qu'elle accusait d'être trop caoutchouteuse.

Peter l'intéressait. Il avait pris l'habitude d'appeler Marian au bureau pour lui raconter ce qu'il avait fait ce jour-là et ce qu'il allait faire ce soir-là et, quand Marian était absente, il confiait un message à Lucy qui partageait sa ligne avec Marian. Lucy le trouvait extrêmement poli et estimait qu'il avait une voix étonnante.

Marian observait Millie qui enfournait sa tourte aussi méthodiquement que si elle rangeait des affaires dans une malle.

« Voilà, disait-elle, à peu de chose près, quand elle avait terminé, on a tout bien stocké. »

Et sa bouche se refermait comme un couvercle.

« Très bien », répondit Marian.

Peter et elle avaient décidé qu'il valait mieux qu'elle attende encore un peu pour annoncer la nouvelle au bureau. Par conséquent, elle avait tenu bon, jour après jour, mais la question prit au dépourvu son désir de s'épancher et elle ne put résister. Autant qu'elles sachent qu'il y avait encore de l'espoir sur terre, se dit-elle pour se justifier.

« J'ai quelque chose à vous confier, déclara-t-elle, mais, pour l'instant, il faut que ça reste entre nous. »

Elle attendit que les trois paires d'yeux aient délaissé leur assiette pour reporter leur attention sur elle, puis déclara :

« On est fiancés. »

Elle leur adressa un sourire éclatant, vit dans leurs prunelles l'espoir se muer en consternation. Lucy lâcha sa fourchette et s'écria dans un souffle :

« Non ! »

Avant d'ajouter :

« Mais c'est merveilleux ! »

Millie marmonna :

« Oh ! C'est rudement bien. »

Emmy avala illico une autre pilule.

S'ensuivirent des rafales de questions auxquelles Marian fit face avec calme en dispensant les informations comme des bonbons à des petits enfants : une par une, et pas trop – ça risquait de leur donner mal au cœur. Contrairement à ce qu'elle avait cru, l'exultation triomphale qui devait accompagner, du moins pour elle, l'annonce de la nouvelle ne fut que de courte durée. Dès l'effet de surprise émoussé, la conversation endossa, pour chacune des deux parties, la froideur et l'aspect impersonnel des questionnaires sur les lames de rasoir, avec discussions sur le mariage, le futur appartement, le service en porcelaine et la verrerie éventuels, ce qu'ils allaient acheter et porter.

Lucy finit par demander :

« J'ai toujours pensé que c'était un célibataire endurci, c'est ce que tu disais. Comment diable as-tu réussi à le convaincre ? »

Marian se détourna de ces visages trop curieux et brusquement pathétiques qui brûlaient d'entendre sa réponse, et fixa les couteaux et fourchettes posés sur les assiettes.

« Honnêtement, je ne sais pas », dit-elle en s'efforçant d'afficher une seyante pudeur de future mariée.

Elle ne le savait vraiment pas. Elle regrettait maintenant de s'être confiée, de leur avoir ainsi agité l'effet sous le nez sans pouvoir leur offrir une cause reproductible.

Peter téléphona peu après leur retour au bureau. Un tantinet impressionnée par la présence d'un authentique marié putatif à l'autre bout du fil, Lucy passa l'appareil à Marian en murmurant :

« C'est lui ! »

Tout en parlant, Marian sentit dans l'atmosphère la tension de trois paires de muscles auditifs, la rotation de trois têtes blondes.

Peter se montra brusque.

« Salut, chérie, comment tu vas ? Écoute, je ne peux vraiment pas me libérer ce soir. Une affaire m'est tombée dessus subitement, un truc important, et il faut que je bosse, point à la ligne. »

On aurait cru qu'il l'accusait d'essayer d'empiéter sur son travail, et ça lui déplut. Elle ne pensait même pas le voir en milieu de semaine jusqu'à ce qu'il l'appelle, la veille, pour l'inviter à dîner ; depuis, elle avait attendu cette sortie avec impatience. Elle lui répondit assez sèchement :

« Il n'y a pas de problème, chéri. Mais ce serait bien de ne pas attendre la dernière minute pour clarifier les choses.

— Je t'ai dit que ça m'était tombé dessus subitement, répliqua-t-il avec irritation.

— Eh bien, ce n'est pas une raison pour me rembarrer.

— Je ne t'ai pas rembarrée, riposta-t-il, exaspéré. Tu sais que je préférerais te voir, bien sûr, seulement il faut que tu comprennes… »

Après quoi, la conversation s'empêtra dans une suite de rétractations et d'apaisements. Enfin, il faut apprendre à accepter les compromis, se dit Marian, et autant y travailler dès maintenant. Elle conclut :

« Alors demain ?

— Écoute, chérie, sincèrement, je ne sais pas. Sincèrement, ça dépend, tu sais comment ça se passe, ces trucs-là. Je te dirai, d'accord ? »

Après avoir dit au revoir gentiment pour le bénéfice de son entourage et raccroché le téléphone, Marian se sentit épuisée. Il fallait qu'elle surveille la manière dont elle parlait à Peter, elle allait devoir s'y prendre plus prudemment, il était manifestement débordé…

« Je me demande si je ne suis pas en train de faire de l'anémie », se dit-elle en retournant à sa machine à écrire.

Elle avait terminé le questionnaire et commençait à travailler sur un sujet différent, des instructions concernant un test sur de nouvelles croquettes pour chiens, quand le téléphone sonna de nouveau. C'était Joe Bates. Elle s'attendait un peu à son appel. Elle feignit l'enthousiasme : elle avait conscience d'avoir esquivé ses responsabilités depuis quelque temps en repoussant les invitations à dîner des Bates alors que Clara avait envie de la voir. La grossesse s'était prolongée d'une semaine d'abord, puis de deux, et, au bout du fil, Clara avait paru se faire lentement absorber par cette gigantesque excroissance qui donnait à son corps une rondeur de potiron.

« Je tiens à peine debout », avait-elle gémi.

Mais Marian s'était sentie incapable d'affronter une soirée de plus devant le ventre de Clara en s'interrogeant avec elle sur le comportement mystérieux de son contenu. La dernière fois, elle s'était contentée de répondre par des remarques enjouées – qui n'avaient absolument rien de réconfortant – destinées à détendre l'atmosphère, du genre « Peut-être qu'il a trois têtes » et « Peut-être que ce n'est pas du tout un bébé, mais une sorte de croissance parasite, une galle sur un arbre, par exemple, ou un éléphantiasis ou un énorme oignon ombilical… ».

Après, elle s'était dit, pour se justifier, qu'elle nuirait davantage à Clara en allant la voir qu'en gardant ses distances. Cependant, dans un élan de sollicitude motivé par sa culpabilité, elle avait fait promettre à Joe de la prévenir dès qu'il se passerait quelque chose et avait même héroïquement proposé de garder les petits si c'était absolument nécessaire ; et maintenant Joe disait :

« Bon, Dieu merci, c'est terminé. C'est encore une fille, quatre kilos sept cent trente grammes, et elle est allée à l'hôpital à deux heures du matin seulement. On a eu peur qu'elle accouche dans le taxi.

— Eh bien, c'est formidable ! » s'exclama Marian en ajoutant diverses questions et félicitations.

Elle nota, sur son carnet réservé aux messages téléphoniques, les heures de visite et le numéro de chambre que Joe lui communiqua.

« Dis-lui que je viendrai la voir demain. »

Elle songea que maintenant que Clara allait dégonfler et reprendre sa taille normale, elle pourrait parler plus librement avec son amie : elle n'aurait plus la sensation de s'adresser à une masse de chair boursouflée surmontée d'une minuscule tête d'épingle, silhouette qui lui avait rappelé une reine fourmi, déformée par la responsabilité d'une communauté au grand complet ; à une semi-personne – ou parfois, se dit-elle, à plusieurs personnes, regroupant des personnalités cachées qu'elle ne connaissait absolument pas. Sur une impulsion, elle décida de lui offrir des roses : un cadeau pour marquer le retour de la vraie Clara qui aurait à regret réintégré son corps fragile.

Elle reposa le téléphone sur son support noir et se rejeta en arrière sur son siège. Accompagnée par le cliquetis des machines à écrire et le clic-clac des chaussures à talons hauts contre le sol dur, la trotteuse de la pendule trottait. Elle sentait le temps tournoyer et s'enrouler autour de ses pieds, elle le voyait presque, s'élever autour d'elle, soulever son corps et le fauteuil et la porter, lentement et indirectement mais à la manière inexorable de l'eau qui dévale une pente, vers le jour lointain (plus si lointain) qu'ils avaient choisi – fin mars ? –, qui mettrait un terme à cette phase et en ouvrirait une autre. Ailleurs, les choses s'organisaient peu à peu ; les familles commençaient à rassembler leurs forces et leurs énergies, se chargeaient de tout, elle n'avait rien à faire. Elle flottait, se laissait entraîner par le courant, s'en remettait à lui afin qu'il la conduise là où elle allait. À présent, il y avait ce fameux jour à franchir : un point de repère à dépasser sur la rive, un arbre pas très différent des autres mais qui néanmoins se démarquait pour la simple raison qu'il était là et non plus en arrière ni en avant, sa seule fonction visant à mesurer la distance parcourue et rien d'autre. Elle voulait l'avoir derrière elle. Désireuse d'aider la trotteuse, elle finit de taper le questionnaire sur la nourriture pour chiens.

Vers la fin de l'après-midi, Mme Bogue sortit nonchalamment de son box. Les rides arquées sur son front exprimaient la consternation, mais ses yeux étaient à leur niveau habituel.

« Oh, mes enfants ! déclara-t-elle à l'ensemble du bureau – informer tout le monde des minicrises de management participait de sa conception des relations humaines. Quelle journée ! En plus de ces fichues perturbations dans l'Ouest, voilà que nous avons un nouveau problème avec l'horrible amateur de lingerie.

— Oh non, pas ce sale bonhomme ! s'écria Lucy, écœurée, en plissant son nez poudré aux reflets opalescents.

— Si, affirma Mme Bogue, c'est vraiment affligeant. »

Elle se tordit les mains sous le coup d'un désespoir bien féminin. Il était évident qu'elle n'était pas du tout affligée.

« On dirait qu'il a déplacé son champ d'activité vers les banlieues, vers Etobicoke en fait. Cet après-midi, j'ai eu deux dames d'Etobicoke qui m'ont téléphoné pour se plaindre. Bien sûr, il s'agit sans doute d'un gentil monsieur tout le monde, parfaitement inoffensif, mais c'est très mauvais pour notre image de marque.

— Qu'est-ce qu'il fabrique ? » s'enquit Marian.

Elle n'avait encore jamais entendu parler de l'amateur de lingerie.

« Oh, lui expliqua Lucy, c'est un de ces gros porcs qui appellent des femmes pour leur raconter des cochonneries. Il a déjà sévi l'an dernier.

— Le problème, se lamenta Mme Bogue en gardant les mains jointes devant elle, c'est qu'il prétend appartenir à l'entreprise. Apparemment, il a une voix très convaincante. Très professionnelle. Il prétend effectuer une enquête sur les sous-vêtements et, à mon avis, ses premières questions doivent paraître normales : marque, genre, taille, etc. Puis il se montre de plus en plus graveleux, jusqu'à ce que les dames se fâchent et raccrochent. Naturellement, elles nous appellent ensuite pour se plaindre et il leur arrive de nous accuser de toutes sortes de choses indécentes avant que je puisse leur expliquer qu'il n'appartient pas à notre équipe d'enquêteurs et que Seymour Surveys ne poserait jamais pareilles questions. J'aimerais qu'on l'attrape et qu'on l'oblige à arrêter, c'est une calamité, mais, bien sûr, il est presque impossible de remonter jusqu'à lui.

— Je me demande pourquoi il fait ça, remarqua Marian.

— Oh, ce doit être un pervers », affirma Lucy avec un léger frisson mauve.

Mme Bogue plissa le front de plus belle et hocha la tête.

« Mais elles disent toutes qu'il paraît si gentil. Si normal et même intelligent. Rien à voir avec ces horribles bonshommes qui vous appellent et respirent bruyamment à l'autre bout du fil.

— Ça prouve peut-être qu'il y a des pervers absolument normaux et gentils », confia Marian à Lucy lorsque Mme Bogue eut regagné son box.

Elle pensait encore à l'amateur de lingerie quand elle enfila son manteau, qu'elle quitta d'un pas nonchalant le bureau et emprunta la chambre de décompression de l'ascenseur pour rejoindre le rez-de-chaussée. Elle imagina son visage intelligent, ses manières polies, sa prévenance, genre vendeur d'assurances, ou croque-mort. Elle s'interrogea sur les questions intimes qu'il pouvait poser et sur ce qu'elle répondrait si jamais il l'appelait personnellement (« Oh, vous devez être l'amateur de lingerie. J'ai tellement entendu parler de vous… je crois que nous avons sûrement des amis communs »). Elle le vit portant un complet veston et une cravate ultraclassique, rayures diagonales dans des tons marron et bordeaux, des chaussures reluisantes. Les publicités pour gaines dans les autobus lui avaient peut-être valu un accès de folie et avaient altéré son esprit par ailleurs normal : il était victime de la société. Laquelle lui mettait sous les yeux ces femmes en caoutchouc, gracieuses et souriantes, en lui vantant vigoureusement, en lui imposant presque ces objets stéréotypés du désir, puis les lui refusait. En voulant acheter le sous-vêtement en question dans de grands magasins, il s'était aperçu qu'il était vendu sans le contenu promis. Mais au lieu de s'emporter et de rager, ce qui ne l'aurait mené à rien, il avait assumé sa déception avec calme et maturité et avait décidé, en homme raisonnable qu'il était, de rechercher systématiquement l'image gainée qu'il désirait si ardemment et avait, à cette fin, utilisé le réseau de télécommunications formidablement pratique mis à disposition par ladite société. Échange de bons procédés : on lui devait bien ça.

En posant le pied dans la rue, une nouvelle idée effleura Marian. Peut-être s'agissait-il de Peter en réalité ? Qui s'esquivait de son cabinet d'avocats pour se glisser dans la cabine téléphonique la plus proche et appeler les femmes au foyer, les ménagères d'Etobicoke ? De sa révolte contre un truc ou un autre – les enquêtes ? les femmes au foyer d'Etobicoke ? la vulcanisation ? – ou bien se vengeait-il d'un monde cruel qui l'écrasait sous de lourdes fonctions juridiques et l'empêchait de l'emmener dîner ? Et c'était par son entremise, bien sûr, qu'il connaissait le nom de l'entreprise et la procédure officielle pour effectuer une enquête ! Peut-être était-ce son vrai moi, l'essence de sa personnalité, le Peter fondamental qui depuis quelque temps occupait de plus en plus l'esprit de Marian ? Peut-être était-ce ce qui gisait caché derrière la façade, derrière les autres façades, cette identité secrète qu'elle savait ne pas avoir encore découverte, malgré de multiples suppositions, efforts et demi-succès ? Oui, l'amateur de lingerie, c'était lui.

14.

Quand la tête de Marian émergea de la cage d'escalier à la façon d'un périscope, la première chose qu'elle aperçut fut une paire de jambes nues. Et au bout, à moitié habillée dans le petit vestibule, Ainsley baissait les yeux vers elle. Son visage d'ordinaire inexpressif se teintait çà et là d'un soupçon de surprise et de contrariété à peine perceptible.

« Salut, je croyais que tu dînais dehors ce soir », dit-elle en fixant d'un air accusateur le petit sac de courses que sa colocataire tenait à la main.

Les jambes de Marian propulsèrent le reste de son corps jusqu'en haut des marches avant qu'elle ne réponde.

« Oui, mais plus maintenant. Peter a un truc qui lui est tombé dessus au bureau. »

Elle entra dans la cuisine et déposa le sac en papier kraft sur la table. Ainsley la suivit et s'installa sur une des chaises.

« Marian, déclara-t-elle de manière théâtrale, il faut que ce soit ce soir !

— Quoi donc ? » demanda Marian distraitement en rangeant le carton de lait dans le réfrigérateur.

Elle n'écoutait pas vraiment.

« Ça. Leonard. Tu sais. »

Marian était tellement absorbée dans ses pensées qu'il lui fallut quelques secondes pour comprendre de quoi Ainsley lui parlait.

« Oh, ça ! »

Elle retira son manteau pensivement.

Elle n'avait pas prêté grande attention au déroulement de la campagne d'Ainsley (ou de celle de Leonard) au cours des deux mois qui venaient de s'écouler – elle avait préféré ne pas se salir les mains dans cette histoire – mais les récits, analyses et récriminations dont Ainsley l'avait alimentée de force lui avaient permis de deviner ce qu'il se passait ; après tout, on pouvait avoir les mains aussi propres qu'on voulait, on avait nécessairement les oreilles ouvertes. Les choses ne s'étaient pas déroulées comme prévu. Ainsley avait apparemment dépassé son objectif. Lors de leur première rencontre, elle avait présenté une telle image de pureté rose bonbon que Len avait jugé, après qu'elle l'eut stratégiquement repoussé cette nuit-là, qu'elle allait exiger un siège particulièrement long et assidu. La moindre initiative trop brusque, trop musclée, la ferait fuir, affolée ; il faudrait user de gentillesse et de prudence pour la piéger. En conséquence, il avait commencé par l'inviter à déjeuner, puis, en respectant des intervalles moyennement longs, à dîner et finalement à aller voir des films étrangers et avait une fois poussé l'audace jusqu'à lui tenir la main. Il lui avait même offert le thé chez lui un après-midi. Ainsley avait ensuite raconté, avec maints jurons vigoureux, avoir eu affaire, à cette occasion, à un vrai parangon de vertu. Étant donné que, de son propre aveu, elle ne buvait pas, elle ne pouvait même pas feindre de se laisser soûler. Dans la conversation, il la traitait en petite fille, lui expliquait patiemment une foule de choses, l'impressionnait en lui racontant des histoires sur les studios de télévision et lui assurait que l'intérêt qu'il lui portait était celui d'un ami plus mûr ne souhaitant que son bien : elle en aurait hurlé. Et elle n'avait même pas la possibilité de répondre : il était indispensable que son cerveau paraisse aussi vide que son visage. Elle avait les mains liées. Maintenant qu'elle s'était construit cette image, il fallait qu'elle la préserve. Si elle lui faisait des avances ou manifestait une quelconque lueur d'intelligence, elle se révélerait tellement à contre-emploi que son numéro de jolie idiote perdrait toute crédibilité. À cran et secrètement agacée, elle avait enduré les manœuvres par trop subtiles de Len en réprimant son impatience alors que les jours décisifs du calendrier défilaient devant ses yeux sans qu'il se passe rien.

« Si ce n'est pas ce soir, expliqua-t-elle, je ne sais pas ce que je ferai. Je ne supporterai plus ça longtemps… je serai obligée d'en trouver un autre. Mais j'ai perdu tellement de temps. »

Elle fronça, autant qu'elle le put, ses sourcils embryonnaires.

« Et où… ? demanda Marian qui commençait à comprendre pourquoi son retour imprévu avait contrarié Ainsley.

— Voyons, il ne va pas m'inviter à monter chez lui pour admirer les objectifs de ses appareils photo, c'est évident, répondit Ainsley avec humeur. Et de toute façon, si j'acceptais, ça attiserait méchamment sa méfiance. Mais on va dîner dehors et je me suis dit que si je lui proposais de prendre un café ici après, peut-être…

— Donc, tu préférerais que je sois sortie, conclut Marian d'un ton lourd de désapprobation.

— Eh bien, ça me rendrait drôlement service. En principe, ça me serait complètement égal d'avoir toute une troupe dans la pièce voisine ou même sous mon lit, et je te parie qu'il réagirait comme moi, mais, tu vois, il va imaginer que j'y attache de l'importance. Il faut que je me laisse pousser lentement vers la chambre. Centimètre par centimètre.

— Oui, je comprends. »

Marian soupira. À ce stade, ce n'était pas à elle d'imposer une censure.

« Je me demande juste où je peux aller. »

Le visage d'Ainsley s'éclaira. Elle avait atteint son premier objectif ; les détails restants étaient secondaires.

« Enfin, tu ne penses pas que tu pourrais appeler Peter et lui dire que tu passes ? Il n'aurait sûrement rien contre, il est fiancé avec toi. »

Marian réfléchit. Avant, à une époque dont elle ne se souvenait plus très précisément, elle aurait pu ; ça ne l'aurait pas dérangée de le mettre de mauvaise humeur. Mais en ce moment, surtout après leur conversation téléphonique, ce n'était pas une bonne idée. Quand bien même elle se ferait très discrète en lisant un bouquin au salon, il l'accuserait, sans en dire rien, de se montrer exagérément possessive ou d'être jalouse et d'empiéter sur son travail. Même si elle lui expliquait la véritable situation. Et elle ne le voulait pas : Peter n'avait pratiquement pas revu Len depuis cette fameuse première soirée, puisqu'il avait troqué son rôle de célibataire libre pour celui du fiancé mature et qu'il avait adapté ses réactions et ses relations en conséquence, mais il subsisterait une sorte de loyauté clanique susceptible de poser problème, sinon pour Ainsley, du moins pour elle. Ce serait lui donner des armes.

« Je ne crois pas que ce serait souhaitable, répondit-elle. Il a vraiment beaucoup de travail. »

Elle n'avait en fait nulle part où se réfugier. Clara était hors de question. Il commençait à faire trop froid pour s'asseoir dans un parc ou pour marcher longtemps. Elle appellerait peut-être une des vierges en col blanc…

« Je vais aller au cinéma », décida-t-elle finalement.

Ainsley afficha un sourire soulagé.

« Fabuleux », s'écria-t-elle.

Et elle fila dans sa chambre pour finir de se préparer. Quelques minutes plus tard, elle pointa la tête pour demander :

« Est-ce que je pourrai prendre cette bouteille de scotch si nécessaire ? Je dirai que c'est à toi, mais que ça ne te dérangera pas.

— Bien sûr, vas-y. »

Le scotch était leur propriété commune. Ainsley, elle le savait, la rembourserait sur la prochaine bouteille. Et même si elle oubliait, une demi-bouteille de scotch représenterait un sacrifice relativement modeste pour mettre un point final à cette histoire. Ces reports – source indirecte d'angoisses – et ces atermoiements avaient trop duré. Elle s'attarda dans la cuisine et, appuyée contre la paillasse, regarda avec un intérêt pensif l'évier dans lequel trônaient quatre verres partiellement remplis d'eau opaque, un fragment de coquille d'œuf et une casserole où on avait récemment fait cuire des macaronis au fromage. Elle résolut de s'épargner la vaisselle mais, dans un souci de propreté de pure forme, ramassa la coquille pour la mettre à la poubelle. Elle détestait les trucs qui traînaient.

Quand Ainsley réapparut, vêtue d'un pull-over et d'un chemisier que rehaussaient des boucles d'oreilles en forme de minuscules marguerites et un très joli maquillage des yeux, Marian l'avertit :

« Le film ne va pas durer toute la nuit, tu sais. Je serai obligée de rentrer vers minuit et demi. »

« Quand bien même tu aimerais me voir dormir dans le caniveau », se dit-elle.

« Je pense que, d'ici là, j'aurai la situation bien en main, répliqua Ainsley d'un ton déterminé. Et sinon, on ne sera plus à l'appartement, ni lui ni moi : je l'aurai balancé par la fenêtre. Et j'aurai sauté derrière. Mais, au cas où, ne pousse pas n'importe quelle porte fermée, frappe d'abord. »

Marian enregistra les deux termes qui lui parurent les plus alarmants : « *N'importe quelle* porte fermée. »

« Là alors, écoute, je refuse que tu prennes ma chambre.

— C'est qu'elle est mieux rangée, répondit Ainsley fort justement, et si je cède à un élan de passion et que je perds complètement pied, je ne vais pas trop pouvoir l'arrêter pour lui dire : “Tu t'es trompé de chambre”, non ?

— Non, je suppose que non », concéda Marian.

Elle commençait à avoir l'impression de ne plus avoir de chez-elle, se sentait dépossédée.

« Seulement, l'idée de débouler dans mon lit pour m'apercevoir qu'il est déjà occupé ne me plaît pas.

— Je vais te dire un truc : si on atterrit dans ta chambre, j'accrocherai une cravate au bouton de porte, d'accord ?

— Quelle cravate ? »

Elle savait qu'Ainsley collectionnait des tas de choses – parmi les objets recouvrant le sol de sa chambre, il y avait plusieurs photographies, des lettres et une demi-douzaine de fleurs séchées –, mais ignorait qu'elle s'intéressait aux cravates.

« Voyons, la sienne, bien sûr ! »

Marian eut alors la vision dérangeante d'une salle des trophées ornée de têtes naturalisées avec leurs ramures.

« Pourquoi ne pas te contenter de son scalp ? » lui suggéra-t-elle.

Après tout, Leonard était censé être son ami.

Elle réfléchit à la situation en prenant son plateau télé et son thé toute seule, puisque Ainsley était partie, et musarda dans l'appartement jusqu'à l'heure de la dernière séance. Elle y réfléchit encore sur le chemin des cinémas les plus proches. Depuis un moment, elle se disait, dans un obscur petit coin de sa tête, qu'il serait bon qu'elle fasse quelque chose pour alerter Len, mais elle ne voyait ni quoi ni – plus grave – pourquoi. Elle savait qu'il aurait du mal à croire qu'Ainsley, en apparence aussi jeune et pure qu'un champignon de Paris, puisse être en réalité une super-femelle, une intrigante, ourdissant l'immonde projet de l'utiliser à titre d'ersatz d'insémination artificielle bon marché sans se soucier le moins du monde des dommages qu'il subirait personnellement. Or, il n'y avait pas encore de preuve flagrante ; Ainsley avait agi avec la plus grande discrétion. À plusieurs reprises, Marian avait envisagé d'appeler Len au milieu de la nuit, un bas de nylon plaqué contre le téléphone, pour chuchoter : « Attention ! », mais à quoi bon ? Jamais il ne devinerait de quoi il était censé se méfier. Des lettres anonymes… il y verrait l'œuvre d'un malade mental, ou d'une ancienne petite amie jalouse et désireuse de déjouer ses plans diaboliques, ce qui ne ferait que le motiver davantage. De plus, depuis que Marian s'était fiancée, un accord tacite s'était mis en place avec Ainsley : ni l'une ni l'autre ne devait intervenir dans leur stratégie réciproque, même s'il était clair que chacune désapprouvait, pour des raisons morales, l'orientation de l'autre. Si elle avouait la moindre chose à Len, Ainsley, elle en avait la certitude, serait tout à fait capable de lancer une contre-attaque, sinon victorieuse, du moins déstabilisante. Non, il fallait abandonner son ami à son destin, destin qu'il embrasserait avec joie, c'était certain. Ne sachant pas trop si, autrefois, c'était le chrétien qui se voyait jeté aux lions ou le lion aux chrétiens, Marian était encore plus désorientée. Était-elle, comme Ainsley le lui avait demandé durant une de leurs discussions dominicales, du côté de la force vitale créative ou non ?

Il fallait également penser à la dame d'en bas. Même si elle n'était pas vissée derrière la fenêtre ou en embuscade derrière un de ses rideaux de velours à l'arrivée de Leonard, elle ne manquerait sûrement pas de remarquer qu'une paire de pieds masculins avait emprunté l'escalier ; et, dans son esprit, ce despotique empire où les convenances avaient la rigidité et la lourdeur des lois de la pesanteur, ce qui montait devait redescendre, de préférence avant vingt-trois heures trente. Ce n'était qu'un détail, mais mieux valait en tenir compte, même si elle ne l'avait jamais formulé. Marian espérait qu'Ainsley aurait le bon sens de le pousser à passer à l'acte et de le mettre dehors à minuit au plus tard ou, au pire, de le garder toute la nuit dans l'appartement, sans qu'il fasse de bruit ; en ce cas, que feraient-elles de lui le lendemain matin ? Elle n'en savait trop rien. Sans doute faudrait-il l'évacuer clandestinement dans le sac de linge sale. Même s'il était parfaitement en état de marcher. Oh, flûte ! Il leur serait toujours possible de se dénicher un autre logement. Mais Marian détestait les scènes.

Elle sortit du métro à la station voisine de la laverie automatique. Tout près dans la rue, il y avait deux cinémas, l'un en face de l'autre. Elle s'approcha. L'un proposait un film étranger sous-titré, avec, à l'extérieur, des critiques extatiques et floues, reproduites en noir et blanc, et un large usage des termes « adulte » et « mature ». L'autre présentait un western américain à petit budget et des affiches en technicolor exhibant des hommes à cheval et des Indiens à l'article de la mort. Compte tenu de l'état dans lequel elle se trouvait, elle ne se sentit pas prête à subir les affres de grands moments d'émotion, de pauses et d'interminables gros plans artistiques sur des pores dilatés en une contraction expressive. Ce qu'elle recherchait, c'était juste de la chaleur, un abri et une forme d'oubli, elle choisit donc le western. Lorsqu'elle gagna son fauteuil en tâtonnant dans la salle à moitié vide, la projection avait déjà commencé.

La tête sur le dossier, les genoux contre le siège de devant et les yeux mi-clos, elle se laissa aller. Ce n'était pas une attitude très distinguée, mais, dans le noir, nul ne pouvait la voir et il n'y avait personne à côté d'elle. Elle y avait veillé : elle ne voulait pas d'ennuis avec de vieux bonshommes sournois. Elle se rappelait des rencontres analogues à l'époque où elle était jeune lycéenne, avant qu'elle n'en sache plus sur les mœurs qui se pratiquaient dans les salles obscures. Même si elles ne lui faisaient pas peur (il suffisait de s'écarter discrètement), ces pressions sur le genou et autres initiatives pathétiques la gênaient énormément pour la bonne raison qu'elles reflétaient la réalité humaine. Pour les tripoteurs de l'ombre, le contact, aussi bref fût-il, était crucial.

Les images colorées se succédaient devant elle : à l'écran, de gigantesques bonshommes en stetson se déployaient sur leurs montures plus gigantesques encore, des arbres et des cactus se dressaient à l'avant-plan ou se fondaient à l'arrière-plan tandis que les paysages défilaient ; fumée, poussière et galop. Elle ne tenta pas de décoder les dialogues cryptiques ni de suivre l'intrigue. Elle savait qu'il devait y avoir des méchants qui cherchaient à faire quelque chose de mal et des gentils qui cherchaient à les arrêter, en essayant sans doute de remettre la main sur l'argent les premiers (il y avait aussi des Indiens, autant que de buffles, proie rêvée pour tout le monde), mais elle se moquait bien de savoir en qui s'incarnaient ces valeurs morales qu'on lui proposait. Par chance, ce n'était pas un de ces nouveaux westerns où les personnages souffraient de psychose. Elle se divertit en se concentrant sur les personnages mineurs, les seconds rôles, et se demanda ce qu'ils pouvaient bien fabriquer à leurs moments d'oisiveté, vraisemblablement conséquents, et s'ils rêvaient toujours d'accéder à la gloire.

C'était la nuit, une nuit de ce bleu violacé translucide qui ne nimbe que les écrans en technicolor. Quelqu'un traversait un pré pour approcher furtivement quelqu'un d'autre ; à part le bruissement des herbes et le craquètement de quelques criquets mécaniques, le silence régnait quand, tout près d'elle, sur sa gauche, elle entendit un bref craquement suivi d'un bruit sec lorsque quelque chose heurta le sol. Un coup de fusil retentit, puis une bagarre éclata, et le jour se leva. Là-dessus, le même bruit se répéta.

Elle tourna la tête sur la gauche. Dans la lueur modeste que renvoyait le soleil sur l'écran, elle distingua tant bien que mal le spectateur assis deux places plus loin. C'était l'homme de la laverie automatique, l'air morne. Avachi dans son fauteuil, il regardait droit devant lui. Toutes les trente secondes environ, il puisait dans un sac, puis portait la main à sa bouche et il se produisait alors ce drôle de craquement auquel succédait le bruit sec contre le sol. Il devait manger des trucs avec des coques, mais pas des cacahuètes, le bruit aurait été plus doux. Elle étudia son profil chichement éclairé, son nez, son œil et l'arrondi d'une épaule plongée dans la pénombre.

Elle tourna de nouveau la tête et reporta son attention sur l'écran. Elle constata qu'elle était heureuse de voir qu'il s'était matérialisé sur ce siège, même si c'était un sentiment irrationnel : elle n'avait pas l'intention de lui parler et espérait en fait qu'il ne l'avait pas vue et ne la verrait pas, toute seule dans ce cinéma. Il paraissait transporté, presque totalement absorbé par la projection et ce qu'il mangeait – à quoi était donc dû ce craquement énervant ? – et peut-être ne la remarquerait-il pas si elle restait parfaitement immobile. Elle avait néanmoins la sensation troublante qu'il savait très bien qui elle était et qu'il avait noté sa présence longtemps avant qu'elle ne l'ait reconnu. Elle contempla la vaste et banale prairie sous ses yeux. À sa gauche, les craquements se succédaient à un rythme d'une irrégularité irritante.

Des hommes et des chevaux, ainsi qu'une blonde vêtue d'une robe dépenaillée, franchissaient une rivière à gué quand elle nota une drôle de sensation dans sa main gauche ; celle-ci avait envie d'aller caresser l'épaule de son voisin et sa volonté paraissait indépendante de celle de Marian qui, pour sa part, ne désirait rien de tel, c'était sûr et certain. Elle obligea ses doigts à s'arrimer au bras de son fauteuil.

« C'est impossible, les prévint-elle en silence, il risquerait de hurler. »

Mais à présent qu'elle ne le regardait plus, elle craignait également que sa main, au cas où elle s'aventurerait vers lui, ne rencontre plus que la pénombre, le vide ou la surface soyeuse du fauteuil.

La bande-son tonna, des glapissements et des cris triomphants crépitèrent alentour, tandis que des hordes d'Indiens émergeaient de leur cachette et passaient à l'attaque. Après leur anéantissement, quand on put de nouveau écouter, elle n'entendit plus le petit tic-tac de son voisin. Elle tourna brusquement la tête de côté : personne. Bien, il était parti alors, ou peut-être n'avait-il jamais été là, ou peut-être s'était-il agi de quelqu'un d'autre ?

Sur l'écran, un cow-boy gargantuesque pressait chastement ses lèvres contre celles de la femme blonde.

« Hank, est-ce que ça signifie… ? » chuchota celle-ci.

Le coucher de soleil n'allait pas tarder.

Là-dessus, si près de son oreille que Marian sentit son souffle balayer ses cheveux, une voix s'éleva :

« Des graines de courge. »

Son cerveau enregistra l'information avec calme, puis répondit en silence.

« Des graines de courge, bien sûr, pourquoi pas ? »

Mais son corps, surpris, s'était figé momentanément. Lorsqu'elle eut suffisamment surmonté cette surprise purement musculaire pour se retourner, il n'y avait plus personne derrière elle.

Elle suivit la scène finale du film en commençant à se convaincre qu'elle avait été victime d'une hallucination complexe.

« Finalement, je suis donc en train de virer folle, songea-t-elle, comme tout le monde. Quelle barbe. Cela dit, je suppose que ça me fera un changement. »

Quand les lumières se rallumèrent après un plan de courte durée sur un drapeau frémissant et une musique métallique, elle prit la peine d'examiner le sol sous le siège qu'il avait (peut-être) occupé. Elle découvrit un amas de coques blanches. On aurait cru une balise primitive, un tas de pierres, un signe élaboré à partir de bâtons ou d'incisions sur un arbre pour marquer un parcours ou signaler quelque chose plus avant, mais elle eut beau les fixer durant plusieurs minutes alors que la poignée de spectateurs remontait l'allée centrale par petits groupes et la dépassait, elle ne parvint pas à les interpréter. En tout cas, se dit-elle en quittant la salle, cette fois, il a laissé une trace tangible.

Elle prit tout son temps pour rentrer ; elle n'avait pas envie de jouer les trouble-fête. Pour autant qu'elle pouvait en juger de l'extérieur, la maison était plongée dans l'obscurité, mais quand elle eut franchi la porte et allumé la lumière du vestibule, une silhouette émergea discrètement de la salle à manger du rez-de-chaussée et l'intercepta. C'était la dame d'en bas qui, malgré ses bigoudis et son peignoir mauve en flanelle Viyella, réussissait quand même à sauvegarder une dignité de façade.

« Mademoiselle McAlpin, déclara-t-elle, le sourcil grave, je suis tellement contrariée. Je suis sûre d'avoir entendu un… Un homme est monté avec Mlle Tewce un peu plus tôt et je suis certaine de ne pas l'avoir encore entendu redescendre. Naturellement, je ne veux pas insinuer que… Je sais que vous êtes toutes les deux des jeunes filles très bien, mais tout de même, la petite… »

Marian consulta sa montre.

« Eh bien, je ne sais pas, répondit-elle d'un ton dubitatif, je ne pense pas que quelque chose de cet ordre puisse se produire. Peut-être vous êtes-vous trompée ? Après tout, il est une heure passée et, quand elle ne sort pas, Ainsley se couche en général plus tôt que ça.

— Eh bien, c'est ce que j'ai cru, je veux dire, je n'ai pas entendu de conversation là-haut… enfin, je ne veux pas dire que… »

« Quelle sale vieille fouine, elle fourre son nez partout », songea Marian.

« Alors, elle a dû se coucher, enchaîna-t-elle allégrement. Et la personne est sans doute redescendue très discrètement pour ne pas vous déranger. Mais, demain matin, je parlerai à Ainsley en votre nom. »

Elle sourit avec une efficacité qu'elle souhaitait rassurante et se sauva vers l'escalier.

« Ainsley est une sainte-nitouche, se dit-elle en gravissant les marches, et je viens de redorer son aura. Enfin, n'oublions pas la paille dans l'œil de son prochain et la poutre dans le sien, etc. Comment diable allons-nous le faire passer, ce qu'il pourra bien en rester, demain matin devant ce vieux vautour ? »

La bouteille de scotch trônait aux trois quarts vide sur la table de la cuisine. Une cravate à rayures vertes et bleues pendait triomphalement à la poignée de la porte fermée de la chambre de Marian.

Cela signifiait qu'il lui faudrait déblayer un espace pour dormir – tant bien que mal – dans le nid de pie qu'était le lit d'Ainsley et sur lequel s'amoncelaient draps en désordre, vêtements, couvertures et livres de poche.

« Oh zut ! » se dit-elle en se débarrassant de son manteau.

15.

À seize heures trente, le lendemain, Marian arpentait un couloir d'hôpital à la recherche de la bonne chambre. Afin de pouvoir partir tôt, elle avait renoncé à son heure de déjeuner et avait pris, à la place d'un vrai repas, un sandwich fromage-laitue – une lamelle de fromage plastifié entre deux tranches de bain moussant solidifié agrémentées de quelques bouts de verdure défraîchie, que lui avait apporté, dans une boîte en carton, le livreur du restaurant de plats à emporter ; or le trajet jusqu'à l'hôpital et l'achat de roses lui avaient déjà coûté une demi-heure de sorte qu'il ne lui restait plus que trente minutes pour bavarder avec Clara ; elle se demandait néanmoins si elles allaient réussir à meubler ce temps de conversation.

Les portes des chambres étaient ouvertes, si bien qu'elle dut s'arrêter chaque fois pour entrer ou tout comme et déchiffrer les numéros. De chacune d'entre elles lui parvenaient les voix aiguës des femmes occupées à babiller. Elle finit cependant par repérer la chambre qu'elle cherchait, pratiquement au bout du couloir.

Clara gisait, diaphane, sur un lit haut et blanc, dont le dossier relevé la maintenait en position semi-assise. Elle portait une tenue d'hôpital en pilou. Sous le drap, son corps parut d'une minceur peu naturelle à Marian ; ses cheveux ternes et lâchés lui arrivaient aux épaules.

« Eh bien, salut, s'écria-t-elle. Tu es enfin venue voir la vieille maman, hein ? »

Marian avança ses fleurs au lieu des plates excuses qu'elle aurait dû lui présenter. Les doigts fragiles de Clara défirent la débauche de papier vert qui les enveloppait.

« Elles sont ravissantes, dit-elle. Il faudra que j'oblige cette vache d'infirmière à les mettre dans une eau digne de ce nom. Si on ne la surveille pas, elle est tout à fait capable de les flanquer dans le bassin. »

En les choisissant, Marian avait hésité entre les rouge foncé, les rose saumon et les blanches ; elle regrettait un peu à présent d'avoir opté pour les blanches. À certains égards, elles allaient presque trop bien avec Clara ; à d'autres, pas du tout.

« Tire un peu les rideaux », lui ordonna son amie à voix basse.

Trois autres femmes partageaient la pièce et il était manifestement difficile d'avoir une conversation intime.

Quand Marian eut tiré les lourds rideaux de toile accrochés par des anneaux à une tringle métallique arrondie se déployant au-dessus du lit à la manière d'un immense halo ovale et qu'elle se fut assise sur la chaise réservée aux visiteurs, elle demanda à son amie :

« Comment te sens-tu ?

— Oh, merveilleusement bien, vraiment. J'ai suivi les choses de bout en bout, c'est malpropre, tout ce sang et ces cochonneries, mais je dois admettre que c'est plutôt fascinant. Surtout quand la petite fripouille pointe sa tête et qu'on voit enfin, après avoir trimballé ce machin si longtemps, à quoi il ressemble ; je m'excite tellement à force d'attendre, c'est comme quand on était môme à Noël et qu'il fallait attendre une éternité avant d'ouvrir ses cadeaux. Parfois, pendant mes grossesses, j'aurais désespérément souhaité pondre des œufs et les couver, façon oiseau, et tout le tralala ; mais notre méthode a quand même du bon. »

Elle s'empara d'une rose blanche et la renifla.

« Tu devrais vraiment essayer un de ces jours. »

Marian se demanda comment elle pouvait se montrer si désinvolte, on aurait cru qu'elle lui conseillait une nouvelle lessive ou un bon truc pour réussir une pâte à tarte plus légère. Bien sûr, c'était quelque chose qu'elle avait toujours envisagé, en fin de compte ; et Peter avait commencé à lancer des remarques à connotation paternelle. Mais dans cette chambre avec ces femmes étendues sous leurs draps blancs, cette possibilité lui paraissait soudain beaucoup trop proche. Et puis, il y avait Ainsley.

« Laisse-moi le temps, répondit-elle en souriant.

— Ça fait un mal de chien, c'est sûr, poursuivit Clara d'un ton suffisant, et, à cause du bébé, on ne te donne rien tant que le travail n'est pas bien avancé ; mais c'est ça qui est curieux avec la douleur, après tu oublies complètement. Je me sens merveilleusement bien à présent – je pense toujours que je vais me taper une dépression post-partum, comme des tas de femmes, mais apparemment, non. Je garde ça pour la maison. C'est tellement chouette d'être allongée ici, sans rien faire ; je me sens vraiment merveilleusement bien. »

Et elle se redressa un peu contre ses oreillers.

Marian se rassit et lui sourit. Elle ne savait pas quoi répondre. La vie de Clara lui semblait de plus en plus déconnectée d'elle, à part, elle s'apparentait à quelque chose qu'elle ne pouvait contempler qu'à travers une fenêtre.

« Comment allez-vous l'appeler ? demanda-t-elle en réprimant une envie de crier. (Elle ne savait pas trop si Clara l'entendait de l'autre côté de la vitre.)

— On n'est pas encore tout à fait décidés. On pense à Vivian Lynn, comme ma grand-mère et la grand-mère de Joe. Joe voulait lui donner mon prénom, mais je ne l'aime pas trop. N'empêche, c'est vraiment merveilleux d'avoir un homme qui éprouve autant de bonheur à avoir une fille qu'un fils, il y en a tellement pour qui ce n'est pas le cas, tu sais, mais, bon, si Joe n'avait pas de garçon, peut-être que ça ne lui serait pas égal. »

Les yeux rivés sur le mur au-dessus de la tête de Clara, Marian se fit la réflexion qu'il avait la couleur de ceux du bureau. Elle n'aurait pas été surprise d'entendre le cliquetis des machines à écrire derrière les murmures des trois autres patientes et de leurs visiteurs. À son arrivée, elle avait remarqué que l'une d'entre elles, la jeune en liseuse de dentelle rose, faisait des coloriages, assise dans son lit. Plutôt que des fleurs, peut-être aurait-elle dû apporter quelque chose pour occuper Clara : ce devait être très ennuyeux de passer toute la journée allongée.

« Voudrais-tu que je t'apporte de la lecture ? lui proposa-t-elle en se disant qu'elle s'exprimait comme ces dames appartenant à des associations féminines, qui consacrent la moitié de leurs journées à rendre visite à des malades.

— Ça, c'est gentil. Mais, franchement, je ne pense pas pouvoir me concentrer suffisamment, pas pour le moment. Soit je vais dormir, soit je vais écouter mes voisines, avoua-t-elle en baissant la voix. C'est peut-être l'atmosphère de l'hôpital qui veut ça, figure-toi qu'elles ne parlent que de leurs fausses couches et de leurs maladies. Du coup, tu finis par te sentir très patraque : tu te demandes quand tu vas te taper un cancer du sein, une rupture de trompe ou perdre tes quadruplés à raison d'un tous les trois jours ; sans blague, c'est arrivé à Mme Moase, la grosse là-bas dans le coin. Bon sang, elles restent tellement sereines face à ça, et on croirait que, pour elles, ces petits épisodes macabres sont des médailles pour services rendus : elles les sortent du placard, les comparent et rajoutent des détails peu ragoûtants, tellement elles en sont fières. Leurs souffrances leur procurent une véritable jubilation. Moi-même, je me surprends à raconter certains de mes bobos, comme s'il fallait que je rivalise avec elles. Je me demande pourquoi les femmes sont si morbides.

— Oh, à mon avis, il y a aussi des hommes morbides », rétorqua Marian.

Au grand étonnement de Marian, Clara parlait beaucoup plus et beaucoup plus vite que d'habitude. Durant la dernière phase de la grossesse de Clara – phase la plus végétative –, elle avait eu tendance à oublier que son amie avait réellement un cerveau ou des facultés perceptives dépassant la simple sensation de l'éponge, car, la majeure partie du temps, celle-ci avait été absorbée par et dans son tubercule abdominal. Ses remarques et ses commentaires la surprenaient donc un peu. C'était peut-être le contrecoup, en tout cas ce n'était assurément pas de l'hystérie. Mais c'était peut-être les hormones.

« Enfin, Joe ne l'est pas, déclara Clara joyeusement. Sinon, je ne sais pas comment je m'en tirerais. Il assume tellement bien les enfants, la lessive et le reste, ça ne m'inquiète absolument pas de lui laisser tout sur les épaules en pareil moment. Je sais qu'il se débrouille aussi bien que moi, même si le pauvre Arthur nous cause quelques petits soucis. Il est propre maintenant et utilise son pot en plastique chaque fois ou presque, mais il ne veut rien jeter. Donc, il fait des boulettes avec ses crottes et les cache un peu partout – dans des placards ou des tiroirs par exemple. Il faut le surveiller comme le lait sur le feu. Un jour, j'en ai déniché dans le frigo, et Joe vient d'en découvrir une rangée en train de durcir, derrière le rideau, sur le rebord de la fenêtre de la salle de bains. Il est très contrarié quand on les jette. Je ne vois pas pourquoi il fait ça ; peut-être qu'il deviendra banquier ?

— Tu crois que ça a un lien avec le nouveau bébé ? La jalousie peut-être ?

— Oh, probablement », répondit Clara avec un sourire serein.

Elle faisait tourner une des roses blanches entre ses doigts.

« Mais je n'arrête pas de parler de moi, enchaîna-t-elle en se tournant dans le lit pour être plus en face de Marian. Je n'ai pas vraiment eu l'occasion de discuter de tes fiançailles. Joe et moi, on pense que c'est merveilleux, bien sûr, même si on ne connaît pas vraiment Peter.

— Il faut qu'on fasse quelque chose ensemble, quand tu seras rentrée chez toi et que tu auras retrouvé ton train-train. Je suis sûre qu'il te plaira.

— Voyons, il a l'air drôlement bien. Naturellement, on ne connaît vraiment quelqu'un que lorsqu'on est marié depuis un moment et qu'on a été confronté à ses habitudes les moins ragoûtantes. Je me rappelle à quel point j'ai été perturbée la première fois que je me suis rendu compte que, finalement, Joe n'était pas Jésus-Christ. Je ne sais pas ce que c'était, sans doute un détail idiot, on s'aperçoit par exemple que l'autre est dingue d'Audrey Hepburn ou que c'est un philatéliste caché.

— Un quoi ? » s'écria Marian.

Elle ne savait pas de quoi il s'agissait, mais avait la sensation qu'il s'agissait de quelque chose de cochon.

« Un collectionneur de timbres. Pas un vrai, bien sûr, lui, il les récupère sur les enveloppes. Quoi qu'il en soit, ça demande des ajustements. À présent, je pense juste que c'est un saint mineur. »

Marian ne sut que répondre. L'attitude de Clara envers Joe lui semblait à la fois suffisante et gênante : c'était sentimental comme ces histoires d'amour qui pullulent dans de vieux numéros de magazines féminins. Par ailleurs, elle avait l'impression que Clara essayait indirectement de lui donner des conseils, ce qui la gênait encore plus. Pauvre Clara, s'il y avait quelqu'un dont les conseils n'avaient pas grande valeur, c'était bien elle. Il suffisait de voir le pétrin dans lequel elle s'était fourrée : trois enfants à son âge. Peter et elle s'engageaient dans l'aventure avec beaucoup moins d'illusions. Si Clara avait couché avec Joe avant le mariage, elle se serait autrement mieux débrouillée par la suite.

« Je trouve que Joe est un mari merveilleux », déclara-t-elle avec magnanimité.

Clara émit un ricanement amusé, puis grimaça :

« Oh, foutaises ! J'ai mal aux endroits les plus impossibles. Non, c'est du pipeau ; tu penses que nous sommes aussi flemmards et aussi désorganisés l'un que l'autre et tu deviendrais dingue si tu vivais dans ce capharnaüm ; tu ne peux pas comprendre comment on survit sans se détester. »

Sa voix était parfaitement naturelle.

Jugeant que Clara se montrait déloyale en mettant ouvertement les choses sur le tapis, Marian commença à protester, mais une infirmière passa la tête par la porte suffisamment longtemps pour leur faire comprendre que la visite était terminée.

« Si tu veux voir le bébé, lança Clara alors que Marian s'éloignait, tu trouveras sûrement quelqu'un pour t'expliquer où ils l'ont caché. On peut les regarder à travers une baie vitrée quelque part ; ils se ressemblent tous, mais on t'indiquera le mien si tu demandes. Cela dit, moi, à ta place, je ne m'embêterais pas, ils ne sont pas très intéressants à cet âge. On jurerait des prunes rouges fripées.

— Alors, peut-être que j'attendrai. »

En sortant, Marian se fit soudain la réflexion que quelque chose dans le comportement de Clara, en particulier son froncement de sourcils légèrement soucieux à une ou deux reprises, dénotait une certaine inquiétude ; mais pourquoi exactement, elle n'en avait pas idée et ne put s'empêcher d'essayer de comprendre. Elle avait la sensation de s'être échappée, comme si elle s'était extirpée d'un caniveau ou d'une grotte. Elle était heureuse de ne pas être dans la peau de Clara.

À présent, restait à passer la fin de la journée. Elle allait manger en vitesse dans le restaurant le plus proche et, lorsqu'elle aurait terminé, la circulation serait un peu plus fluide et elle aurait ainsi la possibilité de courir récupérer un peu de linge chez elle. Que pourrait-elle embarquer ? Deux chemisiers peut-être. Elle se demanda si une jupe plissée ferait l'affaire, cela l'occuperait, et elle en avait une qui avait besoin d'un coup de fer, mais elle se ravisa car ce n'était pas une bonne idée et sans doute était-ce une tâche trop compliquée.

Les prochaines heures allaient être, elle le sentait, aussi difficiles que celle durant laquelle Peter l'avait appelée, dans l'après-midi, pour organiser leur soirée et où ils avaient longuement discuté – trop longuement, elle en avait peur – de l'endroit où ils allaient dîner ; ensuite de quoi, elle avait dû le rappeler pour lui dire :

« Je suis extrêmement désolée, chéri, mais quelque chose de vraiment incontournable m'est tombé dessus ; est-ce qu'on peut remettre ? À demain éventuellement ? »

Il s'était montré maussade, mais n'avait pas pu dire grand-chose dans la mesure où il lui avait fait le même coup la veille. Il y avait néanmoins une différence dans ce qui lui était tombé dessus. Dans son cas à elle, c'était un appel téléphonique.

À l'autre bout, la voix lui avait dit :

« C'est Duncan.

— Pardon ?

— Le mec de la laverie automatique.

— Oh oui. »

Là, elle avait reconnu la voix, même si elle lui avait paru plus tendue que d'habitude.

« Je suis désolé de vous avoir fait peur au cinéma, mais je savais que vous mouriez d'envie de savoir ce que je mangeais.

— Oui, c'est vrai », avait-elle répondu en jetant un coup d'œil vers la pendule, puis vers la porte ouverte du box de Mme Bogue.

Elle avait déjà passé beaucoup trop de temps au téléphone cet après-midi.

« C'était des graines de courge. J'essaie d'arrêter de fumer, vous voyez, et je les trouve très utiles. On éprouve beaucoup de satisfaction orale en les ouvrant avec les dents. Je les achète dans une boutique pour animaux de compagnie, normalement c'est pour les oiseaux, je vous assure.

— Oui, avait-elle fait pour meubler le silence qui avait suivi.

— Il était minable, ce film. »

Marian s'était demandé si au rez-de-chaussée la fille du standard écoutait la conversation en douce, comme elle en avait la réputation, et, en ce cas, ce qu'elle en pensait ; elle avait dû se rendre compte que ce n'était pas un coup de fil professionnel.

« Monsieur… Duncan, avait-elle dit de son ton le plus neutre, je suis au bureau, vous voyez, et nous ne sommes pas censés nous disperser avec des appels extérieurs ; je veux dire des appels d'amis et ainsi de suite.

— Oh. »

Il avait paru découragé, mais n'avait pas cherché à clarifier la situation.

Elle l'avait imaginé à l'autre bout du fil, attendant, morose, les yeux caves, qu'elle lui dise quelque chose. Elle ne voyait pas pourquoi il lui avait téléphoné. Peut-être avait-il besoin d'elle, besoin de lui parler ?

« Mais je vous parlerais volontiers, avait-elle ajouté pour l'encourager. À un moment plus propice ?

— Euh, à dire vrai, j'ai besoin de vous en quelque sorte, sur-le-champ. Je veux dire, j'ai besoin… ce dont j'ai besoin, c'est d'un peu de repassage. Il faut que je repasse quelque chose, or j'ai fini tout ce qu'il y avait ici, même les torchons, et je me demandais si je ne pourrais pas faire un saut chez vous pour repasser vos affaires. »

À présent, Mme Bogue l'avait bel et bien à l'œil.

« Bien sûr, voyons », avait-elle répondu d'un ton acerbe.

Puis elle avait subitement décrété que, pour une raison à laquelle elle n'avait pas encore réfléchi, ce serait une catastrophe si cet homme rencontrait Peter ou Ainsley. Par ailleurs, qui pouvait savoir quel type de scandale avait pu éclater depuis qu'elle avait quitté la maison sur la pointe des pieds, le matin même, en laissant Len empêtré dans les rets du vice derrière la porte où pendait sa cravate ? Elle n'avait pas eu de nouvelles d'Ainsley, ce qui pouvait être un bon comme un mauvais signe. Et même si Len avait réussi à s'échapper sans problème, la colère de la dame d'en bas, privée de son objet, risquait fort de s'abattre sur la tête du malheureux repasseur dans lequel elle verrait une incarnation de la gent masculine.

« Je ferais peut-être mieux de vous apporter des affaires chez vous, avait-elle déclaré.

— En fait, je préférerais cette solution. Du coup, je pourrais me servir de mon propre fer ; j'y suis habitué. Je ne suis pas à l'aise quand je repasse avec un fer qui n'est pas le mien. Mais, je vous en prie, dépêchez-vous, j'en ai vraiment besoin. Désespérément.

— Oui, tout de suite après mon travail, avait-elle dit en essayant et de le rassurer et de faire croire au bureau qu'elle prenait rendez-vous chez le dentiste par exemple. Vers dix-neuf heures. »

À peine avait-elle raccroché qu'elle s'était rendu compte que le dîner avec Peter allait devoir être repoussé encore une fois ; mais elle pouvait le voir n'importe quel soir. Là, c'était une urgence.

Une fois réglé le problème avec Peter, elle avait eu la sensation d'avoir bataillé pour se dépêtrer de toutes les lignes téléphoniques de la ville. Elles étaient préhensiles, elles ressemblaient à des serpents, elles s'entortillaient autour de vous et vous ligotaient.

Une infirmière déboula en poussant un chariot sur roues de caoutchouc chargé de plateaux-repas. Bien que préoccupée, Marian nota la silhouette blanche qui ne lui parut pas à sa place. Elle s'arrêta et jeta un coup d'œil autour d'elle. Quelle que fût la direction qu'elle avait prise, ce n'était pas celle de la sortie principale. Prise par ses projets et ses réflexions, elle avait dû se tromper d'étage. Elle se trouvait dans un couloir identique à celui qu'elle venait de quitter, sinon que toutes les portes étaient closes. Elle chercha un numéro : 273. Eh bien, c'était simple : elle était descendue un étage trop tôt.

Elle fit demi-tour et revint sur ses pas en essayant de se rappeler où pouvait bien se trouver l'ascenseur ; il lui semblait avoir pris plusieurs tournants. L'infirmière avait disparu. À l'autre bout du couloir, une silhouette venait sur elle, celle d'un homme vêtu d'une blouse verte et d'un masque blanc qui dissimulait la moitié inférieure de son visage. Pour la première fois, elle perçut la forte odeur d'antiseptique de l'hôpital.

Ce devait être un médecin. Elle remarqua alors un mince tube noir autour de son cou, un stéthoscope. Comme il se rapprochait, elle le regarda plus attentivement. Malgré son masque, quelque chose, dans sa personne, lui parut familier, mais elle ne put dire quoi, ce qui la contraria. Il passa à côté d'elle, sans tourner la tête et les yeux vides d'expression, ouvrit une des portes sur la droite. Lorsqu'il s'engouffra dans cette pièce, elle vit qu'il avait le crâne dégarni.

« En tout cas, je ne connais pas de chauve », se dit-elle.

Ça la soulagea.

16.

Même si le numéro de son immeuble ou le nom de sa rue lui échappait, elle se rappelait parfaitement le chemin menant à son appartement. Il y avait longtemps qu'elle n'avait pas remis les pieds dans ce quartier, en fait depuis le jour de l'enquête sur la bière. Elle refit le trajet presque automatiquement, comme si l'instinct qui la poussait à retrouver quelqu'un s'appuyait sur un vague souvenir des lieux et non sur une reconnaissance visuelle ou olfactive. Néanmoins, ce n'était pas compliqué : il fallait traverser le parc au terrain de base-ball, remonter la rampe asphaltée et longer deux pâtés de maisons ; cela étant, maintenant qu'elle cheminait dans une pénombre à peine éclairée par la lumière chiche des lampadaires et non sous l'éclat aveuglant du soleil comme précédemment, la route lui parut plus longue. Elle marchait vite, car elle avait déjà froid aux jambes. L'herbe du parc était grise de gelée.

Les quelques fois où elle avait pensé à cet appartement, à ses moments désœuvrés au bureau quand elle n'avait eu qu'une feuille blanche sous le nez ou bien, dans d'autres circonstances, en ramassant un truc qui traînait par terre, par exemple, jamais elle ne l'avait situé précisément dans la ville. Elle avait une image mentale de l'intérieur des lieux, de l'aspect des pièces, mais pas du bâtiment proprement dit. Là, ça la troubla de voir la rue le lui présenter, rectangulaire, ordinaire et banal, pratiquement à l'endroit où il s'était dressé auparavant.

Elle appuya sur l'interphone du numéro 6 et poussa la porte intérieure en verre dès que le mécanisme eut démarré son bruit de tronçonneuse. Duncan entrouvrit et la dévisagea d'un air soupçonneux ; dans la semi-obscurité, ses yeux luisaient derrière ses cheveux. Il avait un mégot allumé dangereusement près de ses lèvres.

« Tu as les affaires ? » demanda-t-il en la tutoyant.

Sans rien dire, elle lui tendit le petit ballot de vêtements qu'elle tenait sous le bras et il s'écarta pour la laisser entrer.

« Ce n'est pas beaucoup », constata-t-il en défaisant le paquet.

Il n'y avait que deux chemisiers en coton blanc, lavés de frais, une taie d'oreiller et des serviettes d'invité, ornées de broderies à fleurs, qu'une grand-tante lui avait offertes, et froissées après un séjour prolongé en bas de la pile de linge sur l'étagère.

« Je suis désolée, vraiment, je n'avais que ça.

— Bon, c'est mieux que rien », répondit-il en renâclant.

Il fit demi-tour et piqua sur sa chambre.

Marian se demanda si elle était censée le suivre ou s'il pensait qu'elle allait s'en aller maintenant qu'elle lui avait remis ce qu'il escomptait.

« Je peux regarder ? » s'enquit-elle en espérant qu'il n'y verrait pas une intrusion dans son intimité.

Elle n'avait pas envie de rentrer immédiatement. Elle n'avait rien à faire chez elle et avait, somme toute, sacrifié sa soirée avec Peter.

« Bien sûr, si tu veux ; mais il n'y a pas grand-chose à voir. »

Elle s'avança. Le salon n'avait pas changé depuis sa dernière visite, sinon qu'il y avait peut-être encore plus de papiers par terre. Les trois fauteuils étaient à la même place ; il y avait une planche en appui contre le bras de celui en peluche rouge. Une seule lampe, celle à côté du fauteuil bleu, était allumée. Marian en déduisit que les deux autres colocataires étaient absents.

La chambre de Duncan était pratiquement semblable au souvenir qu'elle en avait gardé. La planche à repasser était plus au milieu de la pièce, l'échiquier noir et blanc trônait à présent sur une pile de livres et, dessus, les pièces étaient à leurs places respectives. Sur des cintres en travers du lit, elle nota plusieurs chemises blanches qui venaient d'être repassées.

Duncan les rangea dans le placard avant de brancher le fer. Marian enleva son manteau et s'assit sur le lit.

Il jeta sa cigarette dans un des cendriers remplis à ras bord, attendit que l'appareil chauffe en le posant de temps à autre sur la planche pour vérifier la température, puis s'attaqua à l'un des chemisiers avec une concentration minutieuse et une attention méthodique aux pointes du col. Marian l'observait en silence ; il n'avait manifestement pas envie d'être dérangé. Ça lui fit drôle de voir quelqu'un repasser ses vêtements.

Quand elle avait émergé de sa chambre, en manteau et son ballot sous le bras, Ainsley l'avait regardée bizarrement.

« Où tu vas avec ça ? » lui avait-elle demandé.

C'était un bien modeste paquet pour la laverie.

« Oh, je sors, c'est tout.

— Qu'est-ce que je réponds si Peter appelle ?

— Il n'appellera pas. Sinon, dis juste que je suis sortie. »

Peu désireuse d'expliquer quoi que ce soit sur Duncan et même de révéler son existence, elle avait dévalé l'escalier. Il lui semblait que des confidences auraient pu bouleverser le rapport de force. Mais, pour l'heure, Ainsley n'allait pas au-delà d'une molle curiosité : le probable succès de sa campagne et ce qu'elle appelait un « coup de chance » la transportaient de joie.

Quand, en rentrant, Marian avait trouvé Ainsley au salon avec un livre de poche intitulé *Comment soigner et éduquer son enfant*, elle lui avait demandé :

« Comment as-tu réussi à faire sortir ce malheureux ce matin ? »

Ainsley avait éclaté de rire.

« Un grand coup de chance. J'étais sûre que le vieux fossile serait posté au pied des marches à attendre qu'on descende. Franchement, je ne voyais pas quoi faire. Je réfléchissais à une histoire, pour lui dire par exemple que c'était le gars du téléphone…

— Elle a essayé de me questionner à son sujet, hier soir, avait lancé Marian. Elle savait très bien qu'il était là-haut.

— Eh bien, va savoir pourquoi, en fait, elle est sortie. Je l'ai vue partir, de la fenêtre du salon ; un hasard, vraiment. Tu te rends compte ? Je ne pensais pas qu'il lui arrivait de sortir, pas le matin. Je ne suis pas allée bosser aujourd'hui, bien sûr, et j'étais juste en train de traîner avec une cigarette. Mais quand je l'ai vue, j'ai secoué Len, l'ai obligé à s'habiller, te lui ai fait descendre l'escalier en quatrième vitesse et dehors, alors qu'il était à peine réveillé. En plus, il avait une méchante gueule de bois, il a pratiquement vidé la bouteille. À lui tout seul. À mon avis, il ne sait pas trop ce qui s'est passé. »

Sa petite bouche rose s'était épanouie en un sourire.

« Ainsley, tu es immorale.

— Pourquoi ? Apparemment, ça lui a plu. Note, ce matin, en prenant le petit déjeuner dehors, il s'est confondu en excuses et s'est montré très inquiet, puis un peu rassurant, comme s'il cherchait à me consoler ou je ne sais quoi. Sincèrement, c'était gênant. Après, tu sais, il s'est réveillé de plus en plus, a commencé à décuver et, là, il n'a plus pensé qu'à me fuir. Mais maintenant, avait-elle ajouté en se tenant les bras, il va falloir attendre pour voir. Si oui ou non ça valait la peine.

— Oui, bon, ça te dérangerait de t'occuper du lit ? »

En y repensant, Marian se dit que la sortie de la dame d'en bas n'augurait rien de bon. Ça ne lui ressemblait pas du tout. Normalement, elle aurait dû se tapir derrière le piano ou les rideaux de velours pendant qu'ils descendaient à pas de loup et leur sauter dessus juste au moment précis où ils franchissaient le seuil pour se retrouver en sécurité.

Duncan commença le second chemisier. Apparemment indifférent à tout ce qui n'était pas le tissu blanc froissé étalé sur la planche devant lui, il l'examinait comme s'il s'était agi d'un manuscrit ancien et très fragile dont la traduction lui aurait posé problème. Avant, elle l'avait cru de petite taille, peut-être à cause de son visage enfantin et émacié ou bien parce qu'elle l'avait surtout vu assis, mais, là, elle se fit la réflexion qu'en se tenant droit il devait en fait être très grand.

Pendant qu'elle l'observait, elle reconnut chez elle le désir de lui dire quelque chose, de faire intrusion, de briser la surface blanche de sa concentration : elle n'aimait pas être exclue aussi complètement. Pour se soustraire aux sentiments qui l'agitaient, elle attrapa son sac et se rendit à la salle de bains avec l'intention de se brosser les cheveux, non parce qu'ils en avaient besoin, mais pour avoir une activité de substitution, comme disait Ainsley ; à la manière d'un écureuil qui se gratte lorsqu'il se retrouve en face de miettes de pain qui lui semblent présenter un danger ou qu'il juge inaccessibles. Elle avait envie de lui parler, mais ça risquait d'annihiler les effets thérapeutiques du repassage, se dit-elle.

La salle de bains était assez quelconque. Des serviettes humides s'accumulaient sur les porte-serviettes et des tas d'affaires de rasage et de produits de soins pour hommes encombraient les divers rebords et surfaces en porcelaine. Mais le miroir au-dessus du lavabo était cassé. Il ne restait plus que quelques morceaux de verre sur l'intérieur du cadre en bois. Elle tenta de se regarder dans un de ces débris, mais il n'était pas assez grand pour être d'une quelconque utilité.

Quand elle revint dans la chambre, Duncan avait attaqué la taie d'oreiller. Il paraissait plus détendu : au lieu des mouvements précis et saccadés qu'il avait eus pour le chemisier, il repassait d'un geste ample et généreux. Il leva la tête à son entrée.

« Je suppose que tu t'es demandé ce qu'il était arrivé au miroir, fit-il.

— Euh…

— Je l'ai cassé. La semaine dernière. Avec la poêle.

— Oh.

— J'en avais marre de débarquer le matin dans la salle de bains et d'avoir peur de ne plus me voir dedans. Alors, je suis allé chercher la poêle dans la cuisine et j'ai collé un grand coup dessus. Ça les a beaucoup perturbés, expliqua-t-il d'un ton pensif, surtout Trevor, il était en train de préparer une omelette à ce moment-là et je crois que je la lui ai un peu gâchée. Elle était truffée de bouts de verre. Mais je ne vois pas vraiment pourquoi ça devrait les déranger, c'était un acte symboliquement narcissique tout à fait compréhensible, et, de toute façon, il n'était pas terrible, ce miroir. N'empêche, depuis ils ont la frousse. Trevor en particulier, inconsciemment, il se prend pour ma mère ; c'est assez dur pour lui. Moi, ça ne m'embête pas tant que ça, j'ai l'habitude : d'aussi loin que je me souvienne, je fuis les doublures de mère, j'en ai tout un troupeau qui cherche à me rattraper, à me sauver, Dieu sait de quoi, à m'apporter chaleur, réconfort, nourriture et à m'inciter à arrêter de fumer, c'est un classique quand on est orphelin. Et en plus ils me citent des tas de trucs : Trevor T.S. Eliot, en ce moment, et Fish l'*Oxford English Dictionary*.

— Comment tu te rases alors ? »

Marian ne parvenait pas vraiment à imaginer la vie sans miroir dans la salle de bains. Comme elle lui posait cette question, elle se demanda s'il se rasait. Elle n'avait jamais examiné son menton de près.

« Pardon ?

— Sans miroir ?

— Oh, répondit-il en souriant. J'ai mon miroir personnel. Celui-là, je peux m'y fier. Je sais ce qu'il y a dedans. C'est juste les miroirs publics que je n'aime pas. »

Il parut se désintéresser du sujet et continua à s'activer sans rien dire pendant une minute.

« Quelle horreur, s'écria-t-il enfin devant une des serviettes d'invité. Je déteste les trucs avec des broderies à fleurs.

— Je sais. Nous, on ne s'en sert jamais. »

Il plia la serviette, puis releva la tête pour fixer Marian d'un air sombre.

« Je suppose que tu as cru tout ça.

— Euh… tout quoi ? s'enquit-elle prudemment.

— Mon baratin sur le fait que j'ai cassé le miroir, mon reflet et tout le tremblement. En réalité, je l'ai cassé parce que j'avais envie de démolir un truc. C'est le problème avec les gens, ils croient toujours ce que je raconte. Ça me stimule trop, je suis incapable de résister à la tentation. Et mes brillantes analyses sur Trevor, comment est-ce que je sais si elles sont pertinentes ? Peut-être que la vérité vraie, c'est que je veux croire qu'il veut se prendre pour ma mère. De toute façon, je ne suis pas orphelin, j'ai des parents quelque part. Et ça, tu le crois ?

— Est-ce que je dois ? »

Elle n'arrivait pas à savoir s'il était sérieux ou pas ; son expression ne lui révélait rien. Peut-être s'agissait-il encore de son baratin de paumé qui, si elle disait la chose à ne pas dire, allait subitement l'obliger à affronter quelque chose qui la dépasserait.

« Si ça te chante. La vérité, bien sûr, c'est que (il brandit le fer pour souligner sa déclaration, mais surveilla néanmoins ses mouvements) je suis un changelin, un enfant de fées. J'ai été échangé nourrisson contre un vrai bébé et mes parents n'ont jamais découvert la substitution, même si je dois avouer qu'ils ont eu des soupçons. »

Il ferma les yeux et afficha un vague sourire.

« Ils n'arrêtaient pas de me répéter que mes oreilles étaient trop grandes ; en réalité, je ne suis pas un humain, je viens des profondeurs souterraines… »

Il souleva les paupières et reprit son repassage, mais son attention avait divagué de sorte qu'il approcha son fer trop près de son autre main : la douleur lui arracha un glapissement.

« Zut ! »

Il posa l'appareil et se fourra le doigt dans la bouche.

La première impulsion de Marian fut de se précipiter pour voir s'il était gravement brûlé et lui proposer des remèdes, du beurre, du bicarbonate de soude, mais elle décida de s'abstenir et de ne pas broncher.

Il la regarda alors avec une pointe d'hostilité et on aurait cru qu'il attendait quelque chose.

« Tu ne me consoles pas ?

— Je ne pense pas que ce soit vraiment nécessaire.

— Tu as raison ; pourtant, j'aime bien, avoua-t-il d'un ton triste. Et ça fait vraiment mal. »

Et il reprit son fer.

Quand il eut plié la dernière serviette et débranché la prise, il déclara :

« Voilà une séance énergique, grâce aux vêtements, mais ça ne suffit pas vraiment. Il va falloir que je trouve autre chose pour canaliser la tension restante. Je ne suis pas un repasseur chronique, tu sais, je ne suis pas accro, ce n'est pas une habitude dont il faudrait absolument que je me débarrasse, mais j'ai des crises. »

Il s'assit précautionneusement à côté d'elle et alluma une cigarette.

« Celle-là, elle a démarré avant-hier quand j'ai laissé tomber mon mémoire trimestriel dans une flaque d'eau par terre dans la cuisine et qu'il a fallu que je le repasse pour le faire sécher. Je l'avais tapé à la machine et je n'avais pas le courage de le retaper, de reprendre laborieusement tout ce verbiage, j'aurais encore voulu tout changer. Ça s'est bien arrangé, l'encre n'avait pas coulé, pourtant on voyait clairement que j'avais repassé le document, puisque j'avais brûlé une des pages. Mais en toute logique, ils ne pouvaient rien dire, ça aurait été drôlement idiot de décréter : "Nous ne pouvons pas accepter un mémoire qui a été repassé." Donc, je l'ai remis et après, bien sûr, il a fallu que je me déleste de ma frénésie, alors j'ai repassé tout le linge propre que j'avais chez moi. Ensuite, j'ai dû aller laver du linge sale à la laverie, c'est pour ça que je me suis tapé ce film lamentable, j'attendais la fin de la lessive. J'en avais marre de regarder tourner les vêtements, c'est mauvais signe si même la laverie commence à me barber, qu'est-ce que je vais pouvoir faire quand j'en aurai marre du reste ? Ensuite, j'ai repassé ce que j'avais lavé et, après, je me suis retrouvé sans rien.

— Et alors, tu m'as téléphoné », conclut Marian.

Elle était un peu irritée de l'entendre parler de lui comme s'il était seul et n'avait pas vraiment conscience de sa présence.

« Oh. Toi. Oui. Alors, je t'ai téléphoné. Du moins, j'ai téléphoné à ta boîte. Je me rappelais comment elle s'appelait, je pense que c'est la fille du standard que j'ai eue au bout du fil, et je t'ai vaguement décrite, j'ai dit que tu ne ressemblais pas à l'enquêtrice traditionnelle ; du coup, ils ont deviné qui tu étais. Tu ne m'avais pas dit ton nom. »

Marian n'avait jamais songé à ce détail. Elle avait présumé qu'il avait toujours su qui elle était.

En lançant un nouveau sujet sur le tapis, Marian semblait lui avoir coupé le sifflet. Les yeux rivés au sol, il tirait sur son mégot.

Ce silence la dérouta.

« Pourquoi est-ce que tu aimes tant repasser ? lui demanda-t-elle. Je ne parle pas du fait que ça apaise ta tension et tout, mais pourquoi le repassage ? Plutôt que le bowling, par exemple ? »

Il remonta ses jambes minces et noua les bras autour de ses genoux.

« Le repassage, c'est simple et agréable, lui expliqua-t-il, alors que je m'embrouille dans les mots quand je rédige ces mémoires qui n'en finissent jamais. À propos, j'en ai commencé un autre : "Les éléments de sadomasochisme chez Trollope", et le repassage… eh bien, tu mets les choses à plat. Dieu sait que ce n'est pas parce que je suis soigné et ordonné ; mais une surface plate a quelque chose… »

Il avait changé de position et la regardait avec attention.

« Tu ne veux pas que je retouche un peu ton chemisier pendant que le fer est encore chaud ? lui proposa-t-il. Je ferai juste les manches et le col. On dirait que tu as oublié certains endroits.

— Tu parles de celui que j'ai sur moi ?

— C'est ça. »

Il détacha ses bras de ses genoux et se releva.

« Tiens, tu peux mettre mon peignoir. Ne t'inquiète pas, je ne vais pas me rincer l'œil. »

Il sortit un truc gris du placard, le lui tendit et tourna le dos.

Les mains serrées sur ce ballot grisâtre, Marian hésita un moment sans trop savoir quoi décider. Si elle obtempérait, ça la mettrait mal à l'aise et elle se ferait l'effet d'être une idiote, elle le savait, mais si, à ce stade, elle lui disait : « Non, merci, j'aime mieux pas », alors qu'il était évident qu'il s'agissait d'une requête innocente, elle se sentirait encore plus bête. Une minute plus tard, elle se déboutonnait, puis enfilait le peignoir. Il se révéla beaucoup trop grand pour elle : les manches lui couvraient les mains et l'ourlet traînait par terre.

« Tiens, voilà », lui dit-elle.

Elle éprouva une légère inquiétude en le regardant manier le fer. Cette fois, l'opération lui paraissait plus critique, comme si, juste au-dessus d'elle, une main menaçante avançait et reculait lentement : il y avait si peu de temps encore, le vêtement était à même sa peau. « Mais, bon, s'il le brûle ou quoi que ce soit, se dit-elle, je pourrai toujours passer autre chose. »

« Là, déclara-t-il, c'est fait. »

Il débrancha la prise encore une fois et accrocha le chemisier à l'extrémité de la planche ; il semblait avoir oublié qu'elle était censée le remettre. Puis, subitement, il s'approcha, s'installa à côté d'elle et s'allongea sur le dos, les yeux fermés et les bras croisés derrière la tête.

« Bon sang, enchaîna-t-il, que de distractions ! Comment supporter ? C'est comme les mémoires trimestriels, tu produis tous ces trucs, mais tu n'en finis jamais, on t'attribue une note et puis tu colles le machin à la poubelle, tu sais que, dans le courant de l'année, un autre malheureux pisseur de copie va se pointer après toi et qu'il faudra qu'il refasse la même chose, c'est une routine, comme le repassage, tu repasses ces saletés de fringues, tu les portes et, après, elles sont de nouveau toutes chiffonnées.

— Eh bien, comme ça, tu peux les re-repasser, non ? remarqua Marian d'un ton apaisant. Si elles restaient impeccables, tu n'aurais rien à faire.

— Peut-être que je ferais quelque chose de valable pour changer. »

Il gardait les yeux fermés.

« Production-consommation. Tu commences à te demander si la question n'est pas simplement de transformer un type de cochonnerie en un autre. S'il y avait bien une chose à ne pas commercialiser, c'était la pensée, mais ils arrivent à des résultats sacrément impressionnants aujourd'hui ; quelle est la différence entre des rayonnages de bibliothèque et un cimetière à bagnoles ? Pourtant, ce qui me tracasse, c'est que rien de tout cela n'est jamais définitif ; on ne termine jamais rien. Moi, j'ai un projet génial pour fabriquer des arbres qui porteraient un feuillage éternel, pourquoi produiraient-ils de nouvelles feuilles tous les ans ? C'est du gaspillage ; et, si on y réfléchit, il n'y a pas de raisons non plus qu'elles soient vertes ; moi, je les ferais blanches. Troncs noirs et feuilles blanches. J'attends toujours la neige avec impatience ; ici, l'été, il y a vraiment trop de verdure, on étouffe et, après, tout tombe et ça encombre les caniveaux. Moi, ce que j'apprécie dans ma ville natale, c'est que c'est une ville minière où il n'y a pas grand-chose et, au moins, pas de végétation. Des tas de gens n'apprécieraient pas. Ce sont les fonderies qui provoquent ce phénomène, grandes cheminées dressées vers le ciel, fumée rougeoyante la nuit et vapeurs chimiques brûlant les arbres sur des kilomètres à la ronde, c'est aride, il n'y a rien à part la roche stérile, même l'herbe ne pousse pas sur la majeure partie de la région et, en plus, il y a les terrils ; là, sur la roche où l'eau s'accumule, c'est brun jaunâtre à cause des produits chimiques. Même si on plantait quelque chose, il ne pousserait rien. Moi, à cette période de l'année, je sortais de la ville et j'allais m'asseoir sur des rochers en attendant la neige… »

Assise sur le bord du lit et légèrement penchée vers son visage qui parlait, Marian n'écoutait qu'à moitié cette voix monotone. Elle étudiait les contours de son crâne sous la peau fine comme du papier en se demandant comment on pouvait être aussi maigre et rester en vie. Elle n'avait plus envie de le toucher à présent ; ses orbites creusées et l'articulation anguleuse du maxillaire inférieur qui se soulevait et s'abaissait à hauteur de son oreille lui inspiraient même une vague répugnance.

Soudain, il ouvrit les yeux et la dévisagea une minute, comme s'il ne se rappelait pas qui elle était ni ce qu'elle fabriquait dans sa chambre.

« Hé, dit-il enfin sur un ton différent, tu me ressembles un peu là-dedans. »

Il tendit la main et tira sèchement sur l'épaule du peignoir, ce qui déséquilibra Marian. Elle se laissa basculer.

Elle fut d'abord surprise de constater la transition qui s'était opérée entre son timbre monocorde et hypnotique et sa nouvelle voix, puis découvrit que, comme la plupart des gens, il avait vraiment une chair, un corps. Elle se sentit résister, se crisper et chercher à se dérober ; mais il avait les deux bras autour d'elle et avait plus de force qu'elle ne l'aurait cru. Elle ne comprenait pas trop ce qu'il se passait car, dans un coin de sa tête, elle avait l'impression déconcertante que ce qu'il caressait en fait, c'était son peignoir et qu'elle se trouvait simplement être dedans.

Elle recula son visage et le regarda. Il avait les paupières closes. Elle l'embrassa sur le bout du nez.

« Je pense qu'il faut que je te dise quelque chose, murmura-t-elle, je suis fiancée. »

Elle ne parvenait pas à se rappeler à quoi Peter ressemblait précisément, mais le souvenir de son prénom sonnait comme un reproche.

Duncan ouvrit ses yeux noirs et la fixa d'un air absent.

« Ça, c'est ton problème. C'est comme si je te racontais que j'ai décroché un A pour mon mémoire sur la pornographie préraphaélite… c'est intéressant, mais ça n'a pas grand rapport avec quoi que ce soit. Non ?

— Eh bien, si. »

La situation lui posait déjà un cas de conscience.

« Je vais me marier, tu sais. Je ne devrais pas être ici.

— Oui, et pourtant tu es ici. »

Il sourit.

« Au fond, je suis content que tu me l'aies dit. Du coup, je me sens beaucoup moins menacé. Parce que, franchement, je ne veux pas que tu imagines que tout ça a la moindre importance. Pour moi, ça n'en a jamais. En fait, ça concerne quelqu'un d'autre. »

Il l'embrassa sur le bout du nez.

« Tu es juste un autre succédané de la laverie. »

Marian se demanda si elle devait se vexer, mais décida que non : à la place, elle éprouva un léger soulagement.

« Et toi, tu es le succédané de quoi, alors ? lâcha-t-elle.

— Ce qu'il y a de bien avec moi, c'est que je suis très flexible, je suis le succédané universel. »

Il tendit la main et éteignit la lumière au-dessus de la tête de Marian.

Peu après, la porte d'entrée s'ouvrit et se referma sur des pas pesants.

« Oh, merde, s'écria-t-il du fond de son peignoir. Ils sont de retour. »

Il poussa Marian à se rasseoir, ralluma la lumière, rajusta d'un coup sec le peignoir autour d'elle et se coula prestement hors du lit en plaquant ses cheveux sur son front et en remettant son pull-over en place. Il resta planté un instant au milieu de la pièce en surveillant le seuil d'un œil affolé, puis traversa la chambre à toutes jambes, attrapa l'échiquier, le laissa tomber sur le lit et s'assit en face de Marian. Ensuite de quoi, il se dépêcha de redresser les pièces renversées.

« Salut », dit-il calmement à quelqu'un qui devait avoir passé la tête par la porte.

Marian, qui avait la sensation d'être trop débraillée, ne se retourna pas.

« On se fait une partie d'échecs.

— Oh, bravo, répondit une voix peu convaincue.

— Pourquoi se tracasser pour ça ? demanda Marian quand la personne eut refermé la porte et se fut éloignée vers la salle de bains. Il n'y a pas de quoi être perturbé, c'est parfaitement naturel, tu sais. Au pire, c'est leur faute, ils n'ont qu'à ne pas ramener leur fraise comme ça. »

Elle-même se sentait terriblement coupable.

« Voyons, je t'ai dit, déclara-t-il en fixant les pièces impeccablement disposées sur l'échiquier. Ils se prennent pour mes parents. Tu sais que les parents ne comprennent jamais ce genre de chose. Ils croiraient que tu me débauches. Il faut les protéger de la réalité. »

Il lui prit la main par-dessus l'échiquier. Il avait les doigts secs et assez froids.

17.

Marian baissa les yeux vers le reflet argenté au creux de sa cuillère : elle-même à l'envers, avec un torse immense qui se rétrécissait jusqu'à ne plus être qu'une tête d'épingle à la base du manche. Elle inclina la cuillère et son front grossit, puis rapetissa. Elle se sentait sereine.

Elle regarda tendrement Peter qui, à l'autre bout de la nappe avec ses assiettes et la corbeille de petits pains, lui rendit son sourire. La lueur orange de la bougie dans son photophore sur le côté de la table soulignait les angles et les courbes de son visage : dans la pénombre, son menton paraissait plus vigoureux, ses traits plus accusés. Franchement, se dit-elle, n'importe qui le trouverait d'une beauté exceptionnelle. Il avait une de ses élégantes tenues d'hiver – costume foncé, somptueuse cravate sombre –, pas aussi décontractée que certains de ses complets de jeune mondain, mais d'un chic plus discret. Ainsley l'avait un jour traité de « beau packaging », mais Marian estima que c'était précisément quelque chose qui l'attirait. Il savait se fondre parmi les autres tout en les surpassant. Certains hommes étaient incapables de porter correctement un costume sombre, ils avaient des pellicules sur les épaules et des plaques lustrées dans le dos, mais Peter n'avait pas de pellicules et n'était jamais lustré là où il ne fallait pas. La fierté de propriétaire qu'elle ressentait à se montrer de manière plus ou moins officielle en sa compagnie la poussa à tendre le bras pour couvrir sa main de la sienne. En réponse, il posa son autre main par-dessus.

Le serveur apparut avec le vin, Peter le goûta et acquiesça d'un signe. Le serveur remplit leurs verres, puis recula dans la pénombre.

C'était encore quelque chose d'agréable chez Peter. Il gérait ce genre de décision si facilement. Au cours du dernier mois, elle avait pris l'habitude de le laisser choisir à sa place. Ça la soulageait de l'indécision qu'elle se surprenait à éprouver devant un menu : elle ne savait jamais ce qu'elle voulait. Mais Peter pouvait décider pour deux sur-le-champ. Son goût le portait vers les steaks et les rosbifs : il n'aimait pas les plats spéciaux, comme les ris de veau, et détestait le poisson. Ce soir-là, ils avaient du filet mignon. Il était déjà assez tard, ils avaient passé le début de soirée chez Peter et avaient l'un comme l'autre, ils se l'étaient avoué, une faim de loup.

En attendant leur repas, ils reprirent la conversation, qu'ils avaient entamée en se rhabillant, sur l'éducation à donner aux enfants. Peter, qui en parlait comme d'une catégorie, évitait soigneusement d'aborder le côté pratique des théories qu'il développait. Mais Marian savait très bien qu'ils discutaient en réalité de leur future progéniture : c'était pour cela que c'était tellement important. Peter considérait qu'il fallait sanctionner tout manquement à la discipline, même physiquement. Bien entendu, personne ne devait jamais frapper sous le coup de la colère ; l'important, c'était d'être conséquent. Marian craignait de perturber leur affectivité.

« Chérie, tu ne comprends pas ces problèmes, tu as eu une vie très protégée, déclara Peter en lui pressant la main. Mais, moi, j'ai vu ce que ça donnait, les tribunaux regorgent de délinquants juvéniles, et un grand nombre d'entre eux viennent aussi de bonnes familles. C'est une question complexe. »

Il pinça les lèvres.

Secrètement convaincue qu'elle avait raison, Marian n'apprécia pas de s'entendre dire qu'elle avait eu une vie très protégée.

« Mais ne devraient-ils pas bénéficier d'une certaine compréhension au lieu de… ? »

Il sourit avec indulgence.

« Essaie donc d'avoir de la compréhension pour ces petits voyous : les voleurs de mobylettes, les drogués et tous ces Américains qui fuient la conscription. Je parie que tu n'en as même jamais vu un seul de près ; certains d'entre eux ont des poux. Tu crois que la bonne volonté peut tout résoudre, Marian, mais ça ne marche pas ; ils sont totalement irresponsables, ils cassent des trucs à droite et à gauche juste pour le plaisir. Ils ont été élevés comme ça, personne ne leur a flanqué une bonne raclée quand ils le méritaient. Ils pensent que tout leur est dû.

— Peut-être que quelqu'un leur a flanqué une bonne raclée alors qu'ils ne le méritaient pas, répliqua Marian d'un ton guindé. Les enfants sont très sensibles à l'injustice, tu sais.

— Oh, je suis tout à fait pour la justice. Et la justice pour les gens dont ils ont démoli les biens ?

— Tu leur apprendrais à ne pas tailler les haies d'autrui au volant d'une voiture, je suppose. »

Peter rigola de bon cœur à l'évocation de cet incident. La désapprobation de Marian et le fou rire que sa réaction déclenchait chez lui étaient devenus un point de référence de leur nouvelle relation. Mais à peine avait-elle lâché cette remarque que Marian sentit sa sérénité s'évanouir. Elle considéra Peter avec une vive attention en cherchant à surprendre son regard, mais il avait baissé les yeux vers son verre de vin : peut-être admirait-il l'éclat liquide du rouge contre le blanc de la nappe. Il s'était légèrement rejeté en arrière et la pénombre avait maintenant happé son visage.

Elle se demanda pourquoi les restaurants comme celui-ci étaient si obscurs. Sans doute pour éviter que les clients ne se voient trop nettement en mangeant. Après tout, mastiquer et déglutir représentaient deux activités plus agréables à vivre qu'à observer, se dit-elle, et étudier son partenaire d'un peu trop près risquait de nuire à l'atmosphère idyllique que le lieu cherchait à préserver. Ou à créer. Elle étudia la lame de son couteau.

Le serveur surgit de quelque part, silencieux et agile comme un chat sur un sol moquetté, et plaça une planche en bois avec sa commande devant elle : son filet, bardé de bacon, qui grésillait dans son jus. Tous deux aimaient la viande saignante : ils n'auraient donc jamais de problème quant à la synchronisation des temps de cuisson. Marian était si affamée qu'elle aurait volontiers englouti son steak d'un coup.

Elle se mit à couper et à mâcher sa nourriture pour la transférer à son estomac reconnaissant. Elle repensa à leur conversation et essaya de mieux définir ce qu'était la « justice » pour elle. Elle songea que cela devait signifier être équitable, mais, en y réfléchissant, l'idée qu'elle s'en faisait se révéla floue sur les bords. Cela voulait-il dire œil pour œil ? Et à quoi bon démolir l'œil de quelqu'un si on avait perdu le sien ? Et les dédommagements ? Dans un accident de voiture, ça se résumait apparemment à une tractation financière ; il arrivait même qu'on reçoive de l'argent à la suite d'un traumatisme affectif. Un jour, dans un tramway, elle avait vu une mère mordre un petit enfant qui l'avait mordue. L'air pensif, elle mâcha laborieusement un morceau de viande coriace, puis l'avala.

Peter, jugea-t-elle, n'était pas dans son état normal aujourd'hui. Il avait bossé sur un cas difficile impliquant beaucoup de recherches complexes ; il était remonté de précédent en précédent pour s'apercevoir, en fin de compte, qu'ils allaient tous dans le sens de la partie adverse. C'était la raison pour laquelle il égrenait ces déclarations sévères : les complications l'irritaient, il voulait de la simplicité. Il fallait néanmoins qu'il n'oublie pas que, si les lois n'étaient pas compliquées, il ne gagnerait jamais sa vie.

Elle se saisit de son verre de vin et leva les yeux. Peter l'observait. Il en était aux trois quarts de son plat alors qu'elle n'avait même pas mangé la moitié du sien.

« Pensive ? s'enquit-il d'une voix veloutée.

— Pas vraiment. Juste distraite. »

Elle lui sourit et se pencha de nouveau vers son filet.

Ces derniers temps, il l'observait de plus en plus.

Avant, l'été dernier, elle trouvait qu'il ne la regardait pas souvent, que, souvent, il ne la voyait pas vraiment ; au lit, après, il s'étirait à ses côtés, nichait son visage contre son épaule et, parfois, il s'endormait. À présent, il la fixait au contraire, se concentrait sur elle comme si, en la scrutant avec suffisamment d'attention, il allait parvenir à pénétrer sa chair, son crâne et les mécanismes de son cerveau. Lorsqu'il se comportait ainsi, elle ne comprenait pas ce qu'il cherchait. Ça la mettait mal à l'aise. Fréquemment, lorsqu'ils étaient allongés, côte à côte, épuisés, elle soulevait les paupières et se rendait compte qu'il l'avait étudiée ainsi, dans l'espoir peut-être de surprendre une secrète mimique. Puis il passait doucement la main sur sa peau, sans passion, d'un geste presque clinique, comme si ce contact allait lui apprendre ce qui avait échappé à l'acuité de son regard. Ou comme s'il essayait de la graver dans sa mémoire. C'était quand elle avait la sensation d'être sur une table d'auscultation qu'elle lui prenait la main pour l'obliger à arrêter.

Elle chipotait devant sa salade, en retournant du bout de sa fourchette le contenu de sa coupelle en bois : elle avait envie d'une rondelle de tomate. Peut-être Peter s'était-il procuré un livre sur le mariage ? Peut-être que c'était la raison de son comportement. Ça lui ressemblerait bien, songea-t-elle avec tendresse. Quand on faisait l'acquisition d'un nouveau gadget, on achetait un bouquin vous expliquant son mode d'emploi. Elle pensa aux ouvrages et aux revues sur les appareils photo rangés sur l'étagère du milieu, dans sa chambre, entre les livres de droit et les romans policiers. Et il cachait toujours dans la boîte à gants le manuel d'utilisation et d'entretien de sa voiture. Acheter un ouvrage sur le mariage – avec schémas faciles à suivre – maintenant qu'il allait se marier correspondrait donc bien à sa forme de logique. Cette éventualité l'amusait.

Elle piqua une olive noire dans sa salade et la dévora. Ce devait être ça. Il l'évaluait comme il aurait évalué un nouvel appareil photo, essayait de repérer le cœur des rouages et des minuscules mécanismes, les éventuels points faibles, le genre de performances qu'il pouvait escompter dans l'avenir : les ressorts de la mécanique. Il voulait savoir comment elle fonctionnait. Si c'était ce qu'il cherchait…

Elle sourit intérieurement. Voilà que j'invente des histoires, songea-t-elle.

Il avait presque terminé. Elle observa ces mains expertes qui maniaient la fourchette et le couteau, qui tranchaient précisément en exerçant une pression parfaite là où il fallait. Comme il s'y prenait habilement : pas de déchiquetages, pas de bords irréguliers. Pourtant, couper la viande était un acte violent, or il lui paraissait incongru d'associer Peter à de la violence. Il en allait de même pour les publicités sur la bière Élan qui avaient commencé à fleurir partout, dans les wagons du métro, sur des panneaux, dans des magazines. Étant donné qu'elle avait travaillé sur le cahier des charges, elle se sentait en partie responsable ; mais on ne pouvait pas dire qu'elles étaient pernicieuses. Le pêcheur qui pataugeait dans le courant et ramassait la truite au fond de son filet était trop soigné : avec ses mèches artistement collées sur le front pour montrer que le vent l'avait décoiffé, on aurait juré qu'il venait de se donner un coup de peigne. Quant au poisson, lui non plus n'avait pas l'air réel ; il n'était pas visqueux, n'avait pas de dents, pas d'odeur ; c'était un jouet ingénieux, en métal émaillé. Très urbain, le chasseur qui avait tué un cerf posait, pas de brindilles dans les cheveux, pas de sang sur les mains. Naturellement, personne ne voulait de détails laids ou dérangeants dans une publicité ; par exemple, un cerf, langue pendante, ne passerait jamais.

Elle repensa au journal du matin, à l'article à la une qu'elle avait parcouru sans y prêter grande attention. Au jeune garçon saisi d'une crise de folie meurtrière qui avait tué neuf personnes avec un fusil avant de se faire arrêter par la police. Il avait tiré d'une fenêtre en étage. Elle le revoyait à présent, gris et blanc, le regard fuyant, circonspect, entre les deux policiers, plus sombres sur le cliché, qui l'empoignaient. Il n'était pas du genre à frapper qui que ce soit avec ses poings ni même avec un couteau. Pour recourir à l'action violente, il avait choisi la violence à distance, des instruments spéciaux qu'il manipulait d'un doigt qui guidait mais ne touchait jamais rien, et il avait suivi l'explosion de loin. L'explosion de la chair et du sang. C'était une violence intellectuelle qui s'apparentait à de la magie : il suffisait de la penser pour qu'elle se produise.

En regardant Peter opérer ainsi sur le filet mignon, coupant d'abord un bout pour le diviser ensuite en petits cubes impeccables, elle repensa à la vache schématisée qui illustrait le début d'un de ses livres de cuisine : une vache parcourue de lignes et dotée de vignettes vous expliquant l'origine de tel et tel morceau. Ce qu'ils mangeaient à présent provenait d'une zone proche de la croupe, se dit-elle : découpez selon les pointillés. Elle entrevit des bouchers en rang quelque part dans une vaste salle, une école de boucherie, assis à des tables, vêtus de blanc immaculé, tous munis d'une paire de ciseaux à bouts ronds pour tailler steaks, côtelettes et rôtis dans les amoncellements de vaches en papier kraft à leur disposition. Celle de son livre avait des yeux, des cornes et un pis dessinés, elle s'en souvenait. Elle paraissait très naturelle, pas du tout gênée par les marques bizarres qu'on lui avait dessinées sur la peau. Peut-être qu'après des recherches poussées, ils finiraient par réussir à en créer, se dit-elle, et elles viendraient au monde avec leurs découpes déjà tracées.

Elle baissa la tête vers son steak à moitié mangé et y vit subitement un gros paquet de muscles. Rouge sang. Appartenant à une vraie vache qui autrefois allait, venait et mangeait et qui avait été tuée, assommée d'un coup sur la tête, alors qu'elle faisait la queue comme tout un chacun à l'arrêt du tramway. Bien sûr, ce n'était pas nouveau. Mais en général, on n'y pensait jamais. Dans les supermarchés, on vous proposait ça préemballé dans de la cellophane et flanqué d'étiquettes indiquant le nom et le prix du morceau de sorte que c'était juste comme si on achetait un pot de beurre de cacahuètes ou des haricots en conserve et, même quand on allait dans une boucherie, on vous empaquetait cette affaire si bien et si vite qu'elle vous avait l'air nette, réglementaire. Mais à présent voilà qu'elle l'avait, là, sous le nez, sans papier intermédiaire, c'était de la chair et du sang, saignant, et elle l'avait engloutie. Elle s'en était gavée.

Elle posa fourchette et couteau. Elle devinait qu'elle était devenue assez blafarde et espérait que Peter ne s'en apercevrait pas.

« C'est ridicule, se sermonna-t-elle, tout le monde mange du bœuf, c'est normal ; il faut manger pour vivre, la viande est bonne pour toi, c'est riche en protéines et en minéraux. »

Elle reprit sa fourchette, piqua un morceau, le souleva et le reposa.

Peter leva la tête en souriant.

« Bon sang, qu'est-ce que j'avais faim ! s'écria-t-il. Ça m'a fait drôlement plaisir de m'avaler ce steak. Après un bon repas, on se sent toujours un petit peu plus humain. »

Elle acquiesça et lui sourit mollement en retour. Il porta alors le regard vers sa planche.

« Qu'est-ce qu'il y a, chérie ? Tu n'as pas fini ?

— Non, on dirait que je n'ai plus faim. Je crois que je n'en peux plus. »

Elle cherchait à lui signaler, par son ton de voix, qu'elle avait un estomac trop petit qui ne pouvait venir à bout de cette énorme quantité de nourriture. Content de constater sa capacité supérieure, Peter sourit et continua à mâcher.

« Mon Dieu, songea-t-elle, j'espère que ce n'est pas définitif ; je mourrais de faim ! »

L'air malheureux, elle tortilla sa serviette entre ses doigts et regarda Peter enfourner son dernier morceau de steak.

18.

Assise à la table de cuisine, Marian tournait les pages du plus gros de ses livres de recettes tout en mangeant tristement un pot de beurre de cacahuètes. Le lendemain du filet, elle n'avait pas pu manger une côte de porc et depuis, soit plusieurs semaines, elle se livrait à des expériences. Elle avait découvert que, outre les morceaux qui provenaient trop visiblement de la vache schématisée, elle ne pouvait également plus toucher au porc schématisé ni au mouton schématisé, ils lui étaient interdits. Ce qui, chez elle, avait pris ces décisions – pas son esprit en tout cas – rejetait tout ce qui renfermait os, tendons ou fibres. Les choses hachées auxquelles on avait donné une forme nouvelle, hot-dogs et hamburgers par exemple, voire pâtés de mouton et saucisses de porc, passaient tant qu'elle ne les regardait pas de trop près, et le poisson était encore possible. Elle avait eu peur d'essayer le poulet : avant, elle l'aimait beaucoup, mais il se présentait avec un squelette désagréablement complet et la peau, elle le pressentait, ressemblerait par trop à un bras qui aurait eu la chair de poule. Pour varier son apport en protéines, elle avait mangé des omelettes, des cacahuètes et une grande quantité de fromages. Sa peur muette, laquelle affleurait maintenant qu'elle parcourait ces pages – elle était dans la section « Salades » –, c'était que ce problème, ce refus de manger que lui imposait sa bouche, se révèle malin ; qu'il se propage ; que le cercle séparant aujourd'hui l'immangeable du mangeable en vienne lentement à se rétrécir de plus en plus, que les aliments à sa disposition se voient exclus un à un.

« Je suis en train de devenir végétarienne, songea-t-elle avec tristesse, une excentrique ; il va falloir que je prenne mes repas dans des restaurants diététiques. »

Elle lut, avec répugnance, une colonne intitulée « Comment présenter vos yaourts ». « Pour rehausser leur goût, émaillez-les de noix concassées ! » suggérait joyeusement l'éditrice.

Le téléphone retentit. Elle le laissa sonner deux fois avant d'aller répondre. Elle n'avait pas envie de parler à qui que ce soit et il lui en coûta de s'arracher au doux domaine des laitues, cressons et sauces aux herbes relevées.

« Marian ? (C'était la voix de Leonard.) C'est toi ?

— Oui, salut, Len. Comment vas-tu ? »

Elle ne l'avait pas vu et ne lui avait même pas parlé depuis pas mal de temps.

Il paraissait tendu.

« Tu es seule ? Je veux dire : Ainsley est là ?

— Non, elle n'est pas encore rentrée de son travail. Elle devait faire des courses. »

C'était l'époque de Noël, ça l'était depuis plusieurs mois, semblait-il, et les grands magasins restaient ouverts jusqu'à vingt et une heures.

« Mais je peux lui demander de t'appeler dès qu'elle sera de retour.

— Non, non, s'empressa-t-il de répondre. C'est avec toi que je veux discuter. Je peux venir ? »

Peter travaillait sur une affaire ce soir-là, de sorte que, techniquement, elle n'était pas prise ; de plus, son cerveau ne trouva aucun prétexte à lui fournir.

« Oui, bien sûr, Len », balbutia-t-elle.

« Donc, elle lui a parlé, se dit-elle en reposant l'appareil. L'idiote. Je me demande pourquoi. »

Ainsley s'était montrée d'excellente humeur ces dernières semaines. Dès le début, elle avait eu la certitude qu'elle était enceinte, de sorte que son esprit s'était penché sur les activités de son corps avec l'attention scrupuleuse d'un savant qui, devant une éprouvette de la plus haute importance, attend le changement décisif. Elle avait passé davantage de temps à la cuisine pour tenter de déterminer si elle éprouvait des envies bizarres et essayer diverses nourritures afin de voir si elles avaient un goût différent. Elle avait partagé ses découvertes avec Marian : le thé, avait-elle affirmé, était plus amer, les œufs avaient une saveur soufrée. Campée de profil sur le lit de Marian, elle avait surveillé son ventre dans le miroir de la coiffeuse qui était plus grand que le sien. En circulant dans l'appartement, elle fredonnait inlassablement, insupportablement ; et enfin, un matin, elle avait vomi dans l'évier de la cuisine, à son immense satisfaction. L'heure d'aller consulter un gynécologue avait enfin sonné et, juste la veille, elle avait remonté l'escalier quatre à quatre, le visage radieux, en agitant une enveloppe : le résultat était positif.

Marian l'avait félicitée, mais pas aussi aigrement qu'elle l'aurait fait quelques mois plus tôt. À l'époque, il lui aurait fallu affronter les problèmes afférents : où Ainsley allait-elle vivre (il était certain que la dame d'en bas ne voudrait plus d'elle dès l'instant qu'elle s'arrondirait) ? Elle-même allait-elle dénicher une autre colocataire et, en ce cas, se sentirait-elle coupable d'abandonner Ainsley et, sinon, serait-elle capable d'assumer les complications et les tensions engendrées par un quotidien avec une mère célibataire et son nouveau-né ? Aujourd'hui, cependant, ça ne la tracassait plus et elle pouvait se permettre de se montrer sincèrement contente pour Ainsley. Après tout, elle-même allait se marier ; elle avait pris d'autres engagements.

C'était parce qu'elle n'avait pas envie de s'impliquer que le coup de fil de Len la contrariait. Au ton de sa voix, elle devinait qu'Ainsley lui avait dit quelque chose, mais que savait-il au juste ? Leur échange ne lui avait pas permis d'en juger. Elle avait déjà résolu de rester aussi passive que possible. Elle allait écouter, bien sûr – elle avait des oreilles, elle n'y pouvait rien –, ce qu'il avait à dire (qu'est-ce qu'il y avait à dire, en tout cas ? Sa partie à lui, façon de parler, était terminée) mais, au-delà, il n'y avait rien qu'elle pût faire. Elle se sentait incapable de se débrouiller de cette situation qui par-dessus le marché l'irritait : si Len souhaitait parler à quelqu'un, il n'avait qu'à se tourner vers Ainsley. C'était elle qui avait les réponses.

Marian reprit une pleine cuillère de beurre de cacahuètes, alors qu'elle détestait la façon dont ça lui collait au palais, et avisa, pour passer le temps, le chapitre sur les fruits de mer où elle lut un passage sur le déveinage des crevettes (qui achetait encore de vraies crevettes ? se demanda-t-elle), puis des instructions concernant des tortues, lesquelles suscitaient chez elle un certain intérêt depuis peu : quel genre d'intérêt exactement, elle n'en savait trop rien. Vous étiez censé conserver la tortue vivante dans une boîte en carton ou tout autre type de cage pendant une semaine environ, en l'aimant et en lui donnant des hamburgers pour la purger. Puis un jour, juste quand elle commençait à vous faire confiance et peut-être à vous suivre partout dans la cuisine, tel un épagneul à carapace, léthargique mais fidèle, vous l'immergiez dans un chaudron d'eau froide (où elle allait vraisemblablement commencer par nager et plonger avec bonheur) que vous mettiez à bouillir à feu doux. L'ensemble de la procédure rappelait le martyre des premiers chrétiens. Quelles abominations se déroulaient donc dans les cuisines du pays, sous prétexte de préparer à manger ! Malheureusement, la seule autre option semblait être les ersatz cartonnés, plastiquotés et cellophanés. Substituts ou simples camouflages ? Peu importait, quelqu'un d'autre s'était déjà chargé de la question de l'abattage, et ce avec efficacité.

Au rez-de-chaussée, la sonnette retentit. Marian, attentive, prêta l'oreille : elle n'avait pas envie de descendre pour rien. Elle entendit un marmonnement et l'écho d'une porte qui se refermait. La dame d'en bas était vraiment sur le qui-vive. Elle soupira, referma son livre de cuisine, lança la cuillère dans l'évier après l'avoir léchée une dernière fois, puis revissa le couvercle du pot de beurre de cacahuètes.

« Salut, dit-elle à Len quand il émergea, blême et haletant, de la cage d'escalier. (Il avait l'air malade.) Entre et assieds-toi. »

Puis, comme il n'était que dix-huit heures trente, elle lui demanda :

« Tu as dîné ? Est-ce que je peux te proposer quelque chose ? »

Elle avait envie de lui préparer une bricole, ne fût-ce qu'un sandwich au bacon et aux tomates. Depuis que sa relation à la nourriture était devenue ambiguë, elle s'apercevait qu'elle prenait un plaisir pervers à regarder manger les autres.

« Non, merci, je n'ai pas faim. Mais je prendrais bien un verre si tu as quelque chose. »

Il alla jusqu'au salon et se laissa choir sur le canapé comme si son corps eût été un sac que sa fatigue lui interdisait de charrier plus longtemps.

« Je n'ai que de la bière… ça te va ? »

Elle fila à la cuisine et décapsula deux bouteilles qu'elle rapporta sans s'embarrasser de verres. Avec les bons amis comme Len, elle se dispensait de chichis.

« Merci. »

Il leva la bouteille brune et trapue et sa bouche, ramassée tel un bouton de fleur autour du goulot, prit un instant un aspect curieusement infantile.

« Merde, tu parles si j'avais besoin de ça, déclara-t-il en reposant la bouteille sur la petite table. Je présume qu'elle t'a dit. »

Marian but quelques gorgées avant de répondre. C'était une Élan ; elle l'avait achetée par curiosité, mais elle avait le même goût que les autres marques.

« Qu'elle est enceinte, c'est ça ? fit-elle d'un ton neutre. Oui, bien sûr. »

Len gémit. Il ôta ses lunettes à monture d'écaille et plaqua la main sur ses yeux.

« Bon sang, ça me rend malade, reprit-il. Ça m'a tellement retourné quand elle me l'a dit, bon sang, je l'appelais juste pour voir si elle prendrait un café avec moi, elle m'a comme évité depuis cette fameuse nuit, je suppose que tout ça l'a vraiment bouleversée, et puis apprendre ça au téléphone… Je n'ai pas pu bosser de tout l'après-midi. J'ai raccroché en pleine conversation, je ne sais pas ce qu'elle en a pensé, mais c'était plus fort que moi. C'est vraiment une petite fille, Marian, je veux dire : la plupart des femmes, on se dirait, oh merde, elles l'ont probablement mérité, de toute façon, ce sont de foutues salopes, encore que c'est la première fois que ce genre de truc m'arrive. Mais elle est tellement jeune. La vacherie, c'est que je suis inficher de me rappeler ce qui s'est passé ce soir-là. On est revenus prendre un café, je me sentais plutôt mal en point, il y avait cette bouteille de scotch sur la table et je m'y suis attaqué. Bien sûr, je ne vais pas nier que je lui courais après, mais, bon, je ne m'attendais pas à ça, je veux dire : je n'étais pas préparé, je veux dire : j'aurais été beaucoup plus prudent. Quel merdier. Qu'est-ce que je vais faire ? »

Marian l'observait sans piper mot. Ainsley n'avait donc pas eu l'occasion de lui expliquer ses mobiles. Elle se demanda si, pour Len, il fallait qu'elle essaie de démêler cet imbroglio plutôt invraisemblable ou qu'elle laisse Ainsley s'en charger, ce qui lui revenait de droit.

« Je veux dire : je ne peux pas l'épouser, poursuivit Len piteusement. Ce serait déjà assez dur d'être marié, je suis trop jeune pour me marier, alors tu m'imagines marié et père de famille ? »

Il émit un petit gloussement et reprit une gorgée de bière.

« Les accouchements, continua-t-il d'une voix plus aiguë et plus affolée, les accouchements, ça me terrifie. C'est répugnant. Je ne supporte pas l'idée d'avoir… (il frissonna) un bébé.

— Eh bien, ce n'est pas toi qui vas l'avoir, tu sais », rétorqua Marian avec logique.

Len se tourna vers elle, le visage contorsionné, implorant. Le contraste entre cet homme, dont les yeux, sans la protection de leurs verres et de leur monture en écaille, trahissaient la faiblesse et la vulnérabilité, et le Len beau parleur, intelligent et un rien condescendant qu'elle connaissait était pénible.

« Marian, je t'en prie, peux-tu essayer de lui faire entendre raison ? Si elle acceptait d'avorter, je paierais bien entendu. »

Il déglutit avec effort et elle vit sa pomme d'Adam monter et descendre. Elle n'aurait jamais cru le voir si malheureux.

« Je crains qu'elle ne veuille pas, dit-elle gentiment. Tu vois, ce qu'elle voulait, c'était tomber enceinte.

— Quoi ?

— Elle a fait ça délibérément. Elle voulait tomber enceinte.

— C’est ridicule ! Personne ne veut tomber enceinte. Personne ne ferait une chose pareille délibérément ! »

Marian sourit ; il était naïf, ce qu’elle trouvait mignon, mais de manière assez sentimentale. Elle eut l’impression qu’il aurait fallu qu’elle le prenne sur ses genoux et lui dise : « Maintenant, Leonard, il est grand temps que je t’explique les réalités de la vie. »

« Tu serais surpris de voir le nombre de gens qui le font. De nos jours, c’est chic, tu sais ; et Ainsley lit beaucoup ; à l’université, elle aimait particulièrement l’anthropologie et elle est convaincue qu’une femme n’est pas vraiment épanouie si elle n’a pas eu d’enfant. Mais ne t’inquiète pas, tu n’auras plus à t’en soucier. Ce n’est pas un mari qu’elle veut, c’est seulement un bébé. Donc, ta contribution s’arrête là. »

Len avait du mal à la croire. Il remit ses lunettes, la regarda à travers ses verres, puis les retira. Un silence s’installa quand il reprit quelques gorgées de bière.

« Alors, en plus, elle a été étudiante. J’aurais dû m’en douter. Voilà ce qu’on récolte, dit-il méchamment, quand on donne une éducation aux femmes. Elles élaborent des tas d’idées absurdes.

— Oh, je ne sais pas, répliqua Marian avec une pointe d’aigreur, il y a des hommes pour qui ce n’est pas très bénéfique non plus. »

Len tiqua.

« Tu penses à moi, je présume. Mais comment aurais-je pu deviner ? Toi, en tout cas, tu ne m'as pas prévenu. Quelle amie !

— Voyons, je ne me serais jamais permis de te donner des conseils sur la manière de mener ta barque, riposta Marian avec indignation. Mais pourquoi devrais-tu être fâché à présent que tu es au courant ? Tu n'as rien à faire. Elle s'occupera de tout. Crois-moi, Ainsley est parfaitement capable de se débrouiller seule. »

Le désespoir de Leonard parut alors se muer en colère.

« La petite garce, marmonna-t-il. M'entraîner dans un truc pareil… »

Des pas résonnèrent dans l'escalier.

« Chut, fit Marian, la voilà. Du calme, à présent. »

Elle se dirigea vers le petit vestibule pour y accueillir Ainsley.

« Salut, attends de voir ce que j'ai déniché », cria Ainsley en gravissant les marches avec entrain.

Elle entra d'un air affairé dans la cuisine, déposa ses paquets sur la table, puis enleva son manteau et déclara, haletante :

« Il y avait un monde dehors, et en plus l'épicerie – faut que je mange pour deux désormais – oh, et j'ai mes vitamines – et j'ai déniché des modèles absolument adorables, attends de voir. »

Elle brandit un livre de tricot, puis des pelotes bleues.

« Alors, ça va être un garçon », constata Marian.

Ainsley écarquilla les yeux.

« Euh, bien sûr. Je veux dire : j'ai pensé que ce serait mieux…

— Enfin, avant de passer à l'acte, tu aurais peut-être pu en discuter avec le futur père. Il est dans le salon et il a l'air assez furieux de ne pas avoir été consulté. Tu vois, il aurait peut-être préféré une fille », ajouta Marian malicieusement.

Ainsley repoussa une mèche de cheveux auburn qui lui barrait le front.

« Oh, Len est ici, n'est-ce pas ? fit-elle avec une froideur marquée. Oui. Au téléphone, il m'a paru un peu secoué. »

Elle se dirigea vers le salon. Quant à Marian, elle ne savait pas qui, de Len ou d'Ainsley, avait le plus besoin de son soutien et à qui elle l'accorderait si elle avait à choisir. Consciente qu'il fallait qu'elle se tire de ce guêpier avant que la situation ne se dégrade, mais ne voyant pas quoi faire, elle suivit Ainsley.

« Salut, Len, lança Ainsley d'un ton dégagé. Tu m'as raccroché au nez avant que j'aie la possibilité de m'expliquer.

— Marian m'a déjà expliqué, merci », rétorqua Len en refusant de la regarder.

Ainsley esquissa une moue de reproche. Elle aurait naturellement préféré s'en charger elle-même.

« Eh bien, il fallait bien que quelqu'un le mette au courant, décréta Marian en pinçant les lèvres dans un style un tantinet punaise de sacristie. Il souffrait.

— Peut-être que je n'aurais pas dû t'en parler, riposta Ainsley, mais je ne pouvais vraiment pas garder ça pour moi. Pense donc, je vais être maman ! Je suis si heureuse. »

Len, qui avait eu le temps de s'énerver et de s'indigner, explosa :

« Eh bien, moi, je ne suis pas si heureux que ça, bordel ! Depuis le début, tu m'utilises, et rien d'autre ! Fallait-il que je sois crétin pour imaginer que tu étais gentille et innocente, alors qu'il s'avère que tu as fait des études universitaires ! Oh, toutes les mêmes. Tu ne t'intéressais absolument pas à moi. Ce que tu voulais, c'était mon corps, point à la ligne !

— Et toi, qu'est-ce que tu voulais de moi ? répliqua Ainsley d'un ton doucereux. Cela étant, c'est la seule chose que je t'ai prise. Le reste, tu peux le garder. Et sois tranquille, je ne te ferai pas de procès en paternité. »

Len, qui s'était levé, arpentait la pièce à bonne distance d'Ainsley.

« Tranquille. Ha, ha ! Oh non, tu m'as impliqué là-dedans. Psychologiquement impliqué. Je vais être obligé de me voir en tant que père maintenant, c'est indécent et tout ça parce que… (il suffoquait : c'était pour lui une idée neuve) tu m'as séduit ! »

Il lui agita sa bouteille de bière sous le nez.

« À présent, je vais me retrouver mentalement empêtré dans ces histoires d'accouchement. De fécondité. De gestation. Tu ne mesures pas ce que ça va déclencher chez moi ? C'est obscène, ces horribles écoulements…

— Ne sois pas idiot. C'est parfaitement naturel et beau. La relation entre une mère et son enfant à naître est parmi ce qu'il y a de plus touchant et de plus intime au monde, affirma Ainsley qui, appuyée contre le chambranle, avait le regard tourné vers la fenêtre. La plus équilibrée…

— C'est dégoûtant ! » répliqua Len.

Furieuse, Ainsley se retourna contre lui.

« Tu manifestes des symptômes classiques d'envie d'utérus. Et d'où tu crois que tu viens ? Pas de la planète Mars, tu sais, et je te l'apprends peut-être, mais ta maman ne t'a pas non plus trouvé sous un chou, dans le jardin. Tu as passé neuf mois à l'intérieur d'une matrice, comme tout le monde et… »

Len fit une grimace écœurée.

« Arrête ! Ne me rappelle pas ça. Vraiment, je ne supporte pas, tu vas me faire vomir. Ne m'approche pas ! brailla-t-il comme Ainsley esquissait un pas dans sa direction. Tu es impure ! »

Pour autant que Marian pouvait en juger, il devenait hystérique. S'asseyant sur le bras du canapé, il se cacha la figure derrière ses mains.

« Elle m'a forcé, marmonna-t-il. Ma mère. On avait des œufs au petit déjeuner, j'ai décalotté le mien et, dedans, il y avait, je le jure, il y avait un poussin, il n'était pas né, je ne voulais pas le toucher, mais elle ne voyait pas, elle ne voyait pas ce qu'il y avait là réellement, elle a dit : "Ne sois pas idiot, à mon avis, c'est un œuf comme un autre", mais ce n'était pas vrai, pas du tout, et elle m'a forcé à le manger. Or, je sais, je sais très bien qu'il y avait un petit bec, de petites griffes et tout… (Un frisson brutal le saisit.) Horrible. Horrible, je ne supporte pas », gémit-il tandis que des tremblements convulsifs lui secouaient les épaules.

Gênée, Marian rougit, mais Ainsley poussa un cri d'inquiétude maternelle et se rua vers le canapé. Elle s'assit à côté de Len, passa les bras autour de lui et le fit basculer de sorte qu'il se retrouva sur ses genoux, la tête nichée au creux de son épaule.

« Allez, allez », lui murmura-t-elle pour l'apaiser.

Ses cheveux lâchés enveloppaient leurs deux visages à la manière d'un voile ou, songea Marian, d'une toile d'araignée, et elle le berçait gentiment.

« Allez, allez. De toute façon, ce ne sera pas un poussin. Ce sera un mignon gentil bébé. Gentil bébé. »

Marian fila à la cuisine, en proie à une froide révolte : ils se conduisaient comme deux enfants en bas âge. Déjà, une couche de lard commençait à emmailloter l'âme d'Ainsley, se dit-elle. D'ici peu, elle serait totalement enrobée. Quant à Len, il avait exhibé un trait secret, un trait qu'elle n'avait encore jamais remarqué chez lui. Il s'était comporté comme une larve blanche subitement arrachée à son terrier et exposée au grand jour. Quelles contorsions aveugles et répugnantes ! Elle était quand même effarée de constater qu'il avait suffi de si peu, réellement, pour le mettre dans cet état. Sa carapace n'était ni aussi épaisse ni aussi dure qu'elle l'avait imaginée. Ça lui rappelait le fameux tour où vous placiez un œuf, dans le sens de la hauteur, entre vos mains et où vous pressiez de toutes vos forces : il ne cassait pas ; sa conception était telle que vous auriez pu vous démener contre votre propre personne. N'empêche, un léger changement de position, d'angle, une modification de la pression exercée et il craquait et, pfffffffft, vous aviez les chaussures badigeonnées d'albumine.

Et à présent que le fragile équilibre de Len avait été bousculé, ce dernier se retrouvait écrasé. Elle se demanda comment il avait pu réussir à éluder le problème si longtemps, à se persuader qu'il n'y avait aucune connexion entre les activités sexuelles dont il était si fier et la fabrication d'enfants. Comment aurait-il réagi si la situation avait été conforme à ce qu'il avait imaginé au départ et s'il avait engrossé Ainsley par accident ? Aurait-il été capable de se défausser de sa culpabilité en arguant d'une irréprochabilité fondée sur le fait qu'il n'avait pas l'intention de lui nuire, de laisser les deux paramètres s'annuler mutuellement afin de s'en tirer indemne ? Quant à Ainsley, si elle n'avait pas été en mesure de prévoir sa réaction, c'était néanmoins sa décision qui avait déclenché cette crise. Comment allait-elle se comporter avec lui maintenant ? Comment fallait-il qu'elle se comporte ?

« Eh bien, c'est leur problème, se dit-elle, à eux de le régler ; de toute façon, ça ne me concerne pas et c'est tant mieux. » Là-dessus, elle se boucla dans sa chambre.

Pourtant, le lendemain matin, quand elle décalotta son œuf à la coque et qu'elle vit le jaune l'accuser de son énorme œil jaune, elle s'aperçut que sa bouche se refermait telle une anémone de mer effarouchée. Il vit, il est vivant, lui dirent les muscles de sa gorge en se raidissant. Elle repoussa son assiette. Son esprit conscient connaissait la chanson à présent. Résignée, elle soupira et biffa un article de plus sur la liste.

19.

« Vous avez le choix entre gelée, saumon, beurre de cacahuètes et miel, et salade aux œufs », expliqua Mme Grot en collant le plateau pratiquement sous le nez de Marian – non parce qu'elle était impolie, mais parce que Marian se trouvait sur le canapé alors que Mme Grot était debout et que l'association vertèbres-corsetage-rigide-et-musculature-de-gratte-papier qui constituait la structure verticale de Mme Grot ne l'autorisait guère à se plier en deux.

Marian se renfonça dans les coussins moelleux en chintz.

« Gelée, merci », dit-elle en se servant.

C'était la fête de Noël du bureau, laquelle se tenait dans la salle réservée aux déjeuners de ces dames où, pour reprendre la formule de Mme Gundridge, elles étaient « plus tranquilles ». Pour l'instant, une certaine dose de rancœur refoulée avait tempéré leur tranquillité, tranquillité omniprésente dans ces lieux exigus. Cette année-là, Noël tombait un mercredi, ce qui signifiait qu'elles allaient toutes devoir revenir travailler vendredi et que, pour une journée, elles allaient être privées d'un week-end magnifiquement long. C'était pourtant ce constat, Marian en avait la certitude, qui expliquait le pétillement qu'elle apercevait derrière les lunettes de Mme Grot et qui lui insufflait suffisamment de gaieté pour, initiative d'un altruisme sans précédent, se charger de distribuer ces sandwichs. C'est parce qu'elle veut observer nos souffrances de plus près, se dit Marian, en regardant la silhouette guindée faire le tour de la pièce.

A priori, la fête du bureau consistait surtout à manger et à discuter bobos et bonnes affaires. Ces dames avaient toutes apporté un plat préparé par leurs soins. Même Marian avait dû promettre des brownies au chocolat qu'elle avait en réalité achetés dans une pâtisserie, puis transférés dans un emballage différent. Ces derniers temps, elle n'avait pas tellement envie de cuisiner. La nourriture s'amoncelait sur la table qui se trouvait à un bout de la salle – il y avait franchement beaucoup plus que nécessaire, salades, sandwichs, pains fantaisie, desserts, petits et gros gâteaux. Mais comme elles avaient toutes confectionné un plat, elles devaient toutes goûter au moins un petit quelque chose sous peine de blesser la personne concernée. De temps à autre, l'une d'entre elles poussait un cri perçant – « Oh, Dorothy, il faut que j'essaie ton délice à l'orange et à l'ananas ! » ou « Lena, ton biscuit de Savoie aux fruits a l'air vraiment délicieux ! » –, se remettait péniblement sur ses jambes et se traînait jusqu'à la table pour regarnir son assiette en carton.

De ce que Marian avait déduit, il n'en avait pas toujours été ainsi. Parmi les anciennes, certaines gardaient le souvenir, lequel prenait rapidement des allures de légende, d'une époque où la fête du bureau était un événement concernant l'ensemble de l'entreprise ; c'était du temps où la boîte était autrement plus modeste. En ces jours lointains, disait Mme Bogue d'un ton rêveur, les hommes d'en haut descendaient et prenaient même quelques verres. Mais le bureau s'était développé et les choses avaient pris des proportions telles que plus personne ne se connaissait, de sorte que les fêtes avaient commencé à déraper. Des cadres mobiles poursuivaient de leurs assiduités des employées à la ronéo, des jeunettes aux doigts maculés d'encre, il y eut des révélations inopportunes de passions couvant sous la braise et de ressentiments secrets, des dames âgées s'avalèrent un verre – en carton – de trop et piquèrent une crise de nerfs. À présent, dans l'intérêt de la morale collective, chaque service avait sa fête et, un peu plus tôt dans l'après-midi, Mme Gundridge avait spontanément déclaré que, de toute façon, c'était beaucoup plus tranquille comme ça, rien que nous les filles ensemble ici, commentaire qui avait suscité d'écœurants murmures d'assentiment.

Marian était coincée entre deux des vierges en col blanc, la troisième étant juchée sur le bras du canapé. En pareille situation, elles serraient les rangs afin de mieux se protéger : elles n'avaient ni enfants dont elles auraient pu comparer les côtés adorables, ni foyer précieusement meublé, ni mari sur lequel elles auraient pu échanger diverses historiettes illustrant leurs excentricités ou leurs manies déplaisantes. Elles avaient d'autres intérêts, même si, pour contribuer à la conversation générale, Emmy livrait de temps à autre une anecdote sur ses ennuis de santé. Marian avait bien conscience que son statut, parmi elles, était sujet à caution – elles la savaient au seuil du mariage et ne la considéraient donc plus comme une authentique célibataire capable d'éprouver de l'empathie pour leurs problèmes –, mais malgré leur discrète froideur à son égard, elle préférait encore leur compagnie à celle de tout autre groupe. Il y avait peu de mouvements dans la salle. À l'exception des passeuses de plateaux, la plupart de ces dames restaient assises selon diverses ligues et demi-cercles et se regroupaient de temps à autre après avoir troqué leurs chaises. Seule Mme Bogue circulait en accordant, ici un sourire mondain, là une marque d'attention ou un gâteau sec. Elle s'acquittait de ses obligations.

Elle le faisait avec d'autant plus de zèle qu'un cataclysme s'était produit un peu plus tôt dans la journée. La méga-dégustation de jus de tomate instantané prévue depuis le mois d'octobre, mais perpétuellement différée sous prétexte de nouvelles améliorations, aurait dû démarrer le matin même partout dans la ville. Un nombre record d'enquêtrices – presque tout le personnel disponible – devait, telles des distributrices de cigarettes (en aparté, Marian avait suggéré à Lucy la possibilité de les décolorer et de les attifer de plumes et de bas résille), s'abattre sur les porches de ménagères sans méfiance et leur présenter, sur des plateaux en carton retenus par une cordelette autour du cou, des petits gobelets remplis de vrais jus de tomate en boîte ainsi que des petits gobelets garnis de poudre de jus de tomate instantané accompagnés de petits pichets d'eau. La ménagère devait prendre une gorgée de vrai jus tout en regardant l'enquêtrice diluer la poudre sous ses yeux ébahis, puis tester le résultat obtenu, impressionnée – peut-être – par la rapidité et la simplicité de l'opération : « Un coup de cuillère et c'est prêt ! » affirmaient les publicités initiales. Si on avait lancé l'opération en octobre, ça aurait peut-être marché.

Malheureusement, la neige qui menaçait depuis cinq jours uniformément gris et bouchés avait choisi ce matin à dix heures précises pour se mettre à tomber. Et il ne s'agissait pas de doux flocons paresseux ni même de rafales intermittentes, mais d'un blizzard têtu. Mme Bogue avait tenté d'obtenir de la hiérarchie qu'elle décale la dégustation, mais peine perdue.

« Nous travaillons avec des êtres humains, pas avec des machines, avait-elle déclaré au téléphone d'une voix suffisamment forte pour qu'on puisse l'entendre à travers la porte fermée de son box. C'est absolument impossible de rester dehors ! »

Mais il y avait des délais à respecter. Cette affaire avait été repoussée si longtemps qu'on ne pouvait la différer davantage et, avec Noël qui constituait un contretemps majeur, il fallait compter qu'une journée de retard supplémentaire équivaudrait en réalité à trois. Si bien que le troupeau de Mme Bogue, bêlant timidement, avait dû sortir malgré la tempête.

Durant le reste de la matinée, le bureau avait ressemblé à la base d'une mission de secours en zone sinistrée. Les appels des malheureuses enquêtrices avaient afflué. Leurs voitures, sans antigel ni pneus cloutés, rechignaient et calaient, tombaient en panne au milieu des congères, tandis que des mains se retrouvaient coincées par des portières et des têtes assommées par des capots. Les gobelets, beaucoup trop légers pour résister aux vents violents, s'envolaient en tourbillonnant au-dessus des ruelles et des haies, déversaient leur contenu rouge sang sur la neige, sur les enquêtrices et, quand ces dernières avaient réussi l'exploit d'atteindre la porte principale, sur l'hôtesse elle-même. Une enquêtrice avait vu son plateau, pourtant arrimé autour de son cou, lui être arraché et s'élever dans les airs tel un cerf-volant ; une autre avait essayé de protéger le sien sous son manteau, mais le vent le lui avait simplement projeté dessus. À partir de onze heures, les enquêtrices, maculées de rouge et les cheveux en bataille, avaient débarqué les unes après les autres pour, selon leur tempérament, démissionner, se justifier ou se faire rassurer sur leurs aptitudes en matière d'évaluation scientifique et efficace de l'opinion publique ; Mme Bogue avait dû en outre affronter les hurlements rageurs des dieux de l'univers moquetté au-dessus qui refusaient d'admettre l'existence d'une tempête qu'ils n'auraient pas personnellement orchestrée. Les stigmates de l'altercation se remarquaient encore nettement sur son visage tandis qu'elle circulait parmi les femmes occupées à manger. Lorsqu'elle faisait semblant d'être énervée et contrariée, elle était en fait sereine ; mais à présent qu'elle feignait la sérénité, Marian voyait en elle une femme du monde qui, coiffée d'un chapeau à fleurs, délivre un aimable discours de remerciement alors qu'une modeste créature à pattes lui grimpe le long de la jambe.

Marian finit par renoncer à écouter à moitié plusieurs conversations en même temps et se laissa bercer par le brouhaha de la salle, lequel finit par se résumer à un mélange de syllabes dénuées de sens. Elle termina son sandwich à la gelée et alla se chercher un bout de gâteau. La table croulant sous la nourriture – toute cette abondance, ces meringues, ces multiples glaçages, ces coagulations de graisses et de sucreries, cette prolifération de mets riches et brillants – suscitait sa gourmandise. Quand elle revint avec une part de biscuit de Savoie, Lucy, qui discutait jusque-là avec Emmy, s'était tournée et bavardait à présent avec Millie, de sorte que Marian, une fois assise, se retrouva entraînée dans leur conversation.

« Voyons, naturellement, ils ne savaient pas quoi faire, disait Lucy. On ne demande pas à quelqu'un s'il veut bien avoir l'amabilité de prendre un bain. Je veux dire : ce n'est pas très poli.

— Et en plus, Londres, c'est très sale, renchérit Millie, compatissante. Les hommes, le soir, le col de leur chemise blanche est noir, absolument noir. C'est la suie.

— Oui, enfin, ça a continué et c'est allé de pire en pire, les choses se sont tellement dégradées qu'ils avaient même honte d'inviter des copains…

— De qui s'agit-il ? demanda Marian.

— Oh, d'une fille qui a habité avec des amis à moi en Angleterre et qui a simplement cessé de se laver. À part ça, rien ne clochait, c'est juste qu'elle ne se lavait pas, même les cheveux, je vous assure, elle ne se changeait pas ni quoi que ce soit, ça a duré je ne sais combien de temps, et ils n'osaient rien lui dire parce que, autrement, elle paraissait parfaitement normale, mais au fond elle devait être vraiment malade, c'est évident. »

Lorsqu'elle entendit le mot « malade », Emmy tourna son visage étroit et souffreteux et on lui répéta l'histoire.

« Et qu'est-ce qu'il s'est passé alors ? insista Millie en léchant ses doigts maculés de glaçage au chocolat.

— Eh bien, poursuivit Lucy en grignotant délicatement un morceau de sablé, cette affaire a pris un tour vraiment horrible. Je veux dire : elle portait les mêmes vêtements, vous imaginez. Et je pense que ça a dû durer trois à quatre mois. »

Un murmure de « Oh non » s'ensuivit et elle se ravisa :

« Enfin, au moins deux. Et ils allaient lui demander, pour l'amour du ciel, soit de prendre un bain, soit de partir. Je veux dire : vous ne le feriez pas, vous ? Mais un jour, elle est rentrée, elle a retiré les fameux vêtements, les a brûlés, puis elle a pris un bain et tout et, depuis, elle est redevenue parfaitement normale. Juste comme ça.

— Eh bien, c'est bizarre, dis donc ! » s'exclama Emmy, déçue.

Elle avait escompté une maladie grave ou peut-être même une opération.

« Naturellement, ils sont bien plus sales là bas, vous savez, déclara Millie d'un ton de femme qui s'y connaît.

— Mais elle était d'ici, s'écria Lucy. Je veux dire : elle a été élevée convenablement, elle venait d'une bonne famille et tout ; ce n'était pas comme s'ils n'avaient pas de salle de bains, ils ont toujours été extrêmement propres !

— Peut-être que c'était une de ces phases qu'on traverse tous plus ou moins, affirma Millie, philosophe. Peut-être qu'elle était juste immature, et l'éloignement, comme ça, va savoir…

— Moi, je pense qu'elle était malade », décréta Lucy, en retirant les raisins de sa part de gâteau de Noël.

L'esprit de Marian se saisit de l'adjectif « immature » et le tourna et le retourna comme s'il s'était agi d'un drôle de galet ramassé sur une plage. Il lui suggérait un épi de maïs pas mûr, et d'autres choses de nature légumière ou fruitière. On était vert, puis on mûrissait : on s'épanouissait. Vêtements pour silhouettes épanouies. En d'autres termes, grosses.

Elle jeta un coup d'œil sur les femmes présentes dans la salle, sur les bouches qui s'ouvraient et se refermaient pour parler ou manger. Assises comme n'importe quel groupe de femmes participant à une fête, un après-midi, elles n'avaient plus ce vernis d'employées de bureau qui, durant les heures de travail régulier, les séparait du vaste océan anonyme des femmes au foyer dont, par le biais de leur profession, elles sondaient les esprits. Elles auraient pu porter des robes d'intérieur et des bigoudis. Elles arboraient d'ailleurs des vêtements pour silhouettes épanouies.

Elles étaient mûres, et certaines viraient rapidement au trop mûr, tandis que d'autres commençaient même à flétrir ; elle les imagina attachées par des tiges, lesquelles leur auraient poussé sur le crâne, à une invisible plante grimpante, et accrochées là à divers stades de développement et de déclin… auquel cas, la mince et élégante Lucy, à ses côtés, n'en était qu'aux premiers stades, de sorte qu'un vert renflement printanier ou nodule se formait sous le calice doré soigneusement formé de ses cheveux bien coiffés…

Elle examina les corps de ces femmes avec intérêt et d'un œil critique, comme si elle ne les avait encore jamais vues. Ce qui, en un sens, était vrai, elles s'étaient juste trouvées là – ainsi que tout le reste, tables de travail, téléphones, sièges –, dans l'espace du bureau : objets appréhendés à travers leurs seuls contours et surfaces. Mais elle remarquait à présent le bourrelet de graisse que le haut du corset de Mme Gundridge lui dessinait sur le dos, la masse jambonesque de la cuisse, les plis autour du cou, les larges joues aux pores dilatés, la plaque de veines variqueuses entrevue sur le gras du mollet de la jambe passée par-dessus l'autre, le tremblotement des bajoues lorsqu'elle mâchait, le pull aux allures de cache-théière en laine par-dessus les épaules voûtées ; et les autres aussi, d'ossature similaire, mais avec des proportions et des textures de boucles permanentées différentes et puis des seins, des tailles et des hanches qui n'étaient pas sans rappeler un paysage de dunes ; leur fluidité assurée quelque part à l'intérieur par leur charpente osseuse, à l'extérieur par une carapace de vêtements et de maquillage. Quelles drôles de créatures elles faisaient ! Et quel flux incessant entre le dehors et le dedans, à absorber, à évacuer, mastication, mots, chips, rots, graisse, cheveux, bébés, lait, excréments, gâteaux secs, vomi, café, jus de tomate, sang, thé, sueur, liqueur, larmes et déchets…

L'espace d'un instant, elle eut la sensation qu'elles lui passaient par-dessus la tête à la manière d'une vague, elles, leurs identités, et leur substance presque. À un moment donné, elle allait être… ou, non, elle était déjà comme ça, elle aussi ; elle était des leurs, son corps était pareil, identique, il se fondait dans cette autre chair dont l'odeur imprégnait la pièce fleurie aux senteurs d'un naturel écœurant ; elle suffoquait devant cette mer des Sargasses foisonnante de féminité. Elle respira à fond, obligea son corps et son esprit à réintégrer la personne qu'elle était, telle une créature marine dotée de perceptions tactiles qui rétracte ses tentacules ; elle avait envie de quelque chose de solide, de clair : d'un homme ; elle avait envie d'avoir Peter dans la salle afin de pouvoir tendre la main et s'accrocher à lui pour éviter l'engloutissement. Lucy portait un jonc en or au poignet. Marian fixa son regard dessus et se concentra comme si elle allait attirer ce cercle d'or dur autour d'elle et dresser une barrière fixe entre elle et cet autre, liquide et amorphe.

Elle se rendit compte qu'on faisait silence alentour. Le caquetage s'était arrêté. Elle leva la tête. Postée au bout de la salle, à côté de la table, Mme Bogue, la main en l'air, réclamait le silence.

« Maintenant que nous voici réunies sans formalités, dit cette dernière avec un sourire affable, j'aimerais en profiter pour vous annoncer une très agréable nouvelle. Mon petit doigt vient de m'apprendre qu'une des demoiselles de la maison va bientôt se marier. Je suis sûre que nous souhaitons toutes bonne chance à Marian MacAlpin dans sa nouvelle vie. »

Ce furent d'abord des cris perçants, des couinements et des murmures exaltés, puis elles se levèrent en masse et lui fondirent dessus en la submergeant de moites félicitations, d'interrogations ponctuées de miettes de chocolat et de petits baisers poudrés pour saluer son entrée dans le club. Marian se remit sur pied et se retrouva illico pressée contre le sein plus que généreux de Mme Gundridge. Elle se décolla et recula contre le mur ; elle était cramoisie, mais c'était davantage l'effet de la colère que de la pudeur. Quelqu'un avait vendu la mèche ; l'une d'entre elles avait cafardé ; ce devait être Millie.

Elle dit « Merci », « Septembre » et « Mars », les trois mots nécessaires en réponse à leurs questions. « Formidable ! » et « Merveilleux ! » cria le chœur.

Un sourire mélancolique aux lèvres, les vierges en col blanc restèrent très distantes. Mme Bogue demeura elle aussi à l'écart. Par le ton de son discours et par le simple fait qu'elle avait annoncé cette nouvelle sans avertissement ni consultation préalable, elle avait clairement signifié à Marian qu'elle comptait sur sa démission, de gré ou de force. Marian savait, par la rumeur et le bannissement d'une dactylo peu après son arrivée au bureau, que Mme Bogue préférait avoir pour employées soit des célibataires, soit des anciennes patentées pour lesquelles les risques de grossesse imprévue relevaient d'un passé lointain. Les jeunes mariées, l'avait-on entendue affirmer, avaient tendance à être instables. Le sourire pincé et acide, Mme Grot, de la comptabilité, se tenait, elle aussi, à la lisière du cercle. « Là, je parie qu'elle n'est absolument plus d'humeur à faire la fête, songea Marian ; me voici définitivement perdue pour le plan de retraite. »

Sortir du bâtiment pour arpenter la rue glaciale fut comme ouvrir brutalement la fenêtre d'une pièce surchauffée et étouffante. Le vent s'était calmé. La nuit était déjà là, mais les lumières miroitantes des vitrines et les décorations de Noël au-dessus de sa tête – guirlandes et étoiles – faisaient briller les flocons, qui tombaient désormais avec lenteur, comme des pulvérisations de gouttelettes émanant d'une gigantesque cascade artificiellement éclairée. Sur le trottoir, la neige était moins épaisse qu'elle ne l'avait imaginé. Elle fondait, les piétons l'avaient transformée en une gadoue marronnasse. Le blizzard ne s'étant levé qu'après son départ pour le bureau, Marian n'avait pas mis de couvre-chaussures. Quand elle atteignit la station de métro, ses chaussures étaient complètement trempées.

En dépit de ses pieds mouillés, elle descendit pourtant un arrêt avant le sien. Après cette fête, elle n'était absolument pas capable d'affronter l'appartement. Ainsley allait débouler et reprendre son tricot infernal ; en plus, il y avait l'arbre de Noël, un modèle de table en plastique azur et argent ; sur son lit, les cadeaux à emballer, et sa valise à préparer : tôt, le lendemain, il fallait qu'elle prenne un car pour aller passer deux jours chez ses parents et voir la ville et ses proches. Quand elle pensait à eux tous, elle avait le sentiment qu'ils ne comptaient plus pour elle. La ville et les gens l'attendaient quelque part au loin, immuables, monolithiques et gris, pareils aux ruines, malmenées par les intempéries, d'une civilisation éteinte. Elle avait acheté tous ses cadeaux le week-end précédent, en bataillant à travers la foule qui vociférait et braillait autour des comptoirs, mais elle n'avait plus envie d'offrir quoi que ce soit à qui que ce soit. Elle avait encore moins envie de recevoir et d'avoir à remercier pour des objets dont elle n'avait pas besoin et dont elle n'aurait jamais l'usage ; et ce n'était pas la peine qu'elle se dise, comme on le lui avait répété toute sa vie, que c'était l'intention qui comptait et pas la valeur du cadeau. C'était pire : toutes ces étiquettes avec « Tendresses » marqué dessus. Le genre de tendresses qui allait de pair avec ces paquets, elle n'en avait plus besoin non plus aujourd'hui et n'en aurait jamais l'usage. C'était archaïque, bien trop chichiteux et on gardait ça au nom d'une vague nostalgie, comme on conservait la photo d'un défunt.

Elle avait piqué vers l'ouest, au petit bonheur, en longeant une rue bordée de boutiques où d'élégants mannequins posaient dans leurs luxueuses cages de verre. À présent, elle dépassait la dernière boutique et s'engageait dans une zone plus sombre. En approchant du croisement, elle se rendit compte qu'elle avait pris la direction du parc. Elle traversa la rue et tourna vers le sud en suivant le flot des voitures. Le musée se trouvait sur sa gauche, et les projecteurs orange cru, de plus en plus utilisés pour les éclairages de nuit, semblait-il, mettaient en relief la frise de personnages ciselés dans la pierre.

Peter lui avait posé problème, elle n'avait pas idée de ce qu'elle aurait pu lui acheter. Les vêtements étaient exclus, avait-elle estimé : il tenait à les choisir lui-même. Quoi d'autre alors ? Une bricole pour l'appartement, un objet décoratif, autant se faire un cadeau d'entrée de jeu. Elle avait finalement opté pour un beau livre sur la technique des appareils photo. Elle n'y connaissait rien, mais s'était fiée à la parole du vendeur, en espérant que Peter n'avait pas l'ouvrage en question. Elle était contente qu'il ait des passe-temps : il courrait moins de risques d'être victime d'un infarctus une fois à la retraite.

Elle avançait à présent sous la voûte des arbres qui poussaient derrière les barrières et les quartiers privés de l'université. Il y avait moins de passage et, sur les trottoirs, la neige, plus épaisse, lui arrivait parfois aux chevilles. Le froid lui brûlait les pieds. Juste comme elle commençait à se demander pourquoi elle continuait cette balade, elle traversa la rue encore une fois et se retrouva dans le parc.

Dans l'obscurité de la nuit, il formait un immense îlot d'un blanc imparfait. À sa périphérie, les voitures tournaient dans le sens contraire aux aiguilles d'une montre ; à l'autre bout se dressaient les bâtiments de l'université, ces lieux qu'elle croyait si bien connaître à peine six mois plus tôt, mais qui, dans l'air glacé, distillaient à présent une légère hostilité à son égard, hostilité qui, elle s'en aperçut, relevait de la projection : elle les jalousait vaguement. Elle aurait aimé qu'ils disparaissent lorsqu'elle les avait quittés, mais ils étaient restés à leur place, tels quels, aussi peu touchés par son absence qu'ils l'avaient été, elle le présumait, par sa présence.

Elle s'enfonça plus avant dans le parc au milieu de la neige molle qui lui montait aux chevilles. Çà et là, des traces de pas erratiques s'entrecroisaient, déjà à peine visibles, mais l'étendue blanche était généralement unie, intacte, et les troncs des arbres dépouillés de leurs feuilles surgissaient de la neige, comme si on les avait piqués dans une couche de deux mètres d'épaisseur, telles des bougies sur le glaçage d'une pâtisserie. Des bougies noires.

Elle était proche du bassin rond en ciment où coulait une fontaine l'été, mais qui, aujourd'hui, se remplissait peu à peu de neige. Elle s'arrêta pour écouter les bruits lointains de la ville, qui lui donnèrent la sensation de faire cercle autour d'elle ; elle se sentait parfaitement en sécurité. « Il faut que tu te méfies, se dit-elle, tu ne veux pas en arriver à ne plus te laver. » Dans la salle de repas, elle avait eu un moment l'impression de frôler de dangereuses limites mais, là, ses réactions lui paraissaient plutôt stupides. Une fête de bureau n'était jamais qu'une fête de bureau. Il y avait des choses à passer entre maintenant et plus tard, c'était tout : des détails, des gens, des événements incontournables. Après, il n'y aurait plus de problèmes. Elle était presque prête à repartir emballer les cadeaux ; elle avait même suffisamment faim pour avaler la moitié d'une vache, pointillés et tout le tralala. Mais elle voulut s'attarder juste une minute de plus sous la neige qui s'abattait sur cet îlot, ce paisible œil de silence, vide…

« Salut », dit une voix.

Marian sursauta à peine. Elle se tourna et aperçut, dans l'ombre noire d'un bosquet de sapins, une silhouette assise à un bout d'un banc enneigé. Elle se dirigea vers elle.

C'était Duncan, courbé, une cigarette rougeoyante entre les doigts. Il était sûrement là depuis un moment. Il avait les cheveux blancs de neige, comme les épaules de son manteau. Sa main, lorsqu'elle retira son gant pour la serrer, était froide et mouillée.

Elle s'installa à côté de lui. D'une chiquenaude, il se débarrassa de son mégot, puis se tourna vers Marian, qui défit les boutons de son manteau et se blottit à l'intérieur, dans un espace qui sentait le tissu humide et le tabac froid. Il referma les bras sur elle.

Il portait un pull à poil long. Elle le caressa d'une main, comme une peau velue. Dessous, elle devinait son corps maigre, décharné, tel celui d'un animal affamé en période de disette. Il glissa son visage mouillé sous son écharpe, sous ses cheveux et le col de son manteau, puis se cala contre son cou.

Ils restèrent ainsi, sans bouger. La ville, le temps en dehors du cercle blanc que formait le parc, n'existaient quasiment plus. Marian sentait sa chair s'engourdir peu à peu ; ses pieds ne la brûlaient même plus. Elle s'enfonça davantage encore dans le pull poilu ; à l'extérieur, la neige tombait. Elle n'avait pas la force d'envisager de se lever…

« Tu as mis longtemps, dit-il enfin, doucement. Moi, je t'attendais. »

Des frissons saisirent Marian.

« Il faut que j'y aille maintenant », déclara-t-elle.

Contre son cou, elle sentit qu'un mouvement convulsif agitait le bas du visage de Duncan.

20.

Marian parcourut lentement l'allée au rythme de la musique d'ambiance avec ses crescendos et ses diminuendos. « Haricots », dit-elle. Elle trouva la variété étiquetée « chili végétarien », dont elle prit deux boîtes qu'elle jeta dans son chariot.

Retentirent alors les accents métalliques d'une valse entraînante ; Marian continua d'avancer en essayant de se concentrer sur sa liste. Elle n'appréciait pas cette musique, car elle connaissait sa fonction : elle visait à vous mettre dans un état de transe euphorique, à affaiblir votre résistance d'acheteuse de sorte que tous les produits vous paraissaient désirables. Chaque fois que Marian entrait dans un supermarché et qu'elle entendait d'invisibles haut-parleurs distiller d'harmonieuses mélodies, elle repensait à un article de journal dans lequel elle avait lu que les vaches donnaient plus de lait quand on leur passait de la musique douce. Mais il ne suffisait pas d'avoir conscience de ce stratagème pour être immunisé. Ces temps-ci, quand elle ne se méfiait pas, elle se retrouvait à pousser son chariot en somnambule, le regard fixe, la démarche chaloupée, les mains en proie à des impulsions qui les incitaient à se saisir de tout ce qui affichait une étiquette de couleur vive. Pour se défendre, elle avait commencé à établir des listes qu'elle rédigeait en lettres capitales avant de sortir et s'exhortait à ne rien prendre qu'elle n'eût pas noté, nonobstant tel prix trompeur ou tel emballage subliminal. Lorsqu'elle se sentait spécialement vulnérable, elle biffait d'un crayon rageur les produits marqués afin de mieux parer à ce mauvais sort.

Mais, à certains égards, ils étaient systématiquement gagnants : ils ne pouvaient pas rater leur coup. À un moment ou à un autre, vous étiez bien obligé d'acheter. Elle avait suffisamment d'expérience professionnelle pour se rendre compte que ce n'était pas la raison qui vous poussait, par exemple, à choisir entre deux savonnettes ou deux boîtes de jus de tomate. Entre les produits, les choses elles-mêmes, il n'y avait pas de différence significative. Comment choisissiez-vous alors ? Il n'y avait qu'un moyen : vous abandonner à la musique rassurante et vous approvisionner au petit bonheur. Laisser simplement réagir ce qui (quoi que ce fût), en vous, était censé réagir aux étiquettes ; peut-être l'hypophyse était-elle fautive ? Quel détergent symbolisait le mieux la force ? Quel jus de tomate affichait la tomate la plus sexy et est-ce que c'était important pour Marian ? Quelque chose en elle devait estimer que ça l'était, puisqu'elle finissait bien par choisir, conformément aux prévisions et aux attentes d'un planneur stratégique carré dans son bureau habillé de moquette.

« Pâtes », dit-elle.

Elle leva les yeux juste à temps pour éviter une collision avec une dame grassouillette emmitouflée dans un manteau élimé en rat musqué.

« Oh, non ! Voilà qu'ils ont encore lancé une nouvelle marque. »

Elle connaissait le domaine des pâtes : elle avait passé plusieurs après-midi au rayon italien de certains grands magasins à compter des variétés et des marques dont elle ne voyait pas la fin. Elle fixa furieusement les multitudes de pâtes, identiques dans leurs sachets en cellophane, puis ferma les yeux, tendit brusquement la main et referma les doigts sur un paquet. N'importe lequel.

« Laitue, radis, carottes, oignons, tomates, persil », lut-elle. Ces denrées-là ne poseraient aucun problème : il suffisait de les regarder pour savoir ce qu'elles valaient, même si certains produits étaient proposés en sachets, sous forme de bouquets serrés par un élastique où le bon et le mauvais se mélangeaient, ou, pour les tomates, roses comme toute tomate de serre chaude et insipides en cette saison, dans des boîtes en carton fermées par un film de cellophane où elles étaient préemballées par quatre. Elle poussa son chariot vers le rayon légumes, où une pancarte en bois vernis, à l'apparence artistement rustique, pendait au mur : « Le jardin maraîcher ».

Elle choisit ses légumes sans trop d'enthousiasme. Avant, elle appréciait beaucoup les bonnes salades, mais maintenant que la nécessité l'obligeait à en faire une grande consommation, elle commençait à s'en lasser. Devant ces montagnes de verdure qu'elle n'arrêtait pas de croquer, elle se sentait une âme de lapin ! Il lui tardait vraiment de redevenir carnivore, de ronger un bon os ! Le repas de Noël s'était révélé difficile. « Voyons, Marian, tu ne manges pas ! » avait protesté sa mère quand elle avait laissé la dinde intacte dans son assiette. Elle avait répondu qu'elle n'avait pas faim et avait englouti, à l'insu de tous, d'énormes quantités de sauce aux canneberges, de purée et de tartelettes au *mincemeat*[1]. Sa mère avait mis ce curieux manque d'appétit sur le compte de la surexcitation. Elle avait envisagé de lui dire qu'elle avait embrassé une nouvelle religion qui lui interdisait de manger de la viande, qu'elle s'était mise au yoga ou convertie à la foi des doukhobors ou à encore autre chose, mais ça n'aurait pas été une bonne idée : ils tenaient tellement à ce que le mariage soit célébré dans l'église de famille que c'en était pathétique ! Cependant leur réaction, pour autant qu'elle pût apprécier les réactions de personnes dont elle se sentait désormais si éloignée, leur

1. Garniture à base de fruits secs et de noix hachés.

réaction, donc, relevait moins de la jubilation que de la satisfaction paisible, et plutôt béate, comme si s'étaient enfin apaisées les craintes qu'ils avaient pu éprouver à l'idée des répercussions que ses études universitaires risquaient d'avoir sur sa vie, craintes jamais formulées mais toujours transparentes. Sans doute avaient-ils eu peur de la voir finir en professeur de lycée, en tata vieille fille, en droguée ou encore en cadre d'entreprise, ou même qu'elle subisse une transformation physique choquante, qu'il lui vienne des muscles, une voix de basse ou même qu'il ne lui pousse de la mousse. Elle imaginait aisément les discussions angoissées autour d'une tasse de thé. À présent, c'était clair dans leurs regards approbateurs, elle avait finalement bien tourné. Ils ne connaissaient pas Peter mais, pour eux apparemment, il n'était jamais que l'indispensable chromosome X. Ils manifestèrent cependant leur curiosité et insistèrent pour qu'elle l'invite à venir bientôt passer un week-end à la maison. Pendant ces deux journées glaciales où elle avait sillonné la ville pour rendre visite à sa famille et répondre aux questions, elle avait eu du mal à se convaincre qu'elle était bel et bien de retour.

« Des Kleenex », dit-elle.

Elle jeta un coup d'œil écœuré sur les différentes marques et couleurs exposées – quelle différence quand il fallait se moucher ? – et sur le papier hygiénique fantaisie – à fleurs, à volutes, à pois. Encore un peu et ils en produiraient du doré, histoire de faire croire qu'il avait une tout autre utilité et servait à envelopper des cadeaux de Noël, par exemple. Il ne restait vraiment plus rien dans le fonctionnement – même répugnant – du corps humain dont ils n'aient réussi à tirer parti. Où diable était le problème avec le blanc uni ? Il donnait une impression de propreté, c'était déjà ça.

Bien entendu, la robe de mariée, les invitations et tout le tremblement avaient piqué l'intérêt de sa mère et de ses tantes. Mais là, comme elle hésitait entre deux saveurs de riz au lait en boîte – ils avaient un goût tellement artificiel que ça ne la gênait pas d'en manger – sur fond de violons électriques, elle n'arrivait plus à se rappeler ce qu'elles avaient décidé.

Elle consulta sa montre : elle n'avait plus trop de temps. Par chance, ils passaient un tango. Elle fila vers le rayon des soupes en conserve, en essayant de se défaire du voile qu'elle avait devant les yeux. C'était dangereux de s'attarder au supermarché. Un de ces jours, elle allait se faire avoir. Elle se ferait piéger après la fermeture et on la retrouverait le lendemain matin dans un coma irréversible, appuyée contre une étagère, cernée par l'entière flotte des chariots du magasin remplis à ras bord de marchandises…

Elle mit le cap sur les caisses. Il y avait encore une promotion spéciale, une sorte de concours dont le gagnant décrocherait un voyage de trois jours à

Hawaï. Une immense affiche collée sur la vitrine principale présentait une fille pratiquement nue, à part un pagne en fibres végétales et des fleurs, avec, à côté d'elle, une petite pancarte annonçant : « A N A N A S, trois boîtes 65 c ». Derrière sa caisse, la caissière avait une guirlande en papier autour du cou ; sa bouche orange mâchait un chewing-gum. Marian observa la bouche en question, les mouvements hypnotiques des mâchoires, la chair grumeleuse des joues tartinées de fond de teint rose foncé, les lèvres gercées derrière lesquelles brillaient plusieurs dents jaunes de rongeur qui semblaient animées d'une vie propre. La caisse enregistreuse calcula le montant de ses courses.

La bouche orange s'ouvrit.

« Cinq vingt-neuf. Marquez juste votre nom et votre adresse sur le reçu.

— Non merci, rétorqua Marian, je ne veux pas y aller. »

La caissière haussa les épaules et se détourna.

« Excusez-moi, vous avez oublié mes timbres », insista Marian.

Encore un truc à eux, se dit-elle quand elle souleva son sac d'épicerie et franchit la porte automatique pour s'enfoncer dans le crépuscule gris gorgé de neige fondue. À un moment donné, elle les avait refusés, ces timbres. C'était, pour eux, une façon détournée de gagner plus. Mais de toute façon, ils gagnaient plus, toujours plus ; alors, elle avait fini par les prendre et les cachait dans les tiroirs de la cuisine. Néanmoins, vu qu'à présent Ainsley économisait pour s'acheter un porte-bébé, elle mettait un point d'honneur à les réclamer. C'était bien le moins qu'elle pouvait faire pour sa colocataire. Sur le carton, l'Hawaïenne fleurie lui sourit alors qu'elle se traînait péniblement vers la station de métro.

Les fleurs ! Elles avaient toutes voulu savoir quelles fleurs elle allait choisir. Personnellement, Marian penchait pour des lys ; Lucy avait suggéré une pluie de roses thé et de gypsophile. Ainsley, elle, n'avait pas caché son mépris.

« Enfin, avec ton Peter, je suppose que tu vas être obligée de te taper un mariage traditionnel, avait-elle déclaré. Mais là, en matière de fleurs, les gens sont incroyablement hypocrites. Personne ne veut reconnaître que ce sont en fait des symboles de fertilité. Alors, pourquoi pas un tournesol géant ou une gerbe de blé ? Ou bien une composition de champignons et de cactus, ça serait très génital, tu ne trouves pas ? »

Peter avait refusé de s'impliquer dans une décision de ce genre. « Pour ces questions-là, je m'en remets à toi », lui avait-il répondu avec tendresse quand elle lui avait demandé gravement son avis.

Ces derniers temps, elle avait vu Peter de plus en plus souvent, mais de moins en moins souvent seul. Maintenant qu'il lui avait passé une bague au doigt, il était très fier de la montrer. Il disait qu'il voulait qu'elle puisse mieux connaître certains de ses amis et l'avait emmenée à des cocktails, avec ses relations les plus professionnelles, à des dîners et soirées, avec ses intimes. Elle avait même participé à un déjeuner avec des juristes, déjeuner pendant lequel elle s'était contentée de sourire et de se taire. Tous ses amis, sans exception aucune, étaient bien habillés et en passe de réussir, et ils avaient tous des femmes également bien habillées et en passe de réussir. Ils étaient tous angoissés et se montrèrent tous polis avec elle. Marian eut du mal à associer ces hommes tirés à quatre épingles aux joyeux lurons amateurs de chasse et grands buveurs de bière qui peuplaient les souvenirs de Peter, mais certains ne faisaient qu'une seule et même personne. Ainsley les surnommait « les lessiviers », parce que, un jour, en venant chercher Marian, Peter avait amené un ami qui travaillait dans une usine de lessive. Marian avait la hantise de confondre leurs prénoms.

Elle voulait se montrer gentille avec eux par égard pour Peter ; cependant, ayant eu la sensation d'avoir été pas mal assaillie par ses amis, elle avait décidé qu'il était temps qu'il puisse mieux connaître certains des siens. C'est pourquoi elle avait invité Clara et Joe à dîner. Par ailleurs, elle se sentait coupable de les avoir négligés ; cela étant, les gens mariés présumaient curieusement qu'on les négligeait quand on ne les appelait pas, se dit-elle, alors qu'ils étaient eux-mêmes trop bousculés, ne fût-ce que pour penser à vous appeler. Peter s'était montré récalcitrant. Une fois déjà, il avait eu l'occasion de voir à quoi ressemblait le salon de Clara.

Elle avait à peine lancé les invitations qu'elle se rendit compte que le menu allait poser un problème majeur. Elle ne pouvait pas leur proposer un verre de lait accompagné de beurre de cacahuètes et de comprimés vitaminés, ni une salade au fromage blanc, elle ne pouvait pas faire de poisson, car Peter n'aimait pas le poisson, mais elle ne pouvait pas davantage leur servir une viande alors qu'elle n'en mangeait pas – qu'est-ce qu'ils diraient alors ? Elle ne pouvait absolument pas leur fournir d'explication ; comment espérer qu'ils comprennent alors qu'elle-même ne comprenait pas ce qui lui arrivait ? Au cours du mois qui venait de s'écouler, elle avait dû bannir de son régime les rares options qui lui restaient : les hamburgers, après que Peter lui eut raconté l'histoire drôle arrivée à un de ses amis qui, pour s'amuser, en avait fait analyser un et avait découvert qu'il contenait un hachis de poils de souris ; le porc, parce que Emmy les avait diverties, durant une pause-café, en leur parlant de trichinose et d'une dame de sa connaissance qui l'avait attrapée – elle avait prononcé le mot avec un effroi quasi mystique (« Elle en a mangé dans un restaurant, il n'était pas assez cuit, vous imaginez un peu, toutes ces petites bêtes enkystées dans ses muscles sans qu'on puisse jamais l'en débarrasser ») ; puis le mouton et l'agneau, parce que Duncan lui avait expliqué l'étymologie du terme *giddy* : il venait, lui avait-il dit, de *gid* ou perte d'équilibre qui, chez les moutons, était provoquée par de gros vers blancs logés dans le cerveau. Même les hot-dogs avaient été éliminés. En fin de compte, lui soufflait son estomac avec bon sens, ils pouvaient passer n'importe quelle vieille saleté au broyeur et la coller dedans. Au restaurant, elle avait toujours la possibilité de contourner le problème en commandant une salade, mais ça ne marchait pas quand on avait des invités et un dîner. Et il était hors de question qu'elle leur propose un « chili végétarien ».

Elle s'était rabattue sur un ragoût aux champignons et aux boulettes de viande, une recette de sa mère qui lui fournirait un excellent subterfuge. « J'éteindrai la lumière et je mettrai des bougies, se dit-elle. Et avant je les soûlerai au sherry, comme ça ils ne s'apercevront de rien. » Elle se contenterait d'une quantité infime, mangerait les champignons et cacherait les boulettes sous une feuille de la laitue qu'elle leur offrirait en accompagnement. Ce n'était pas une solution très élégante, mais c'était ce qu'elle avait trouvé de mieux.

Et là, tandis qu'elle se dépêchait de couper les radis en rondelles pour la salade, elle se félicita à plusieurs titres : d'abord, elle avait préparé le ragoût la veille au soir, de sorte qu'elle n'avait plus qu'à le passer au four ; ensuite, Clara et Joe arriveraient tard, après qu'ils auraient couché les enfants, et, enfin, elle pouvait encore manger de la salade. Le refus que son corps opposait à certains aliments l'irritait de plus en plus. Elle avait essayé de le raisonner, l'avait accusé de se livrer à d'absurdes caprices, l'avait cajolé, tenté, mais il demeurait intraitable ; et si elle recourait à la force, il réagissait violemment. Elle avait vécu un incident de ce genre dans un restaurant, ça lui avait suffi. Bien entendu, Peter s'était montré extrêmement gentil ; il l'avait immédiatement raccompagnée, l'avait aidée à gravir les marches comme si elle était invalide et avait affirmé qu'elle devait avoir une grippe intestinale ; n'empêche, il avait également paru gêné et (on le comprenait) agacé. Depuis, elle avait décidé de se montrer plus conciliante. Elle avait fait tout ce que son corps voulait et lui avait même acheté des comprimés vitaminés pour lui apporter les protéines et les minéraux nécessaires à son équilibre. À quoi bon souffrir de dénutrition. « Ce qu'il faut, s'était-elle dit, c'est se calmer. » Par moments, quand elle y réfléchissait, elle en arrivait à la conclusion que son point de vue était d'ordre éthique : il refusait simplement de manger tout ce qui avait été ou était encore vivant (telles les huîtres sur leur moitié de coquille). Mais elle abordait chaque journée avec l'espoir – bien mince – qu'il allait peut-être se raviser.

Elle frotta l'intérieur du saladier en bois avec une gousse d'ail coupée en deux, puis jeta dedans les rondelles d'oignon et de radis, les tomates et les feuilles de laitue. À la dernière minute, il lui vint l'idée d'ajouter une carotte râpée pour mettre un peu de couleur. Elle en sortit une du réfrigérateur, finit par trouver l'épluche-légumes dans la boîte à pain et se mit à peler la carotte en la tenant par les fanes.

Elle avait les yeux rivés sur ses mains, l'éplucheur et le ruban de peau orange quand elle prit soudain conscience de la réalité de la carotte. C'est une racine, se dit-elle, elle pousse dans la terre et produit des feuilles. Et voilà qu'ils viennent l'arracher à la terre, peut-être même qu'elle émet un son, un cri en dessous du seuil d'audibilité, n'empêche, elle ne meurt pas tout de suite, elle continue à vivre, là, en ce moment, elle est encore vivante…

Elle eut l'impression de sentir la carotte se contorsionner dans sa main. Elle la lâcha sur la table.

« Oh non ! s'écria-t-elle presque en larmes. Ça suffit ! »

Lorsqu'ils furent enfin partis, y compris Peter, lequel l'avait embrassée sur la joue en lui disant d'un ton moqueur : « Chérie, nous, on ne deviendra jamais comme ça », Marian alla vider les assiettes dans la poubelle de la cuisine, puis les empila dans l'évier. Elle n'aurait jamais dû organiser ce dîner, c'était une mauvaise idée. Clara et Joe n'avaient pas trouvé de baby-sitter, ils étaient donc venus avec les enfants, qu'ils avaient dû traîner pour monter l'escalier, et les avaient mis au lit, deux dans la chambre de Marian et un dans celle d'Ainsley. Les petits avaient pleuré et fait caca et, comme la salle de bains se situait un étage plus bas, ça n'avait rien arrangé. Pas gênée pour deux sous, Clara les avait ramenés au salon afin de les rassurer et de les changer. La conversation s'était tarie. Marian tournicotait, passait des épingles de nourrice, faisait semblant de se rendre utile, tout en se demandant intérieurement s'il serait malvenu d'aller chercher un des nombreux désodorisants de la dame d'en bas. Joe s'affairait en sifflotant et fournissait des couches propres ; Clara avait lancé des excuses en direction de Peter.

« C'est comme ça, les jeunes enfants, jamais que du caca. Parfaitement naturel, on est tous pareils, sauf que, avait-elle remarqué en hochant le petit dernier sur ses genoux, certains parmi nous savent choisir leur moment. N'est-ce pas, ma petite crotte ? »

Peter avait ostensiblement ouvert une fenêtre ; la pièce était devenue glaciale. En désespoir de cause, Marian avait servi le sherry. Peter avait forcément une impression fausse de Clara et de Joe, mais elle n'avait pas idée de la conduite à tenir. Elle s'était prise à souhaiter que Clara ait un peu plus d'inhibitions. Clara ne niait pas que ses enfants sentaient mauvais, mais ne cherchait pas non plus à le cacher. Elle le reconnaissait, elle allait presque jusqu'à l'affirmer haut et fort ; on aurait cru qu'elle voulait que chacun en fasse grand cas.

Une fois les enfants langés, calmés et recouchés, deux sur le canapé et un dans son couffin par terre, ils s'étaient installés pour dîner. Maintenant, Marian l'espérait, ils allaient avoir une vraie conversation. Mais elle ne voulait pas se mettre en position d'arbitre, car elle était occupée à dissimuler ses boulettes de viande et aucun sujet d'actualité intéressant ne lui venait à l'esprit.

Elle avait risqué un : « Clara m'a dit que tu étais un philatéliste », mais allez savoir pourquoi, Joe ne l'avait pas entendue. Ou, du moins, il n'avait pas relevé. Peter lui avait lancé un coup d'œil interrogateur et, tourmentée comme si elle avait sorti une blague cochonne qui n'avait fait rire personne, elle était restée là à tripoter un bout de pain.

Peter et Joe avaient abordé la situation internationale, mais Peter avait fort diplomatiquement changé de sujet dès qu'il avait été évident qu'ils n'allaient pas être du même avis. Il avait déclaré avoir dû suivre, à un moment donné, un cours de philosophie à l'université et n'avoir jamais réussi à comprendre Platon ; peut-être Joe pouvait-il le lui expliquer ? Joe avait répondu qu'il ne le pensait pas, lui était spécialiste de Kant, et il avait posé à Peter une question technique sur les droits de succession. Clara et lui, avait-il ajouté, appartenaient à une coopérative funéraire.

« Je ne savais pas ! » avait chuchoté Marian à Clara en reprenant des pâtes.

Elle avait l'impression que son assiette était offerte aux regards de ses invités, que tous avaient les yeux rivés dessus et que les boulettes cachées transparaissaient derrière les feuilles de laitue à l'image d'un squelette sur une radiographie ; elle regrettait d'avoir sorti deux bougies au lieu d'une.

« Ah oui, avait répondu Clara avec assurance, Joe ne croit pas à l'embaumement. »

Marian avait craint que Peter ne juge cette option un peu trop radicale. Le problème, avait-elle songé en soupirant intérieurement, c'était que Joe était idéaliste et Peter pragmatique. Ça se voyait déjà à leur cravate : celle de Peter, vert foncé à motif cachemire, était élégante, fonctionnelle ; alors que celle de Joe était… eh bien, ce n'était plus vraiment une cravate, mais l'idée qu'on pouvait en avoir.

Les deux hommes avaient dû noter la différence : Marian les avait surpris, lorgnant, chacun leur tour, la cravate de l'autre en se disant sans doute que, jamais au grand jamais, ils n'auraient mis pareille affaire.

Elle commença à ranger les verres dans l'évier. Ça l'ennuyait que les choses se soient mal passées ; du coup, elle se sentait responsable, comme en récréation quand c'était elle le chat. « Oh zut, se dit-elle en repensant à d'autres soirées, il s'est bien entendu avec Len. » De toute façon, ce n'était pas très grave : Clara et Joe appartenaient à son passé et elle ne devait pas escompter que Peter s'adapte à cette partie de sa vie ; l'important, c'était l'avenir. Un léger frisson la saisit ; la maison ne s'était pas encore réchauffée depuis que Peter avait ouvert la fenêtre. Elle perçut des odeurs de velours bordeaux et d'encaustique, entendit des bruissements et des toussotements dans son dos, se retourna alors et découvrit une foule d'yeux fixés sur eux, puis ils avancèrent et franchirent un porche et une pluie de blanc et des morceaux de papier s'abattirent sur leurs visages et tombèrent en flocons sur leurs cheveux et leurs épaules.

Elle avala un comprimé vitaminé et ouvrit la porte du réfrigérateur pour se servir un verre de lait. Il fallait vraiment qu'elles s'occupent de cet appareil, soit elle, soit Ainsley. Depuis deux semaines, l'interdépendance de leur cycle de nettoyage s'était détériorée. Elle avait rangé le salon pour la soirée, mais elle savait qu'elle allait laisser la vaisselle sale dans l'évier, ce qui signifiait qu'Ainsley allait laisser la sienne, et elles continueraient ainsi jusqu'à ce qu'il n'y ait plus rien de propre. Arrivées à ce stade, chacune laverait l'assiette du dessus chaque fois que nécessaire, mais la pile demeurerait en l'état. Quant au réfrigérateur, d'une part il avait besoin d'un dégivrage et, d'autre part, des tas de bricoles (restes d'aliments enfermés dans des petits pots, trucs enveloppés dans du papier d'aluminium et sacs en papier kraft) commençaient à encombrer les clayettes… Il n'allait pas tarder à empester. Elle fit un vœu pour que ce qui se passait là n'aille pas se propager trop rapidement à l'appartement, du moins pas jusqu'en bas des marches. Peut-être serait-elle mariée avant que les choses ne prennent l'ampleur d'une épidémie ?

Ainsley n'avait pas participé au dîner ; elle était allée à la clinique prénatale, comme tous les vendredis soir. Marian pliait la nappe quand elle l'entendit monter l'escalier et gagner sa chambre. Peu après, Ainsley l'appela d'une voix chevrotante :

« Marian ? Tu peux venir, s'il te plaît ? »

Elle traversa précautionneusement la nappe traîtresse des vêtements qui jonchaient le sol et s'approcha du lit sur lequel Ainsley s'était laissée tomber.

« Qu'est-ce qu'il y a ? »

Sa colocataire paraissait en grand désarroi.

« Oh, Marian, c'est vraiment affreux. Ce soir, je suis allée à la clinique. J'étais très heureuse, je tricotais tant que je pouvais en écoutant le premier conférencier – il a parlé des bienfaits de l'allaitement. Ils ont même une association pour ça maintenant. Mais, après, on a eu ce psy… psy… psychologue qui a parlé de l'image du Père. »

Elle était au bord des larmes, aussi Marian se leva-t-elle pour fouiller énergiquement le dessus de la commode où elle finit par dénicher un morceau de Kleenex sale, au cas où. Ainsley l'inquiétait : pleurer n'était pas son genre.

« D'après lui, il faut qu'ils grandissent avec une image de Père forte, ajouta-t-elle quand elle se fut ressaisie. C'est bon pour eux, c'est ce qui les aide à se construire normalement, surtout si ce sont des garçons.

— Mais enfin, tu étais quand même un peu au courant avant, non ?

— Oh non, Marian. C'est beaucoup plus drastique. Il a une flopée de statistiques et tout. C'est prouvé scientifiquement, continua-t-elle, la gorge serrée. Si j'ai un petit garçon, c'est quasiment sûr qu'il va devenir ho… ho… homosexuel ! »

À l'évocation de la seule catégorie d'hommes qui ne s'était jamais intéressés à elle, les grands yeux bleus d'Ainsley se remplirent de larmes. Marian lui tendit le Kleenex, mais elle le refusa d'un geste, s'assit sur le lit et rejeta ses cheveux en arrière.

« Il doit bien y avoir un moyen », déclara-t-elle.

Et elle releva courageusement le menton.

21.

Ils montèrent le large escalier de pierre et franchirent les lourdes portes main dans la main, mais durent se lâcher pour passer le portillon. Une fois à l'intérieur, il ne leur parut pas convenable de se reprendre par la main. L'atmosphère ecclésiale produite par la haute coupole incrustée de mosaïques dorées au-dessus de leur tête décourageait tout type de contacts charnels, même s'ils n'impliquaient que les doigts, et le gardien chenu en uniforme bleu leur avait lancé un regard noir en encaissant l'argent de Marian. Celle-ci se rappela alors confusément avoir remarqué ce regard mauvais lors de deux lointaines visites accomplies dans le cadre de journées éducatives, excursions en car à l'époque où elle allait à l'école primaire : peut-être était-il compris dans le prix d'entrée !

« Viens, lui dit Duncan, dans un quasi-murmure. Je vais te montrer mes œuvres préférées. »

Ils gravirent l'escalier en colimaçon qui entourait le drôle de mât totémique et les rapprochait de la voûte d'ogive. Il y avait si longtemps que Marian n'avait pas mis les pieds dans cette section du musée qu'il lui semblait revivre un rêve pas vraiment agréable, du genre qui vous assaille lorsque vous émergez des vapeurs d'éther après une opération des amygdales. Du temps où elle était à l'université, elle avait suivi un cours au sous-sol du bâtiment (géologie : ça avait été pour elle le seul moyen d'échapper aux « sciences des religions », si bien qu'elle éprouvait depuis une hargne avérée à l'égard des spécimens de roches) et avait parfois fréquenté la cafétéria à l'étage principal. Cela dit, elle n'avait pas emprunté l'escalier de marbre menant à cet espace aéré en forme de bol qui paraissait presque solide lorsque la pâle lumière hivernale parvenait à filtrer à travers les étroites fenêtres tout en haut et érigeait de véritables colonnes de poussière.

Ils s'arrêtèrent un instant pour regarder par-dessus la balustrade marmoréenne. En contrebas, un groupe d'écoliers, rapetissé par un effet de perspective, attendait de franchir le tourniquet pour aller récupérer une chaise pliante en toile parmi les monceaux qui s'entassaient contre la rotonde. Les proportions massives des lieux étouffaient leurs voix criardes, de sorte qu'ils paraissaient encore plus loin qu'ils ne l'étaient en réalité.

« J'espère qu'ils ne vont pas monter ici », remarqua Duncan en s'écartant de la balustrade.

Il tira Marian par la manche de son manteau, pivota et l'entraîna dans une galerie adjacente. Ils avancèrent sans se presser sur le parquet craquant en longeant des alignements de vitrines.

Elle avait vu Duncan très souvent ces trois dernières semaines, mais plus par hasard, comme avant. Il rédigeait un nouveau mémoire trimestriel, lui avait-il confié, sur « Les monosyllabes chez Milton », lequel devait être une analyse stylistique approfondie abordée sous un angle radical. Il était resté bloqué deux semaines et demie sur la première phrase : « Il est en effet très significatif que… » et, ayant épuisé les possibilités de la laverie, ressentait le besoin de s'évader souvent.

« Pourquoi tu ne te trouves pas une fille qui aurait un diplôme en anglais ? » lui avait-elle demandé un jour où, ayant surpris le reflet de leurs deux visages dans une vitrine, elle les avait jugés particulièrement mal assortis.

On aurait cru qu'elle avait été embauchée pour l'emmener en promenade.

« Tu parles d'une évasion, elles aussi, elles bossent toutes sur des mémoires trimestriels ; on serait obligés d'en discuter. En plus, avait-il ajouté, morose, elles n'ont pas assez de poitrine. Ou bien… elles en ont trop. »

Marian présumait qu'il se servait d'elle, comme on dit, mais ça ne la gênait absolument pas, du moment qu'elle savait pourquoi : elle préférait que ces trucs se passent le plus consciemment possible. Bien sûr,

Duncan exigeait déjà beaucoup de temps et d'attention, comme on dit ; mais au moins ne la menaçait-il pas d'un intangible don en retour. Son total égocentrisme s'avérait bizarrement rassurant. Donc, quand, les lèvres collées contre sa joue, il lui murmurait : « Tu sais, je ne t'aime vraiment pas tant que ça », ça ne la dérangeait pas du tout, parce qu'elle n'avait pas à lui répondre. Mais quand Peter, la bouche placée pratiquement à l'identique, lui murmurait : « Je t'aime » et qu'il attendait l'écho, il fallait qu'elle fasse des efforts.

Même si ses motifs lui échappaient – comme apparemment tous ses motifs en ce moment –, elle avait l'impression qu'elle aussi se servait de Duncan. Sa lente évolution personnelle (et c'était étrange de réaliser qu'elle avait bel et bien évolué : elle devait retourner chez elle dans deux semaines, le lendemain de la soirée que Peter allait organiser, et deux ou peut-être trois semaines plus tard, elle serait mariée) n'avait donc été qu'une phase d'attente, à se laisser porter par le courant, un long épisode temporel dénué d'événement particulier, à attendre un événement futur, lequel avait été déterminé par un événement passé ; lorsqu'elle était avec Duncan, en revanche, elle était prise dans le tourbillon du présent : ils n'avaient quasiment pas de passé et certainement pas de futur.

L'indifférence de Duncan pour son mariage l'irritait. Il écoutait les quelques détails qu'elle avait à lui communiquer, lui opposait un petit sourire lorsqu'elle affirmait qu'elle trouvait que c'était une bonne chose, puis haussait les épaules et lui disait d'un ton neutre que, à son avis, c'était l'horreur, mais qu'elle semblait se débrouiller très bien et que, de toute façon, c'était son problème. Puis il ramenait la conversation sur un sujet complexe et ô combien fascinant : lui-même. Il ne se souciait apparemment pas de ce qu'il adviendrait d'elle une fois qu'elle serait sortie du champ de son perpétuel présent : il n'avait jamais fait qu'un commentaire sur la période qui suivrait son mariage, laissant entendre qu'il présumait qu'il lui faudrait se chercher un autre succédané. Même si elle préférait ne pas savoir pourquoi, ce manque d'intérêt lui paraissait réconfortant.

Ils traversèrent le département des antiquités orientales. Il abritait de nombreux vases de couleurs claires ainsi que des plats vernissés et des laques. Marian jeta un coup d'œil sur un immense écran mural où une multitude de petites images dorées de dieux et de déesses encadrait un gigantesque personnage au centre : une créature obèse aux allures de Bouddha qui souriait comme Mme Bogue, sereine, impénétrable et contrôlant de par la volonté divine sa formidable armée de ménagères lilliputiennes.

En dépit des motifs qui l'animaient peut-être, Marian était toujours contente de recevoir ses appels quand, anxieux et affolé, il lui proposait de le voir. Il fallait qu'ils se trouvent des lieux isolés – des parcs enneigés, des galeries d'art, un bar à l'occasion (cela dit, jamais le Park Plaza) –, ce qui signifiait que leurs rares étreintes n'étaient pas préméditées, mais furtives, glacées et largement entravées par les épaisseurs de vêtements d'hiver dans lesquels ils s'emmitouflaient. Ce matin-là, il l'avait appelée à son travail et avait suggéré ou plutôt exigé le musée : « J'ai très envie du musée », avait-il déclaré. Elle avait fui le bureau de bonne heure, prétextant un rendez-vous chez le dentiste. De toute façon, ça n'avait aucune importance, elle partait la semaine suivante – enfin – et ils étaient déjà en train de former sa remplaçante.

Le musée était un endroit idéal : Peter ne risquait pas d'y mettre les pieds. Elle appréhendait une rencontre entre Peter et Duncan. C'était une appréhension irrationnelle, car, d'une part, il n'y avait pas de raison, se disait-elle, que Peter soit fâché – sa relation avec Duncan n'avait rien à voir avec lui, il n'était évidemment pas question de rivalité ni de quoi que ce soit d'aussi ridicule – et, d'autre part, même s'ils tombaient sur lui par hasard, elle pourrait toujours présenter Duncan comme un vieux copain d'université ou quelque chose d'approchant. Elle ne courait aucun risque ; ce qu'elle semblait craindre en fait, c'était la destruction, non de sa relation avec Peter, mais de l'un des deux par l'autre ; qui détruirait qui, ou pourquoi, elle ne pouvait le dire et, en général, ses prémonitions si confuses la déroutaient.

Néanmoins, c'était pour ça qu'elle ne s'autorisait pas à inviter Duncan chez elle. Ç'aurait été trop risqué. Elle était allée chez lui à plusieurs reprises, mais avait buté chaque fois sur un de ses colocataires, voire les deux, méfiants et irrités, même s'ils ne voulaient pas trop le montrer. Du coup, Duncan en devenait plus nerveux que jamais et ils repartaient aussitôt.

« Pourquoi ils ne m'aiment pas ? » demanda-t-elle.

Ils s'étaient arrêtés pour regarder une magnifique armure chinoise, complète, en métal repoussé.

« Qui ?

— Eux. Ils se comportent toujours comme s'ils étaient persuadés que je cherchais à te gober tout cru.

— En fait, ce n'est pas qu'ils ne t'aiment pas. En réalité, ils ont même dit que tu avais l'air d'une fille sympa et pourquoi est-ce que je ne t'inviterais pas à dîner un soir, ça leur donnerait l'occasion de mieux te connaître. Je ne leur ai pas raconté, ajouta-t-il en réprimant un sourire, que tu allais te marier. Ils désirent donc te voir de plus près pour savoir si la famille peut t'accepter. Ils s'efforcent de me protéger. Ils se font du souci pour moi, c'est là qu'ils trouvent leurs vitamines affectives, ils ne veulent pas que je me fasse corrompre. Pour eux, je suis trop jeune.

— Pourquoi est-ce que je représente une telle menace ? De quoi te protègent-ils ?

— Eh bien, tu vois, tu ne fais pas d'études supérieures en anglais. En plus, tu es une fille.

— Et alors, ils n'ont encore jamais vu de fille ? » s'écria-t-elle, indignée.

Duncan réfléchit.

« Je ne pense pas. Pas vraiment. Oh, je ne sais pas, est-ce qu'on connaît jamais réellement ses parents ? On imagine toujours qu'ils vivent dans une sorte d'innocence originelle. Mais j'ai l'impression que Trevor croit en une forme de chasteté médiévale de type spensérien, tu vois ? Quant à Fish, je suppose qu'il se dit que c'est très bien au plan théorique. Il ne parle que de cela et tu devrais entendre le sujet de sa thèse, elle porte exclusivement sur le sexe, néanmoins il pense qu'il faut attendre la bonne personne et que, ce jour-là, ce sera comme s'il recevait une véritable décharge. À mon avis, il a été pêché ça dans *Some Enchanted Evening*, ou D. H. Lawrence, ou va savoir. Mon Dieu, il a bien assez attendu, il a presque trente ans… »

Marian se sentit touchée de compassion pour Fish et dressa mentalement la liste des célibataires vieillissantes qu'elle connaissait et qui pourraient convenir à Fish. Millie ? Lucy ?

Ils continuèrent à marcher, tournèrent encore une fois et se retrouvèrent de nouveau dans une salle remplie de vitrines. Marian était désormais complètement perdue. Le dédale de couloirs, les vastes salles et les tournants avaient brouillé son sens de l'orientation. A priori, ils étaient les seuls visiteurs présents dans cette section du musée.

« Tu sais où on est ? demanda-t-elle un peu nerveusement.

— Oui. On est presque arrivés. »

Ils passèrent sous une autre arche. Par contraste avec les salles orientales dorées et encombrées qu'ils venaient de traverser, celle-ci était relativement grise et vide. En voyant les fresques sur les murs, Marian comprit qu'ils se trouvaient dans la section de l'ancienne Égypte.

« Je viens ici de temps en temps, déclara Duncan, presque comme s'il parlait tout seul, pour méditer sur l'immortalité. Voici ma momie préférée. »

Marian se pencha vers la vitrine et le visage doré derrière. Les yeux stylisés, bordés de traits bleu foncé, étaient grands ouverts. Ils la regardaient avec une expression de vacuité sereine. Le torse du personnage s'ornait sur toute sa largeur d'un oiseau peint aux ailes déployées, dont chaque plume était dessinée une à une ; il y avait un autre oiseau similaire en travers des cuisses et un troisième sur les pieds. Les parures restantes étaient plus modestes : plusieurs soleils orange, des personnages dorés, couronnés et assis sur un trône ou circulant en barque, et de curieux symboles évoquant des yeux et répétés à l'envi.

« Elle est belle », dit Marian.

Elle se demanda si elle était vraiment sincère. Derrière la surface vitrée, la forme avait un drôle de regard de noyé entre deux eaux ; la peau dorée faisait des ondulations…

« Je crois que c'est censé être un homme », précisa Duncan.

Il avait poussé jusqu'à la vitrine suivante.

« Parfois, je pense que j'aimerais bien vivre éternellement. Comme ça, il n'y aurait plus à se soucier du temps qui passe. Ah, la mutabilité ! Je me demande pourquoi on n'arrive même pas à arrêter le temps alors qu'on essaie de le transcender… »

Elle s'approcha pour voir ce qu'il regardait. C'était un autre sarcophage, ouvert, si bien qu'on voyait la momie ratatinée. Le visage avait été dépouillé de ses bandelettes en lin jauni, de sorte que la tête était exposée, avec sa peau grise et desséchée, ses mèches de cheveux noirs et ses dents étonnamment parfaites.

« Très bien conservé, commenta Duncan du ton de l'amateur averti. On serait bien incapable de réaliser un aussi beau travail à l'heure actuelle, même si nombre de négociants en cadavres affirment le contraire. »

Marian frissonna et tourna les talons. Elle était intriguée, non par la momie elle-même – elle n'aimait pas regarder ce genre de chose –, mais par la fascination évidente qu'elle exerçait sur Duncan. Venue de nulle part, l'idée l'effleura que, si elle tendait la main pour le toucher, il allait se désagréger sur-le-champ.

« Tu es morbide, remarqua-t-elle.

— Qu'est-ce qu'il y a de mal à parler de la mort ? demanda-t-il d'une voix soudain tonnante dans la salle vide. Il n'y a rien de morbide là-dedans ; on y passe tous, tu sais, c'est tout à fait naturel.

— Ce n'est pas naturel d'aimer ça », protesta-t-elle en se tournant vers lui.

Il souriait.

« Ne me prends pas au mot. Je t'ai prévenue. Allez, viens, je vais te montrer mon symbole matriciel. Je ne vais pas tarder à le montrer à Fish. Il menace d'écrire, pour les *Victorian Studies*, une courte monographie intitulée "Les symboles matriciels chez Beatrix Potter". Il faut l'en empêcher. »

Il l'entraîna à l'autre bout de la salle. Sous la lumière qui déclinait rapidement, elle ne parvint d'abord pas à distinguer ce qu'il y avait derrière la vitrine. On aurait cru un tas de gravats. Puis elle vit qu'il s'agissait d'un squelette couché en chien de fusil et encore couvert de peau par endroits. Des pots en terre et un collier gisaient à côté de lui. Le corps était si petit qu'il ressemblait à celui d'un enfant.

« Il est un peu antérieur aux pyramides, poursuivit Duncan. Préservé par les sables du désert. Quand j'en aurai vraiment marre de ce cirque, j'irai m'enterrer. Peut-être que la bibliothèque ferait aussi bien l'affaire, sauf qu'il y a pas mal d'humidité dans cette ville. Il y aurait de la pourriture. »

Marian se pencha un peu plus sur la vitrine. La silhouette rabougrie lui parut pathétique : avec ses côtes saillantes, ses jambes frêles et ses omoplates décharnées, elle lui rappelait des photographies de populations de pays défavorisés ou de camps de concentration. Elle n'avait pas précisément envie de la prendre dans ses bras, mais la plaignait de tout son cœur.

Lorsqu'elle s'éloigna, elle leva les yeux sur Duncan et se rendit compte, avec un frisson d'horreur à peine perceptible, qu'il tendait le bras vers elle. Vu le contexte, sa maigreur n'avait rien de rassurant et elle eut un léger mouvement de recul.

« Ne t'inquiète pas. Je ne suis pas un revenant. »

Il caressa la courbe de sa joue en lui souriant tristement.

« Le problème, surtout avec les gens, quand je les touche et ainsi de suite, c'est que je suis incapable de me concentrer sur la façade. Tant qu'on ne s'intéresse qu'à la façade, je suppose que ça va et que c'est suffisamment réel ; mais dès qu'on commence à s'intéresser à ce qu'il y a derrière… »

Il se pencha et l'embrassa. Elle se détourna, posa la tête sur son épaule et ferma les yeux. Il lui paraissait plus fragile que d'habitude : elle craignait de le serrer trop fort.

Elle entendit le parquet craquer, souleva les paupières et découvrit une paire d'yeux gris austères fixés sur elle. Ils appartenaient à un gardien en uniforme bleu qui avait surgi derrière eux. Il tapa sur l'épaule de Duncan.

« Excusez-moi, monsieur, dit-il poliment mais fermement, mais… euh… il est interdit de s'embrasser dans la salle des momies.

— Oh », s'exclama Duncan, désolé.

Ils rebroussèrent chemin à travers le dédale de salles et finirent par rejoindre l'escalier principal. Un flot d'écoliers chargés de chaises pliantes sortait de la galerie opposée et ils se retrouvèrent pris par le courant des petits pieds en mouvement et emportés jusqu'au bas des marches au milieu d'une cascade de rires stridents.

Comme Duncan lui avait suggéré d'aller boire un café, ils s'étaient installés à une table carrée et poisseuse de la cafétéria du musée, parmi des groupes d'étudiants à l'air résolument affligé. Marian avait si longtemps associé café, bureau et pauses-café dans la matinée qu'elle n'aurait pas été surprise de voir les trois vierges en col blanc apparaître devant elle et s'asseoir à côté de Duncan.

« De la crème ? lui proposa son compagnon en remuant son café.

— Non merci. »

Elle se ravisa cependant et en prit après s'être fait la réflexion que c'était nourrissant.

« Tu sais, je crois que ce serait peut-être une bonne idée de coucher ensemble », déclara-t-il sur le mode de la conversation en reposant sa cuillère.

Marian blêmit intérieurement. Elle avait justifié tout ce qu'il s'était passé avec Duncan (tout ce qu'il s'était vraiment passé ?) au motif que c'était, d'après ses critères, parfaitement innocent. Récemment, il lui avait semblé que l'innocence avait un rapport mal défini avec les vêtements : c'était les cols et les manches longues qui définissaient les limites de son innocence. Ses justifications passaient toujours par le biais d'une conversation imaginaire avec Peter, lequel lui disait, d'un ton jaloux : « Qu'est-ce que j'entends dire ? Il paraît que tu vois souvent un gringalet d'universitaire ? » Et elle répondait : « Ne sois pas idiot, Peter. C'est parfaitement innocent. Après tout, on se marie dans deux mois. »

Ou un mois et demi. Ou un mois.

« Ne sois pas idiot, Duncan, lui répondit-elle, c'est impossible. Après tout, je me marie dans un mois.

— C'est ton problème, rien à voir avec moi. Or, moi, je me suis dit que ce serait une bonne idée.

— Pourquoi ? » demanda-t-elle en souriant malgré elle.

C'était ahurissant de constater le peu de cas qu'il faisait de son point de vue.

« Bien entendu, il ne s'agit pas de toi. Il s'agit juste de l'acte. Je veux dire que, toi, personnellement, tu ne provoques pas vraiment chez moi un désir effréné ni quoi que ce soit. Mais je me suis dit que tu saurais t'y prendre, que c'était un domaine où tu serais compétente et pragmatique, plutôt calme. Pas comme d'autres. Je pense que ce serait bien que je dépasse ce truc que j'ai par rapport au sexe. »

Il renversa du sucre sur la table et traça des figures dedans avec l'index.

« Quel truc ?

— Eh bien, je suis peut-être un homosexuel latent. »

Il réfléchit un moment à ce qu'il venait de déclarer.

« Ou bien un hétérosexuel latent. N'importe, je suis drôlement latent. Je ne comprends vraiment pas pourquoi. Bien sûr, j'ai fait plusieurs essais, mais dès que je me retrouve en situation, je me dis que ça ne sert à rien et je renonce. C'est peut-être parce qu'on est censé faire quelque chose, alors que, moi, passé un certain stade, je n'ai plus qu'une envie : rester allongé à fixer le plafond. Quand, normalement, je devrais rédiger mes mémoires trimestriels, je pense au sexe, mais quand je coince enfin une belle nana consentante ou qu'on se démène dans les buissons et tout le tremblement, et qu'on est enfin prêts pour le *coup de grâce*[1], voilà que je pense à mon mémoire. Je sais que c'est une alternance de distractions, que, à la base, les

1. En français dans le texte.

deux choses sont des distractions, tu vois, mais de quoi est-ce que ça me distrait au fond ? N'importe comment, dans l'ensemble, elles sont trop littéraires, elles n'ont pas lu assez. Si elles avaient lu davantage, elles se rendraient compte que ces scènes relèvent du déjà-vu. Je veux dire : *ad nauseam*. Comment peuvent-elles être aussi vulgaires ? À la fin, elles se ramollissent, se tortillent et s'enflamment, elles font tellement d'efforts et, moi, je me dis : “Oh, bon sang, encore une mauvaise imitation de je ne sais qui” et je m'en bats l'œil. Ou pire, je me gondole. Et, là, elles tournent hystériques. »

Il suça pensivement le sucre sur son doigt.

« Qu'est-ce qui te fait croire que ce serait différent avec moi ? »

Elle se sentait à présent très experte et pro, presque à l'égal d'une surveillante en chef. La situation, songea-t-elle, exigeait de grosses chaussures, des poignets amidonnés et une trousse en cuir bourrée d'aiguilles hypodermiques.

« Oh, ça ne le serait probablement pas. Mais maintenant que je t'ai prévenue, au moins, tu ne tournerais pas hystérique. »

Ils restèrent assis sans rien dire. Marian réfléchissait aux confidences de Duncan. Elle considérait que le détachement avec lequel il avait formulé sa requête représentait une véritable insulte. Alors pourquoi ne se sentait-elle pas insultée ? Elle avait au contraire le sentiment qu'il fallait qu'elle lui porte secours en accomplissant un geste thérapeutique, comme lui prendre le pouls.

« Eh bien… », bredouilla-t-elle sans cesser de réfléchir.

Là-dessus, se demandant si quelqu'un les avait entendus, elle jeta un coup d'œil circulaire dans la cafétéria et croisa le regard d'un homme corpulent et barbu installé à une table proche de la porte ; il regardait dans sa direction. Elle le prit pour un professeur d'anthropologie et il lui fallut un moment pour reconnaître l'un des colocataires de Duncan. Le blond, de dos à côté lui, devait être l'autre.

« Il y a un de tes parents là-bas », glissa-t-elle à Duncan.

Il pivota sur son siège.

« Oh, s'exclama-t-il, je ferais mieux d'aller leur dire bonjour. »

Il se leva et alla s'asseoir à leur table. Après un échange discret, il revint vers Marian.

« Trevor veut savoir si tu aimerais dîner avec nous, ânonna-t-il sur le ton d'un jeune enfant répétant un message appris par cœur.

— Et toi, tu veux ?

— Moi ? Oh, bien sûr. Oui, je pense. Pourquoi pas ?

— Alors, dis-lui que ça me ferait très plaisir. »

Peter travaillait sur un cas et Ainsley passait la soirée à la clinique.

Il alla leur rapporter qu'elle acceptait. Une minute plus tard, ses deux compagnons se levaient et sortaient tandis que Duncan, toujours aussi abattu, revenait s'asseoir.

« Trevor a déclaré que c'était génial, il va vite mettre quelques bricoles au four. Rien de compliqué, il a promis. Ils nous attendent dans une heure. »

Marian esquissa un sourire, puis porta la main à sa bouche : elle venait de se rappeler la liste de ce qu'elle ne pouvait absorber.

« Que crois-tu qu'il y aura ? » demanda-t-elle dans un filet de voix.

Duncan haussa les épaules.

« Oh, je ne sais pas. Il aime préparer des brochettes et leur coller le feu. Pourquoi ?

— Eh bien, il y a des tas de choses que je ne peux pas manger, je veux dire : que je n'ai pas mangé depuis quelque temps. De la viande, par exemple, des œufs et certains légumes. »

Duncan ne parut absolument pas surpris.

« D'accord. Néanmoins, Trevor est très fier de sa cuisine. Moi, je m'en fiche, je me tape aussi bien un hamburger, mais si tu ne goûtes pas au moins un peu de l'assiette qu'il te servira, il prendra ça comme un affront.

— Il le prendra encore plus comme un affront si je vomis, répliqua-t-elle d'un ton sinistre. Je ferais peut-être mieux de refuser.

— Oh, viens, on trouvera bien une solution. »

Un soupçon de curiosité malveillante teintait sa voix.

« Je suis désolée, je ne sais pas pourquoi j'ai ce genre de réaction, je n'y peux vraiment rien. »

« Peut-être que je peux prétexter un régime », se disait-elle.

« Oh, enchaîna Duncan, tu es sans doute représentative de la jeunesse moderne, qui se rebelle contre le système ; de l'avis général, il n'est néanmoins pas très orthodoxe de commencer par le système digestif. Mais pourquoi pas ? J'ai toujours pensé que manger était une activité ridicule. Si je pouvais, je m'en passerais volontiers, même si, à ce qu'il paraît, il faut manger pour vivre. »

Ils se levèrent et enfilèrent leurs manteaux.

« Personnellement, je préférerais être nourri par l'artère principale. Si seulement je connaissais des spécialistes, je suis sûr qu'ils m'arrangeraient ça… »

22.

En entrant dans le hall de l'immeuble, Marian, qui avait enlevé ses gants, glissa la main dans la poche de son manteau et fit tourner sa bague de fiançailles autour de son doigt. Pour elle, arborer trop ostensiblement ce diamant symbolique s'apparentait à un manque de courtoisie à l'égard des colocataires, qui se méprenaient sur son compte de manière tellement touchante. Puis elle l'enleva carrément. Puis elle se dit : « Qu'est-ce que je fabrique ? Je me marie dans un mois. Pourquoi faudrait-il le leur cacher ? » et la remit. Puis elle se dit encore : « Mais je ne les reverrai jamais. Pourquoi compliquer les choses à ce stade ? » et elle la retira de nouveau et la rangea dans son porte-monnaie pour plus de sécurité.

Entre-temps, ils avaient gravi les marches et étaient arrivés à la porte de l'appartement que Trevor leur ouvrit avant que Duncan ait même effleuré la poignée. Il portait un tablier et dégageait de délicats effluves d'épices.

« Je pensais bien vous avoir entendus, affirma-t-il. Entrez donc… Je crains que le dîner ne soit pas tout à fait prêt. Je suis très heureux que tu aies pu venir, euh… »

Il posa ses yeux bleu pâle sur Marian et la fixa d'un air interrogateur.

« Marian, déclara Duncan.

— Ah oui, je ne crois pas que nous ayons été présentés… en bonne et due forme, fit Trevor avec un sourire qui lui creusa deux fossettes dans les joues. Ce soir, c'est à la fortune du pot… rien de compliqué. »

Il fronça les sourcils, huma l'air, poussa un grand cri inquiet et fila en toute hâte vers la kitchenette sur le côté.

Marian laissa ses couvre-chaussures sur les journaux par terre devant la porte pendant que Duncan allait ranger son manteau dans la chambre. Elle entra dans le salon et se chercha une place. Elle ne voulait pas prendre le fauteuil violet de Trevor, ni le bleu-vert de Duncan – ça créerait peut-être un problème pour Duncan lorsqu'il sortirait de sa chambre –, ni s'installer à même le sol au milieu des papiers : elle risquait de déranger une des thèses ; quant à Fish, il s'était barricadé dans le fauteuil rouge, la planche devant lui, et, calé sur les accoudoirs, il écrivait d'un air très concentré sur un bout de papier. Un verre presque vide trônait à côté de son coude. En désespoir de cause, Marian se posa tant bien que mal sur l'un des bras du siège de Duncan, les mains jointes sur les cuisses.

Chargé d'un plateau de verres à sherry en cristal, Trevor émergea de la cuisine en fredonnant.

« Merci, c'est très gentil, dit poliment Marian comme il lui remettait le sien. Quel beau verre !

— Oui, il est élégant n'est-ce pas ? Ça fait des années qu'il est dans la famille. L'élégance a presque disparu de nos jours, expliqua-t-il en fixant l'oreille droite de Marian comme s'il y contemplait un tableau d'histoire immémoriale en passe de disparaître. Surtout dans ce pays. Moi, je trouve qu'on devrait tous fournir notre part d'efforts pour la préserver un peu, non ? »

À l'arrivée du sherry, Fish avait posé son stylo. Il regardait maintenant fixement non pas le visage de Marian, mais son ventre, quelque part dans la région du nombril. Déconcertée, elle chercha à détourner son attention :

« Duncan m'a dit que tu bossais sur Beatrix Potter. Ça paraît passionnant.

— Ah ? Oh oui. J'y ai pensé, mais je me suis lancé dans Lewis Carroll, c'est vraiment plus profond. On s'arrache furieusement le dix-neuvième siècle en ce moment, tu sais ? »

Il rejeta la tête contre le dossier de sa chaise et ferma les yeux ; les mots s'élevèrent en une mélopée monotone de sa barbe noire et touffue comme un fourré.

« Tout le monde sait, bien sûr, qu'*Alice* est un livre qui traite d'une crise d'identité sexuelle, c'est une vieille histoire qui circule depuis longtemps, j'aimerais quand même l'explorer un peu plus profondément. Ce qu'on a là, si on veut bien y regarder d'un peu près, c'est cette petite fille qui s'enfonce dans le terrier du lapin – image très évocatrice –, où elle redevient un fœtus, pour ainsi dire, et tente de découvrir son rôle (il se passa la langue sur les lèvres), son rôle en tant que Femme. Oui, ça, c'est assez clair. Ce sont les schémas qui émergent. Des schémas émergent. Elle se voit proposer des tas de rôles sexuels, mais apparemment il n'y en a pas un seul qu'elle puisse accepter, je veux dire qu'elle est vraiment coincée. Elle rejette la maternité quand le bébé qu'elle dorlote se transforme en cochon, n'accepte pas davantage le rôle de femme dominatrice de la Reine et ses "Qu'on lui coupe la tête !" castrateurs. Et quand la Duchesse lui fait de sournoises avances lesbiennes, parfois, on se demande si le vieux Lewis avait vraiment conscience de ce qu'il écrivait. N'importe, d'une part, elle ne se rend pas compte de ce qui se passe et, d'autre part, ça ne l'intéresse pas ; et, juste après, tu te rappelleras qu'elle va parler avec la Tortue fantaisie, personnage incontestablement préadolescent qui gémit sur son sort du fond de la carapace où il est enfermé ; puis il y a ces scènes terriblement suggestives, terriblement suggestives, celle où son cou s'allonge démesurément et où elle est accusée d'être un serpent, qui n'aime pas les œufs, rappelle-toi, identité phallique très destructive qu'elle rejette avec indignation ; et sa réaction négative face au ver à soie catégorique qui, du haut de ses sept centimètres, se redresse avec arrogance sur le champignon bien trop féminin, qui est parfaitement rond et a le pouvoir de vous rendre ou plus petit ou plus grand que la normale, je trouve tout ça extrêmement intéressant. Et, bien sûr, il y a l'obsession du temps, obsession cyclique plutôt que linéaire, c'est clair. Quoi qu'il en soit, elle fait donc de nombreuses tentatives mais refuse de prendre position et on ne peut pas dire qu'à la fin du livre elle ait atteint un stade qu'on puisse réellement qualifier de “maturité”. Cela étant, elle se débrouille bien mieux dans “À travers le miroir” où, tu te rappelles… »

Un petit ricanement étouffé mais audible s'éleva dans la pièce. Marian sursauta. Duncan avait dû se planter dans l'embrasure de la porte : elle ne l'avait pas vu entrer.

Fish souleva les paupières, cligna les yeux et regarda Duncan en fronçant les sourcils, mais Trevor entra alors d'un air affairé sans lui laisser le loisir de répliquer.

« Il t'a soûlée avec ces horribles symboles et toutes ces histoires ? Moi, je ne suis pas d'accord avec ce genre de critique. À mon sens, le style est bien plus important, et Fischer devient beaucoup trop viennois, surtout quand il boit. Il est vraiment affreux. En plus, il est complètement démodé, ajouta Trevor méchamment. La toute dernière façon d'aborder *Alice*, c'est de classer l'œuvre comme un livre pour enfants, plutôt charmant, et rien de plus. J'ai presque fini. Duncan, tu pourrais m'aider à mettre le couvert ? »

Carré dans les profondeurs de son fauteuil, Fischer les regarda installer deux tables de jeu, dont ils placèrent les pieds précautionneusement entre les piles de papiers qu'ils repoussaient si nécessaire. Puis Trevor déploya une nappe blanche sur les deux tables et Duncan disposa l'argenterie et les assiettes. Quant à Fish, il prit son verre de sherry, qu'il vida d'un trait avant d'aviser l'autre verre qui se trouvait là et qu'il sécha aussi.

« Allez ! cria Trevor. Le dîner est servi ! »

Marian se leva. Les yeux de Trevor brillaient et, sous l'effet de l'énervement, un rond rouge flamboyait au milieu de ses joues d'une blancheur de farine. Une mèche de cheveux blonds et mous lui barrait le front. Il alluma les bougies sur la table, fit le tour du salon pour éteindre les lampadaires, puis confisqua la planche posée devant Fish.

« Assieds-toi ici, ah, Marian », dit-il avant de disparaître dans la cuisine.

Elle prit place sur la chaise indiquée, mais les pieds de la table devant elle l'empêchèrent de se rapprocher autant qu'elle l'aurait souhaité. D'un coup d'œil, elle vérifia le contenu des assiettes : ils allaient commencer par un cocktail de crevettes. Très bien. Elle se demandait avec appréhension ce que son corps allait se voir proposer encore. Il y aurait manifestement beaucoup d'autres choses : la table croulait sous l'argenterie. Elle remarqua avec intérêt la salière victorienne et ses guirlandes en argent ainsi que la décoration florale trônant entre les deux bougies. C'était des fleurs fraîches en plus, des chrysanthèmes dans un plat rectangulaire lui aussi en argent.

Trevor revint et s'installa sur le siège le plus proche de la cuisine et ils entamèrent le repas. Duncan était en face d'elle et Fish à sa gauche, au bas bout de la table, présuma-t-elle, mais peut-être était-ce le haut bout ? Elle était ravie de dîner aux chandelles : il lui serait plus facile de faire le vide en cas de nécessité. Pour le moment, elle n'avait pas la moindre idée de la façon dont elle se débrouillerait, si la situation l'exigeait, et il ne fallait apparemment pas compter sur Duncan qui semblait replié sur lui-même ; il mangeait de manière mécanique et fixait les flammes des bougies en mâchant, ce qui donnait l'impression qu'il louchait un peu.

« Ton argenterie est superbe, dit-elle à Trevor.

— Oui, n'est-ce pas ? répliqua-t-il avec un sourire. Ça fait des années qu'elle est dans la famille. La porcelaine aussi, je la trouve plutôt divine, bien plus jolie que ces austères machins danois que tout le monde utilise aujourd'hui. »

Marian examina le décor : un motif de fleurs en bourgeons, agrémenté de nombreux festons, cannelures et volutes.

« Ravissant, je crains que tu ne te sois donné beaucoup trop de mal. »

Le visage de Trevor s'épanouit en un large sourire. Il était clair qu'elle avait prononcé les paroles qu'il attendait.

« Oh, pas du tout. À mon avis, il est extrêmement important de bien manger, pourquoi se contenter de manger pour vivre, comme la plupart des gens ? C'est moi qui ai préparé la sauce, elle te plaît ? »

Sans attendre de réponse, il poursuivit :

« Je ne supporte pas ces produits en bouteille, ils sont tellement standardisés ; je trouve du vrai raifort au marché à côté du lac mais, bien sûr, dans cette ville, il est très difficile de mettre la main sur des crevettes fraîches… »

Il pencha la tête de côté, comme s'il tendait l'oreille, puis bondit de sa chaise et fila vers la cuisine.

Là-dessus, Fischer, qui était resté silencieux depuis qu'ils s'étaient assis, ouvrit la bouche et se mit à parler. Il continuait à manger, de sorte que l'ingestion de nourriture et la production de paroles se faisaient en rythme, nota Marian, comme s'il respirait, mais il semblait gérer cette alternance de manière parfaitement automatique, ce qui était une bonne chose, parce que, dans le cas contraire, c'était la fausse route garantie, elle en était sûre et certaine. Ce serait épouvantablement douloureux de se retrouver avec une crevette en travers de la trachée, surtout nappée de sauce au raifort. Elle l'observait avec fascination et sans se cacher, car il avait les yeux fermés, la majeure partie du temps. Sa fourchette trouvait le chemin de sa bouche par le biais d'un mécanisme ou d'un sens spécial qui n'appartenait qu'à lui et qui dépassait l'imagination de Marian : peut-être son couvert renvoyait-il des ondes supersoniques, semblables à celles des chauves-souris ? À moins que sa barbe et ses moustaches ne lui servent d'antennes ? Il continua imperturbablement même après que Trevor, qui avait retiré les premières assiettes d'un geste énergique, eut posé devant lui une assiette de consommé qu'il essaya d'attaquer à la fourchette. Là, il ouvrit les yeux le temps d'attraper sa cuillère.

« Voici maintenant le sujet de thèse que je me propose d'écrire, poursuivit-il. Il se peut qu'ils ne soient pas d'accord, ils sont très conservateurs par ici, mais même s'ils refusent, je peux toujours l'envoyer à un journal, la réflexion n'est jamais perdue ; de toute façon, on n'a pas le choix, de nos jours, c'est publier ou mourir. Si je ne peux pas la faire ici, je pourrai toujours tenter ma chance aux États-Unis. J'ai en tête un truc totalement révolutionnaire : "Malthus et la métaphore créative", Malthus n'étant, bien sûr, qu'un symbole de ce que je veux démontrer, c'est-à-dire le lien obligatoire entre l'augmentation du taux de natalité à l'époque contemporaine, disons durant les deux ou trois siècles passés, principalement du dix-huitième siècle au milieu du dix-neuvième, et la manière dont les critiques ont modifié leur approche de la poésie, avec les changements subséquents dans l'écriture des poètes et, oh, je pourrai sans problème élargir le sujet et couvrir tous les arts créatifs. Ce sera une étude interdisciplinaire, une recombinaison des disciplines, lesquelles sont beaucoup trop rigidifiées à l'heure actuelle, un mélange, disons, d'économie, de biologie et de critique littéraire. On devient trop pointu, vraiment trop pointu, on se spécialise trop, c'est pour ça qu'on perd de vue une foule de choses. Bien entendu, il faudra que je collecte des statistiques et que j'établisse des graphiques ; jusqu'à présent, je me suis simplement cantonné à des réflexions préparatoires, à des recherches primordiales, à examiner des œuvres d'auteurs anciens et modernes incontournables… »

Ils buvaient du sherry. Fish, cherchant son verre à tâtons, manqua le renverser.

Quant à Marian, elle se retrouva prise entre deux feux, car, à peine rassis à l'autre bout de la table, Trevor se mit à lui vanter la subtile saveur du consommé et à lui expliquer comment il avait extrait les essences nécessaires avec beaucoup d'efforts, petit à petit, à feu très doux. Or, comme il était le seul qui la regardait plus ou moins, elle se sentait obligée de soutenir son regard. Duncan ne prêtait attention à personne, et pas plus Fish que Trevor ne semblaient le moins du monde gênés de parler en même temps. À l'évidence, ils en avaient l'habitude. Elle s'aperçut toutefois qu'elle pouvait se débrouiller de la situation en hochant la tête et en souriant de temps à autre, les yeux tournés vers Trevor et les oreilles vers Fish, qui continuait imperturbablement :

« Tu vois, tant que la population, au kilomètre carré surtout, était peu nombreuse et que le taux de mortalité infantile et de mortalité était généralement élevé, on encourageait les naissances. L'homme était en harmonie avec les finalités et les cycles de la nature et la terre disait : "Croissez et reproduisez-vous. Soyez féconds et multipliez-vous", si tu te rappelles… »

Trevor se leva d'un bond et fit le tour de la table pour retirer rapidement les assiettes creuses. Il parlait de plus en plus vite et avait des gestes de plus en plus pressés ; il entrait et sortait de la cuisine à la manière d'un coucou d'horloge. Marian jeta un regard à Fish. Apparemment victime de plusieurs gestes malheureux, il avait la barbe poisseuse et dégoulinante de consommé. On aurait juré un bébé barbu sur une chaise haute ; Marian aurait aimé que quelqu'un lui noue un bavoir autour du cou.

Trevor revint avec des assiettes propres, puis ressortit illico. Derrière la voix de Fish, elle l'entendit s'agiter bruyamment dans la cuisine.

« Et, par conséquent, le poète s'est considéré comme un producteur naturel du même type ; ses poèmes lui étaient en quelque sorte transmis par les Muses ou, disons, par Apollon peut-être, d'où le terme "inspiration", instillation du souffle, si l'on peut dire ; le poète portait son œuvre, le poème connaissait une période de gestation, souvent longue, et lorsque, enfin, il était prêt à voir le jour, le poète en était délivré au terme d'un labeur souvent douloureux. Si bien que le processus même de la création artistique constituait en lui-même une imitation de la nature, de l'événement qui, dans la nature, s'avère primordial à la perpétuation du genre humain. Je veux dire la naissance, la naissance. Mais aujourd'hui, qu'avons-nous ? »

Des crépitements s'élevèrent et Trevor fit une apparition spectaculaire sur le seuil de la pièce, avec, dans chaque main, une épée bleue de flammes. Seule Marian le regarda.

« Oh, mon Dieu, s'écria-t-elle avec admiration, voilà qui fait de l'effet !

— Oui, n'est-ce pas ? J'adore les plats flambés. Ce ne sont pas vraiment des chiche-kebabs, bien sûr, c'est un peu plus français, pas aussi banal que la version grecque… »

Quand, avec dextérité, il fit glisser dans son assiette ce qui était empalé sur les brochettes, elle s'aperçut que c'était pour la plupart des morceaux de viande. Eh bien, elle était le dos au mur maintenant. Il allait lui falloir trouver une solution. Trevor servit le vin tout en expliquant combien il était difficile de se procurer de l'estragon authentiquement frais dans cette ville.

« Ce que nous avons aujourd'hui, c'est, d'après moi, une société fondée sur des valeurs antinatalistes. Le contrôle des naissances, on nous dit, et aussi : Ce que nous devons craindre, tous autant que nous sommes, c'est l'explosion démographique et non l'explosion atomique. Malthus, tu comprends, sauf que la guerre n'est plus un moyen de réduire sérieusement la population. Dans ce contexte, il est facile de voir que la montée du romantisme… »

Les autres plats contenaient du riz avec quelque chose, une sauce aromatisée pour napper la viande et un légume non identifiable. Trevor les fit passer. Tel quelqu'un faisant une offrande propitiatoire à un dieu susceptible de laisser éclater sa colère, Marian se fourra timidement dans la bouche une cuillerée de substance végétale vert foncé. Elle fut acceptée.

« … coïncide – ce qui est très instructif – avec l'augmentation de la population, laquelle a bien sûr commencé un peu plus tôt, mais a fini par prendre des proportions quasi épidémiques. Le poète n'a plus pu se vanter d'être un substitut de figure maternelle qui, en engendrant ses œuvres, offrait ainsi, façon de parler, un nouvel enfant à la société. Il a dû devenir autre, or à quoi correspond donc cette emphase mise sur l'expression individuelle, note bien qu'on dit "expression", pression visant à faire sortir le "jus", cette emphase sur la spontanéité, la création instantanée ? Non seulement le vingtième siècle compte… »

Trevor étant reparti à la cuisine, Marian examina les morceaux de viande dans son assiette avec un désespoir croissant. Elle envisagea de les pousser sous la nappe – mais ça se verrait. Elle aurait pu les cacher dans son sac, malheureusement elle l'avait laissé à côté du fauteuil. Peut-être pouvait-elle les glisser dans l'encolure de son chemisier ou dans sa manche…

« … des peintres qui projettent la peinture partout sur la toile dans un quasi-orgasme d'énergie, mais nous avons des écrivains qui pensent pouvoir utiliser les mots dans le même esprit… »

Elle tendit la jambe sous la table et cogna discrètement le tibia de Duncan. Il sursauta et leva les yeux vers elle. L'espace d'un instant, aucune lueur de compréhension n'éclaira ses prunelles, mais il finit néanmoins par regarder, intrigué.

Elle racla presque toute la sauce recouvrant un des morceaux de viande, le saisit entre le pouce et l'index et le lui envoya par-dessus les bougies. Il l'attrapa, le posa sur son assiette et entreprit de le couper. Du coup, elle racla un deuxième morceau.

« … ne se voient plus comme engendrant quelque chose ; non, la méditation prolongée et la délivrance au monde appartiennent au passé. L'acte naturel que l'art choisit aujourd'hui d'imiter, oui, qu'il est forcé d'imiter, c'est l'acte même de la copulation… »

Marian envoya le deuxième morceau, qui fut bien rattrapé lui aussi. On devrait peut-être échanger nos assiettes en vitesse, se dit-elle ; mais non, ça se remarquerait, Duncan avait fini la sienne avant que Trevor ne quitte la pièce.

« Ce qu'il nous faut, c'est un cataclysme », affirma Fish.

Sa voix donnait maintenant dans le récitatif ou presque et s'amplifiait ; il semblait se préparer à une sorte de crescendo.

« Un cataclysme. Une autre Peste noire, une formidable explosion, des millions rayés de la surface de la Terre, la civilisation, sous la forme où nous la connaissons, totalement anéantie, et, là, la naissance redeviendrait primordiale, nous pourrions en revenir à la tribu, aux dieux d'antan, aux sombres divinités de la terre, à la déesse mère, à la déesse des eaux, à la déesse de la naissance, des moissons et de la mort. Il nous faut une nouvelle Vénus, une Vénus luxuriante de chaleur, de végétation, de fécondité, une nouvelle Vénus, ventrue, débordante de vie, de potentialité, prête à engendrer un nouveau monde dans toute sa plénitude, une nouvelle Vénus émergeant de la mer… »

Peut-être pour souligner l'importance des paroles qu'il venait de prononcer, Fischer décida de se lever.

Pour ce faire, il s'appuya des deux mains sur la table de jeu, dont deux des pieds se dérobèrent, de sorte que l'assiette de Fish glissa et lui atterrit sur les genoux. Au même moment, le morceau de Marian décrivait sa trajectoire aérienne avant de toucher Duncan en plein sur le côté de la tête, ensuite de quoi il dévia sa course et rebondit par terre pour finir sur une pile de mémoires trimestriels.

Trevor, un petit saladier dans chaque main, franchit la porte juste à temps pour être témoin des deux incidents. Il en resta bouche bée.

« Ça y est, je sais enfin ce que je veux vraiment être », proclama Duncan dans le silence qui s'était brusquement abattu dans la pièce.

Une traînée de sauce blanc grisâtre dans les cheveux, il fixait sereinement le plafond.

« Une amibe. »

Duncan avait dit qu'il la raccompagnerait un bout de chemin : il avait besoin de s'aérer un peu.

Par chance, rien, dans la vaisselle de Trevor, n'avait été cassé, alors que plusieurs choses avaient été renversées ; et, une fois la table redressée, quand Fischer avait cessé de discourir pour se borner à marmonner à part lui, Trevor avait eu l'amabilité de traiter l'affaire par le mépris, même s'il avait battu froid à Marian pendant le reste du repas, de la salade au café et aux digestifs sans oublier les *pêches flambées*[1] et les petits gâteaux à la noix de coco.

Pour l'heure, ils cheminaient sur la neige crissante en discutant de Fischer qui avait mangé la rondelle de citron de son rince-doigts.

« Trevor n'aime pas ça, bien sûr, lui expliqua Duncan, pourtant, je lui ai déjà dit que s'il ne voulait pas que Fish la boulotte, il n'avait qu'à ne pas en mettre. Or, il tient à accomplir ce genre de chose dans les règles, même si, d'après lui, personne n'apprécie beaucoup ses efforts. En général, je me tape la mienne, moi aussi, mais pas ce soir : on avait de la compagnie.

— Tout cela était très… intéressant », conclut Marian.

Elle réfléchissait au fait que, durant la soirée, aucun d'entre eux n'avait parlé d'elle ni ne lui avait posé la moindre question personnelle, alors qu'elle pensait avoir été invitée parce que Trevor et Fischer avaient envie de mieux la connaître. À présent, elle se disait qu'ils cherchaient sans doute désespérément un nouveau public.

Duncan la regarda avec un sourire sardonique.

« Eh bien, tu sais maintenant à quoi ressemble ma vie à la maison.

— Tu pourrais déménager, suggéra-t-elle.

1. En français dans le texte.

— Oh non. En réalité, ça ne me déplaît pas vraiment. Et puis, qui d'autre s'occuperait aussi bien de moi ? Et se tourmenterait autant à mon sujet ? Quand ils ne sont pas absorbés par leurs hobbies ou embarqués dans un autre truc, ils se font du mouron pour moi, tu sais. Ils passent tellement de temps à se questionner sur ma personnalité que, franchement, je pourrais me dispenser d'y réfléchir moi-même. Grâce à eux, ma métamorphose en amibe devrait s'effectuer bien plus facilement à la longue.

— Pourquoi tu t'intéresses autant aux amibes ?

— Oh, elles sont immortelles, plutôt informes et adaptables. Ça devient trop compliqué d'être une personne. »

Ils avaient atteint le point le plus élevé de la rampe d'asphalte menant vers le terrain de base-ball. Duncan s'assit sur une congère et alluma une cigarette ; apparemment, il ne craignait pas le froid. Au bout d'un moment, elle s'assit à côté de lui. Comme il ne faisait pas mine de passer le bras autour de son épaule, elle prit l'initiative.

« Le truc, poursuivit-il après quelques secondes de silence, c'est que j'aimerais qu'il existe quelque chose de vraiment réel. Pas tout, c'est impossible, mais peut-être une ou deux choses. Tu vois, il a suffi au Dr Johnson d'un coup de pied dans une pierre pour réfuter la théorie de l'irréalité de la matière, mais je ne peux pas flanquer des coups de pied à mes colocataires. Ni à mes professeurs. Et, si ça se trouve, mon pied n'est peut-être pas réel. »

Il jeta sa cigarette et en alluma une autre.

« Je me suis dit que, toi, tu l'étais peut-être. Tu vois, si on couchait ensemble, Dieu sait que, là, tu es drôlement irréelle, moi, je ne pense qu'à tes épaisseurs de lainages, manteaux, pulls et tout le tintouin… Parfois je me demande si ça continue indéfiniment, si tu n'es pas en laine jusqu'à la moelle. Ce serait pas mal si tu ne l'étais pas… »

Marian ne put pas résister à cet appel. Elle n'était pas en laine et le savait.

« Soit, suppose qu'on couche, concéda-t-elle sans cesser de réfléchir, mais on ne peut pas aller chez moi.

— Ni chez moi, renchérit Duncan, qui ne parut ni surpris ni heureux de son consentement implicite.

— J'imagine qu'il faudrait qu'on aille à l'hôtel, comme des gens mariés.

— Jamais ils ne nous croiraient, répondit-il avec tristesse. Je n'ai pas l'air d'un homme marié. Dans les bars, on continue à me demander si j'ai seize ans.

— Tu n'as pas de certificat de naissance ?

— J'en avais un, mais je l'ai perdu. »

Il tourna la tête et l'embrassa sur le nez.

« Je présume qu'on pourrait aller dans un hôtel qui accepte les gens pas mariés.

— Tu veux dire… tu voudrais que je me fasse passer pour… une sorte de prostituée ?

— Eh bien, pourquoi pas ?

— Non, riposta-t-elle un peu indignée. Je ne pourrais pas.

— Moi non plus, je ne pourrais sans doute pas, admit-il d'une voix sombre. Et les motels sont exclus, je ne conduis pas. Eh bien, je suppose que la messe est dite. »

Il reprit une cigarette.

« Oh, et puis c'est vrai que tu me corromprais sûrement. Mais bon, encore une fois, ajouta-t-il avec une pointe d'amertume, je suis peut-être incorruptible. »

Marian contempla le terrain de base-ball. La nuit était claire et le froid mordant, et les étoiles dans le ciel noir brûlaient d'un éclat glacé. Il avait neigé et, sous la couche de fine poudreuse, le parc formait une étendue blanche, totalement immaculée. Soudain, elle eut envie de dévaler la rampe au grand trot, de sauter là-dedans pour y laisser ses empreintes et dessiner des labyrinthes et des chemins biscornus. Mais elle savait que, d'ici peu, elle le traverserait d'un pas tranquille pour gagner la station de métro.

Elle se leva, brossa la neige sur son manteau.

« Tu continues ? » demanda-t-elle.

Duncan se leva à son tour et enfonça les mains dans ses poches. La pénombre et la lumière chiche du lampadaire lui faisaient un visage pommelé.

« Non, répondit-il. À bientôt, peut-être. »

Il tourna les talons et sa silhouette se fondit presque sans bruit dans la nuit bleutée.

Quand elle eut atteint le rectangle pastel et brillamment éclairé de la station de métro, Marian sortit son porte-monnaie pour y récupérer sa bague de fiançailles parmi la menue monnaie.

23.

Marian était couchée sur le ventre, paupières closes, un cendrier en équilibre sur ses reins nus où Peter l'avait posé. Allongé à côté d'elle, il fumait une cigarette et finissait son double scotch. Au salon, la chaîne hi-fi diffusait de la musique d'ambiance.

Elle avait beau s'évertuer à ne pas plisser le front, elle était soucieuse. Le matin même, son corps avait fini par refuser catégoriquement le riz au lait en conserve, alors que, des semaines durant, il l'avait accepté quasiment sans broncher. Jusqu'à présent, la certitude de pouvoir compter sur cet apport nutritif l'avait énormément rassurée : ça la remplissait et, comme Mme Withers, la diététicienne, le lui avait expliqué, sa teneur en vitamines avait été renforcée. Mais subitement, alors qu'elle versait de la crème dessus, ses yeux y avaient vu une collection de petits cocons. Des cocons renfermant de minuscules créatures vivantes.

Depuis l'apparition de ce satané problème, elle avait essayé de faire comme si de rien n'était, comme s'il s'agissait d'une affection superficielle, de l'ordre d'une crise d'urticaire : ça passerait. Mais désormais elle ne pouvait plus pratiquer la politique de l'autruche ; elle s'était demandé si elle devait en parler à quelqu'un. Elle en avait déjà touché un mot à Duncan, mais peine perdue : il avait paru trouver ça normal ; or, ce qui la tourmentait essentiellement, c'était l'idée qu'elle n'était peut-être pas normale. C'était pour ça qu'elle n'osait s'en ouvrir à Peter : il risquait de la prendre pour une sorte de monstre ou pour une névrosée. Et, naturellement, il y réfléchirait à deux fois avant de l'épouser ; peut-être lui proposerait-il de repousser le mariage jusqu'à ce qu'elle soit rétablie. À sa place, elle lui suggérerait la même chose. Elle n'arrivait pas à imaginer ce qu'elle ferait une fois mariée, quand il lui serait impossible de lui cacher la vérité plus longtemps. Peut-être pourraient-ils ne pas prendre leurs repas ensemble ?

Elle buvait son café, les yeux rivés sur le riz au lait intact, quand Ainsley avait déboulé, vêtue de son infâme peignoir vert. Depuis quelques jours, elle ne chantonnait plus, ne tricotait plus ; en revanche, elle lisait énormément pour tenter, comme elle disait, d'étouffer les problèmes dans l'œuf.

Avant de s'asseoir, elle avait rassemblé sur la table sa levure de bière enrichie en fer, ses germes de blé, son jus d'orange, son laxatif spécial et ses céréales fortifiées en vitamines.

« Ainsley, crois-tu que je suis normale ?

— Être normale est une chose, être dans la moyenne en est une autre, lui avait répondu celle-ci de façon sibylline. Personne n'est normal. »

Elle avait ouvert un livre de poche dont elle avait souligné certains passages au crayon rouge.

De toute façon, Ainsley n'aurait pas pu lui être d'un grand secours. Quelques mois auparavant, elle lui aurait affirmé que c'était lié à une difficulté d'ordre sexuel, ce qui aurait été ridicule. Ou qu'elle avait été traumatisée enfant en découvrant un mille-pattes dans une salade, comme Len avec son poussin ; or, pour ce que Marian en savait, il n'y avait rien de tel dans son passé. Elle n'avait jamais chipoté devant son assiette, on lui avait appris à manger de tout ; elle n'avait même jamais regimbé devant des olives, des asperges et des palourdes, alors qu'il paraît qu'il faut apprendre à les aimer. Récemment pourtant, Ainsley avait beaucoup parlé de behaviorisme. Les behavioristes, affirmait-elle, étaient capables de guérir des maladies comme l'alcoolisme et l'homosexualité en montrant aux patients vraiment désireux de guérir des images associées à leur maladie, puis en leur prescrivant un médicament leur donnant la sensation de suffoquer.

« Ils disent que, indépendamment de la cause, c'est le comportement lui-même qui devient le problème, lui avait confié Ainsley. Bien sûr, il y a toujours des accros. Si la cause du dérèglement est relativement profonde, le sujet change simplement de dépendance et passe, par exemple, de l'alcool à la drogue ; ou bien il se suicide. Or, moi, ce qu'il me faut, ce n'est pas guérir, mais prévenir. Et même si on peut le guérir… si tant est qu'il le veuille, Len m'accusera néanmoins d'être la cause de son malheur. »

« Mais dans mon cas, s'était dit Marian, le behaviorisme ne se révélerait pas d'une grande utilité. » De quelle manière pourrait-il soigner un état comme le sien, puisqu'elle ne mangeait pas ? Si elle s'empiffrait, ce serait différent ; mais, là, ce serait un peu compliqué de lui montrer des images de non-alimentation, puis de l'empêcher de respirer.

Elle avait passé en revue les autres personnes qu'elle aurait éventuellement pu consulter. Les vierges en col blanc, piquées dans leur curiosité, auraient voulu tout savoir, mais auraient été infichues, de l'avis de Marian, de lui donner le moindre conseil judicieux. En plus, si elle se confiait à l'une d'entre elles, les autres le sauraient, puis tous les gens qu'elles connaissaient : impossible de prédire comment ça risquait de revenir aux oreilles de Peter. Quant à ses autres amies, elles étaient loin, dans d'autres bourgs, dans d'autres villes, dans d'autres pays ; enfin, écrire ça noir sur blanc donnerait à cette affaire un aspect trop irréversible. La dame d'en bas… là, ce serait racler le fond du fond ; elle aurait la même réaction consternée que ses parents, mais ne comprendrait rien. Quant au reste de sa famille, ils jugeraient tous de « très mauvais goût » que Marian ait un problème du côté de ses fonctions naturelles, comme ils disaient.

Elle avait donc décidé d'aller voir Clara. L'espoir était mince – Clara ne serait sûrement pas capable de lui proposer la moindre solution concrète – mais, au moins, elle écouterait. Marian lui passa un coup de fil pour s'assurer qu'elle serait chez elle et quitta son bureau plus tôt que d'habitude.

Elle la trouva dans le parc à bébés avec sa cadette. La petite dernière dormait dans son moïse sur la table de la salle à manger et il n'y avait pas trace d'Arthur.

« Je suis très contente que tu sois venue, s'écria son amie, Joe est à l'université. Encore une minute et je vais sortir de là pour préparer le thé. Elaine n'aime pas le parc, alors je l'aide à s'habituer.

— Je vais m'en occuper, déclara Marian. (Elle considérait Clara comme une éternelle invalide vivant de plateaux-repas.) Ne bouge pas. »

Il lui fallut un bon moment pour s'y retrouver, mais elle finit par rassembler le thé et le citron ainsi que des sortes de sablés qu'elle dénicha au fond du panier à linge. Elle apporta donc le fameux plateau qu'elle posa par terre, puis tendit une tasse à Clara par-dessus les barreaux.

« Eh bien, s'écria Clara quand Marian se fut installée sur le tapis pour être à son niveau, comment ça se passe ? Je parie que tu es bien occupée ces jours-ci avec les préparatifs et je ne sais quoi. »

En voyant Clara ainsi assise avec le bébé qui suçait les boutons de son chemisier, Marian se surprit à l'envier pour la première fois depuis trois ans. Tout ce qui devait lui arriver lui était déjà arrivé : Clara était devenue celle qu'elle devait être. Ce n'était pas qu'elle voulait échanger sa place avec son amie ; elle voulait juste savoir ce qu'elle était en train de devenir, quelle direction elle était en train de prendre, afin de pouvoir s'y préparer. Ce qu'elle redoutait, c'était de s'apercevoir un matin au réveil qu'elle avait changé à son insu.

« Clara, tu crois que je suis normale ? »

Il y avait longtemps que Clara la connaissait ; son opinion aurait forcément de la valeur.

Clara réfléchit.

« Oui, je dirais que tu es normale, dit-elle en retirant un bouton de la bouche d'Elaine. À mon avis, tu es presque anormalement normale, si tu vois ce que je veux dire. Pourquoi ? »

Marian se sentit rassurée. C'était exactement ce qu'elle aurait dit elle-même. Mais si elle était tellement normale, pourquoi ce problème la touchait-il ?

« Il m'arrive un truc depuis quelque temps, avoua-t-elle. Je ne sais pas quoi faire contre.

— Oh, qu'est-ce qu'il y a ? Non, petit cochon, ça, c'est à maman.

— Il y a des choses que je ne peux pas manger ; elles me font un effet épouvantable. »

Elle se demanda si Clara était aussi attentive qu'elle aurait dû l'être.

« Je vois ce que tu veux dire, répondit son amie, le foie m'a toujours fait ça.

— Mais ce sont des trucs dont j'avais l'habitude. Ce n'est pas que leur goût me déplaise, c'est tout le… »

C'était difficile à expliquer.

« À mon avis, c'est le stress du mariage ; moi, pendant la semaine qui a précédé le mien, il n'y a pas eu un matin où je n'aie pas vomi. Et Joe aussi. Ça va passer. Est-ce que tu voulais savoir quelque chose sur… le sexe ? ajouta-t-elle avec un tact que Marian trouva grotesque, venant de Clara.

— Non, pas vraiment, merci », avait-elle répondu.

Même si elle était sûre et certaine que l'explication de Clara n'était pas la bonne, elle l'avait rassérénée.

Le disque recommença à jouer à partir du milieu. Marian ouvrit les yeux ; de sa place, elle voyait un porte-avion en plastique vert flotter dans le cercle de lumière que dispensait la lampe de bureau de Peter. Peter avait un nouveau hobby, il montait des modèles réduits qu'il achetait en kit. Il disait que ça le détendait. Marian l'avait aidé à assembler celui-ci en lui lisant les instructions et en lui passant les pièces.

Elle tourna la tête sur l'oreiller et sourit à Peter, dont les yeux brillaient dans la pénombre. Il lui rendit son sourire.

« Peter, je suis normale ? »

Il éclata de rire et lui tapota le derrière.

« À mon avis, tu es merveilleusement normale, chérie, mais je n'ai qu'une expérience limitée dans ce domaine. »

Elle soupira, elle ne l'avait pas dit dans ce sens-là.

« Je prendrais bien un autre verre », ajouta-t-il.

C'était sa façon de lui demander d'aller lui en chercher un. Il la débarrassa du cendrier posé sur son dos. Elle se retourna et s'assit, en se drapant dans le drap de dessus.

« Et pendant que tu y es, mets l'autre face, tu seras gentille. »

Marian, qui, malgré le drap et les stores vénitiens, se sentait toute nue dans le salon sans rideaux, tourna le disque, puis alla à la cuisine préparer la boisson de Peter. Elle avait faim – elle n'avait pas mangé grand-chose au dîner – et démoula donc le gâteau acheté l'après-midi même en revenant de chez Clara. La veille, pour la Saint-Valentin, Peter lui avait envoyé une douzaine de roses. Elle s'était sentie coupable et s'était dit qu'elle aurait dû lui offrir quelque chose, mais quoi ? Elle n'en avait pas idée. Cette pâtisserie n'était donc pas un vrai cadeau, elle avait juste voulu marquer l'occasion. C'était un cœur avec un glaçage rose et probablement rassis, n'importe, ce qui comptait, c'était sa forme.

Elle sortit deux assiettes, deux fourchettes et deux serviettes en papier, puis découpa le gâteau. À sa grande surprise, elle s'aperçut que l'intérieur était rose, lui aussi. Elle en mit une pleine fourchette dans sa bouche et mâcha lentement ; il avait une consistance spongieuse et grenue, comme s'il était fait d'une multitude de cellules, et elle eut l'impression que des milliers de petites alvéoles pulmonaires lui éclataient sur la langue. Saisie d'un frisson, elle le recracha dans sa serviette et racla son assiette pour jeter le tout à la poubelle ; après quoi, elle s'essuya la bouche avec le bord du drap.

Elle revint dans la chambre avec le verre de Peter et l'assiette.

« Je t'ai apporté du gâteau », dit-elle.

Ce serait un test, pas pour Peter, pour elle. Si lui non plus n'arrivait pas à le manger, ça voudrait dire qu'elle était normale.

« Qu'est-ce que tu es gentille ! »

Il la débarrassa de l'assiette et du verre et les posa par terre.

« Tu n'en veux pas? demanda-t-elle, pleine d'espoir, l'espace d'un moment.

— Plus tard, plus tard. »

Il la dégagea du drap dans lequel elle s'était enroulée.

« Tu as un peu froid, chérie. Viens ici que je te réchauffe. »

Son haleine sentait le scotch et la cigarette. Il l'allongea sur lui dans le bruissement blanc du drap autour d'eux et Marian retrouva cette odeur de savon qu'elle connaissait si bien ; à ses oreilles, la musique d'ambiance jouait inlassablement, légère.

Plus tard, Marian se retrouva couchée sur le ventre, un cendrier en équilibre sur les reins ; cette fois-ci, elle avait les yeux ouverts et regardait Peter manger.

« Je me suis mis en appétit », déclara-t-il avec un large sourire.

Apparemment, il ne remarquait rien de bizarre dans ce gâteau : il n'avait même pas tiqué.

24.

Subitement arriva l'enterrement de la vie de garçon de Peter. Marian avait passé l'après-midi chez le coiffeur : Peter lui avait suggéré d'envisager une nouvelle coiffure. Il avait aussi laissé entendre qu'il fallait peut-être qu'elle achète une robe « un peu moins sage » que celles qu'elle possédait déjà et elle s'était exécutée, bien entendu. Elle était courte et rouge, avec des paillettes. Marian estimait que ce n'était pas vraiment son style, mais la vendeuse était d'un avis contraire.

« C'est tout à fait vous », avait-elle décrété d'un ton très assuré.

Il avait fallu une retouche, et, en sortant de chez le coiffeur, Marian était donc passée récupérer ladite robe qu'elle rapportait dans son carton rose et argent en avançant sur le trottoir glissant, la tête bien droite au bout de son cou, tel un jongleur jouant avec une fragile bulle dorée. Elle avait beau être dehors en cette fin d'après-midi glacial, elle sentait quand même l'odeur artificielle et écœurante de la laque avec laquelle le coiffeur avait solidement fixé chaque mèche. Elle lui avait pourtant demandé de ne pas exagérer, mais ils ne vous écoutaient jamais. Pour eux, une tête et un gâteau, c'était du pareil au même : ça se glaçait et ça se décorait consciencieusement.

D'habitude, elle s'occupait de ses cheveux elle-même, alors elle avait demandé le nom d'un salon à Lucy, pensant que cette dernière connaîtrait ce genre d'endroits, mais peut-être avait-elle eu tort. Lucy avait un visage et une silhouette qui appelaient presque l'artificiel : vernis à ongles, fond de teint, coiffures compliquées lui correspondaient bien, participaient de son style. Sans, elle aurait sûrement l'air écorchée ou amputée, alors que Marian avait toujours eu l'impression que, sur elle-même, ces artifices semblaient aussi superflus que des timbres ou des affiches qu'elle se serait collés à même la peau.

À peine avait-elle mis les pieds dans le vaste salon rose – tout là-dedans était rose et mauve, c'était incroyable de voir combien ce décor d'une féminité si futile paraissait également si fonctionnel – que la passivité s'était emparée d'elle comme si elle était entrée dans un hôpital pour y subir une opération chirurgicale. Elle avait vérifié son rendez-vous avec une jeune femme aux cheveux mauves qui déployait, malgré ses faux cils et ses talons irisés, une troublante efficacité d'infirmière. Ensuite de quoi, on l'avait remise entre les mains du personnel qui attendait.

La shampouineuse, vêtue d'une blouse rose, avait des auréoles sous les bras et de vigoureuses mains de pro. Marian s'était allongée sur la table d'opération et avait fermé les yeux pendant qu'on lui shampouinait, grattait et rinçait le crâne. Elle s'était fait la réflexion qu'il serait bon qu'ils anesthésient les patients, histoire de les endormir pendant qu'ils réglaient ces détails physiques indispensables ; elle n'aimait pas avoir la sensation d'être un paquet de chair, un objet.

Puis ils l'avaient attachée sur le siège – pas vraiment attachée, mais il était hors de question qu'elle se lève et sorte en courant dans la rue hivernale, les cheveux mouillés et un champ opératoire autour du cou – et le docteur, un jeune homme aux doigts maigres et agiles, qui portait une blouse blanche et des chaussures à bouts pointus et embaumait l'eau de Cologne, s'était mis au travail. Elle était restée là sans bouger, à lui passer les clamps, fascinée par la silhouette drapée de blanc emprisonnée dans l'ovale en filigrane doré du miroir, par le bac rempli d'instruments rutilants et de flacons de médicaments sur la paillasse devant elle. Elle ne voyait rien de ce qu'il faisait dans son dos. Elle avait l'impression bizarre d'être totalement paralysée.

Quand enfin tous les clamps, rouleaux et pinces furent en place et que sa tête ressembla à un hérisson mutant, équipé d'appendices arrondis et poilus en guise de piquants, on l'installa sous un séchoir et on brancha. Elle jeta un regard en coulisse vers la chaîne de montage des femmes assises dans des fauteuils mauves identiques sous des machines aux allures de champignon, toutes identiques et toutes ronronnantes. Elle ne vit qu'une rangée de créatures étranges dotées de jambes aux formes variées, de mains serrées sur des magazines et d'un dôme métallique en lieu et place de tête. Inertes, complètement inertes. C'était vers ça qu'elle était poussée ? Cet hybride de purement végétal et de purement mécanique ? Un champignon électrique.

Se résignant à l'épreuve qu'il lui fallait subir, elle prit une revue de cinéma dans la pile à côté d'elle. Sur la quatrième de couverture, une blonde aux seins énormes lui lançait : « Les filles ! Réussissez ! Si vous voulez vraiment aller loin, développez votre buste… »

Quand une des infirmières l'eut solennellement déclarée fin sèche, elle regagna la chaise du docteur afin qu'il lui retire ses points de suture. Il lui parut assez incongru qu'on ne la ramène pas sur une table roulante. Elle passa devant la rangée de ses congénères qui, pas encore à point, continuaient de mitonner gentiment, et très vite sa tête se retrouva débarrassée de ses rouleaux, brossée et coiffée ; puis le docteur, souriant, lui présenta un face-à-main qu'il inclina afin qu'elle puisse inspecter sa nuque. Elle regarda. Il avait remonté ses cheveux habituellement raides pour leur donner une forme singulière agrémentée d'une multitude de fines boucles laquées qui s'imbriquaient les unes dans les autres et lui avait confectionné deux guiches qui avaient un faux air de défenses d'éléphant et lui mangeaient les joues.

« Euh, dit-elle, pas convaincue, en fronçant les sourcils, c'est un peu… hum… tape-à-l'œil pour moi. »

Elle trouvait qu'elle avait une allure de call-girl.

« Ah, mais vous devriez vous coiffer comme ça plus souvent, déclara-t-il avec un enthousiasme bien méditerranéen, même si son exaltation avait baissé d'un cran. Vous devriez essayer de nouvelles coiffures. Il faut oser, non ? »

Il partit d'un rire malicieux, découvrant alors un nombre invraisemblable de dents blanches et régulières ainsi que deux en or. Son haleine sentait le gargarisme mentholé.

Elle envisagea de lui demander de supprimer certains de ses effets spéciaux, mais y renonça, d'une part parce que ce décor solennel, ces instruments de spécialiste et l'assurance toute dentaire de son interlocuteur l'intimidaient – il devait s'y connaître, c'était son métier –, d'autre part parce qu'elle se disait que ce n'était pas si grave. Après tout, c'était elle qui s'était lancée dans cette aventure, qui avait franchi de son plein gré la porte de cette boîte de chocolats pleine de dorures et c'était là le résultat, elle n'avait qu'à l'accepter. « Ça plaira sûrement à Peter. Et n'importe comment, se dit-elle, ça ira avec la robe. »

Encore à moitié sous le coup de l'anesthésie, elle avait plongé dans un des grands magasins proches avec l'intention de couper par le sous-sol pour atteindre la station de métro. Elle avait traversé rapidement le rayon des articles pour la maison et passé les présentoirs des poêles et des casseroles ainsi que les aspirateurs et les machines à laver automatiques en démonstration. Ils lui rappelèrent, à sa grande gêne, la petite fête dont les filles au bureau lui avaient fait la surprise la veille, pour son dernier jour de travail, et où elle avait reçu serviettes de table, louches, tabliers enrubannés et conseils, mais aussi les lettres inquiètes que sa mère lui avait envoyées récemment et dans lesquelles elle lui demandait instamment de choisir ses modèles – vaisselle, verres et argenterie – parce que les invités voulaient savoir quoi lui prendre comme cadeaux de mariage. Elle avait mené plusieurs expéditions afin de procéder à une sélection, mais n'avait pas encore pu se décider. Or, elle prenait un car le lendemain pour rentrer chez elle. Tant pis, elle s'en occuperait plus tard.

Elle contourna un comptoir envahi d'une surabondance de fleurs en plastique et emprunta une allée principale – ou qui semblait l'être – conduisant quelque part. En face d'elle, un petit homme gesticulait sur un podium en faisant l'article pour un nouveau modèle de râpe assortie d'un vide-pomme. Il débitait son boniment et râpait en même temps, non stop, brandissait une poignée de carottes râpées, puis une pomme proprement évidée. Armées de cabas, un essaim de femmes, équipées de gros manteaux et de couvre-chaussures en caoutchouc grisâtres à la lumière du sous-sol, observaient la scène en silence, l'air entendu et sceptique.

Marian s'arrêta un instant à la lisière du groupe pendant que le petit homme sculptait une rose dans un radis à l'aide d'un autre accessoire encore. Plusieurs femmes se retournèrent et la jaugèrent du regard. Elles devaient se dire qu'une fille coiffée comme ça était sûrement bien trop superficielle pour s'intéresser sérieusement à des râpes à légumes. Combien de temps fallait-il pour acquérir cette patine de ménagère aux revenus modestes, cette fourrure fatiguée un rien bouffée aux mites, ce tissu élimé aux poignets et aux boutonnières, ces sacs à main au cuir éraflé ; cette bouche bien tombante, ces yeux inquisiteurs ; et, en prime, cette couleur de passe-muraille qui s'apparentait presque à une odeur, à une sous-couche de peinture derrière la tapisserie moisie et le linoléum usé, laquelle, dans ce sous-sol où fleurissaient les bonnes affaires, les estampillait d'une authenticité qu'elle n'avait pas ? En un sens, les futurs appointements de Peter abolissaient la râpe à légumes. Ils lui donnaient la sensation d'être une dilettante.

Le petit homme énergique entreprit de réduire une pomme de terre en charpie. Son intérêt émoussé, Marian se remit à chercher le panneau jaune indiquant la direction du métro.

Quand elle ouvrit la porte principale, elle fut accueillie par un brouhaha très féminin. Elle retira ses couvre-chaussures dans le vestibule et les posa sur les journaux placés là à cet effet. Il y avait déjà des tas d'autres paires, dont beaucoup avaient des semelles épaisses et quelques-unes seulement une bordure de fourrure noire sur le haut de la tige. En passant devant le salon, elle entrevit des robes, des chapeaux et des colliers. La dame d'en bas recevait pour le thé ; ce devait être des membres de l'O I F E ou encore de l'U C T F. La petite, habillée de velours bordeaux avec col en dentelle, faisait circuler les gâteaux.

Marian grimpa l'escalier le plus discrètement possible. Allez savoir pourquoi, elle n'avait pas encore annoncé son départ à la dame d'en bas. Il y avait des semaines qu'elle aurait dû l'avertir. Ce retard risquait de lui coûter un mois de loyer supplémentaire. À moins qu'Ainsley ne veuille garder le logement et le partager avec une nouvelle colocataire, mais Marian en doutait. D'ici quelques mois, ce serait impossible.

Parvenue en haut de la deuxième volée de marches, elle se rendit compte qu'Ainsley était dans le salon. Jamais encore elle ne lui avait entendu une voix aussi dure, aussi insistante, aussi furieuse. D'habitude, elle ne se mettait pas en colère. Une autre voix la coupait, lui répondait, celle de Leonard Slank.

« Oh non », se dit-elle. Apparemment, ils se disputaient. Elle ne voulait absolument pas se laisser embringuer dans leur altercation. Elle comptait se glisser subrepticement dans sa chambre et refermer la porte, mais Ainsley avait dû l'entendre monter : son visage émergea du salon, suivi par une masse de cheveux roux, puis par le reste de son corps. Elle était échevelée et avait pleuré.

« Marian, s'écria-t-elle, mi-implorante, mi-autoritaire. Il faut que tu viennes parler à Len. Il faut que tu le ramènes à la raison ! J'aime bien ta coiffure », ajouta-t-elle pour la forme.

Marian la suivit à contrecœur, en se faisant l'effet d'être un jouet à roulettes qu'on tire par une ficelle, mais elle ne voyait pas quelles raisons morales ou autres invoquer pour refuser ce service à sa colocataire. Quant à Len, planté au milieu du salon, il semblait encore plus perturbé qu'Ainsley.

Marian s'assit sur une chaise, et garda son manteau en guise d'amortisseur. Muets, ses deux amis la fixèrent d'un air suppliant et furieux.

Puis Len poussa un quasi-hurlement.

« Bon sang ! Maintenant, après tout ça, elle veut que je l'épouse !

— Eh bien, qu'est-ce qui te prend ? Tu ne veux pas d'un fils homosexuel, non ?

— Merde ! Je ne veux pas de fils du tout ! Je n'en voulais pas, tu l'as fait toute seule, tu devrais le faire passer, il doit bien y avoir une sorte de pilule…

— Ce n'est pas la question, ne sois pas ridicule. La question, c'est que je vais l'avoir, ce bébé, bien sûr. Mais il faut qu'il puisse bénéficier des meilleures conditions qui soient et il est de ta responsabilité de lui fournir un père. Une image de Père. »

Ainsley testait à présent une stratégie un peu plus patiente et dépassionnée.

« Combien ça coûte ? fit Len qui arpentait la pièce. Je t'en achèterai une. Je t'achèterai n'importe quoi. Tout plutôt que t'épouser, bordel. Et n'essaie pas non plus de me vendre ton histoire de responsabilité, n'importe comment, je ne suis pas responsable. C'est toi qui as tout manigancé, tu m'as sciemment laissé me soûler, tu m'as séduit, tu m'as pratiquement traîné dans…

— Ça ne correspond pas vraiment au souvenir que j'en ai et j'étais plus en état de me rappeler ce qui s'est passé que toi. Et puis, poursuivit-elle avec une logique implacable, tu croyais me séduire. Finalement, ça a aussi son importance, non, tes intentions ? Imagine que tu m'aies bel et bien séduite et que je sois tombée enceinte accidentellement. Qu'est-ce que tu ferais alors ? Là, tu serais réellement responsable, non ? C'est donc bien *ta* responsabilité. »

Len grimaça un sourire qui n'était qu'une pâle imitation d'un rictus cynique.

« Tu es comme toutes les autres, une sophiste, rétorqua-t-il d'une voix tremblante de rage. Tu déformes la vérité. Tenons-nous-en aux faits, d'accord, mon chou ? Je ne t'ai pas vraiment séduite, c'est…

— Ça n'a aucune importance, l'interrompit Ainsley en haussant le ton. Tu pensais que tu…

— Pour l'amour de Dieu, tu ne peux pas être réaliste ? » hurla Léonard.

Marian, qui était restée muette sur sa chaise et les avait regardés tour à tour en se faisant la réflexion qu'ils se conduisaient de manière très bizarre et ne se contenaient pas le moins du monde, leur demanda alors :

« Pourriez-vous baisser un peu le ton ? La dame d'en bas risque de vous entendre.

— Oh, qu'elle aille se faire foutre, la dame d'en bas ! » rugit Len.

Cette sortie inédite était si blasphématoire et si grotesque en même temps qu'Ainsley et Marian pouffèrent de rire, aussi horrifiées et ravies l'une que l'autre. Len les fusilla du regard. C'était l'outrage suprême, l'insolence suprême – venant en plus d'une femme qui, après lui avoir fait vivre tout ça, se moquait de lui ! Il ramassa nerveusement son manteau sur le dossier du canapé et fila à grandes enjambées vers la porte.

« Toi et ton culte de la fertilité à la con, vous pouvez aller au diable, direct ! » brailla-t-il en plongeant dans l'escalier.

En voyant l'image du Père lui échapper, Ainsley reprit sa mine implorante et s'élança à sa poursuite.

« Oh, Len, reviens et discutons de ça sérieusement. »

Poussée par un obscur instinct grégaire – ou de lemming – plus que par le sentiment qu'elle pouvait les aider concrètement, Marian leur emboîta le pas. Les autres sautaient de la falaise, pourquoi pas elle ?

Le rouet sur le palier arrêta Len dans sa fuite. Ainsi retenu un moment, il tira pour se dégager sans cesser de jurer d'une voix tonitruante. Lorsqu'il fut en mesure d'attaquer la volée de marches suivantes, Ainsley l'avait rejoint et l'agrippait par la manche alors que ces dames, aussi sensibles au parfum de scandale qu'une araignée aux vibrations de sa toile, étaient sorties en grand émoi du salon et, rassemblées au pied des degrés, levaient la tête d'un air où l'inquiétude le disputait clairement à la jubilation. La main toujours serrée sur une assiette de gâteaux, la petite évoluait au milieu d'elles, bouche bée et les yeux écarquillés. À l'arrière-plan, la dame d'en bas, en soie noire et collier de perles, affichait beaucoup de dignité.

Len jeta un coup d'œil par-dessus son épaule, puis avisa ce qui l'attendait en bas. Il n'y avait pas de retraite possible. L'ennemi le cernait ; il n'avait pas le choix, il fallait bravement aller de l'avant.

En plus, il avait un public. Il roula des yeux ronds d'épagneul trépidant.

« Allez donc au diable, espèces de foutues chiennes de putes avec vos saletés de griffes et d'écailles de prédatrices de merde ! Toutes autant que vous êtes ! Au fond, vous êtes toutes les mêmes ! » hurla-t-il de manière – pour autant que Marian pût en juger – très articulée.

D'un mouvement brusque, il s'arracha à l'emprise d'Ainsley.

« Tu ne m'auras jamais ! » beugla-t-il.

Le manteau déployé derrière lui à la façon d'une cape, il dévala l'escalier au pas de charge, de sorte que les dames massées devant lui s'égaillèrent dans une clameur d'imprimés d'après-midi et de fleurs en velours tandis qu'il gagnait la porte d'entrée qui se referma sur lui dans un fracas assourdissant. Sur le mur, les ancêtres jaunis tremblèrent dans leurs cadres.

Abandonnant la partie, Ainsley et Marian remontèrent chez elles au milieu des bêlements et des pépiements excités des matrones réfugiées au salon. Calme et apaisante, la voix de la dame d'en bas s'éleva au-dessus des autres : « Ce jeune homme était manifestement en état d'ébriété. »

« Eh bien, déclara Ainsley d'un ton sec et pragmatique quand elles furent revenues dans leurs meubles, je pense qu'il n'y a rien à ajouter. »

Ne sachant si elle parlait de Leonard ou de la dame d'en bas, Marian lui demanda :

« À ajouter à quoi ? »

Ainsley ramena ses cheveux sur ses épaules et rajusta son chemisier.

« Je ne crois pas qu'il va changer d'avis. C'est aussi bien : n'importe comment, je ne suis pas sûre qu'il ferait un très bon père. Il faudra juste que j'en trouve un autre, voilà tout.

— Oui, je pense », renchérit distraitement Marian.

Ainsley regagna sa chambre, d'un pas ferme qui témoignait de sa détermination, et ferma la porte. Le problème semblait réglé d'une manière qui ne présageait rien de bon. Apparemment, elle avait déjà échafaudé un autre plan, mais Marian ne voulait même pas y penser. Ça ne servirait à rien. Quel que soit le cours qu'il prendrait, il lui serait totalement impossible de l'infléchir.

25.

Elle alla à la cuisine et ôta son manteau. Puis elle avala un comprimé de vitamines et se rappela qu'elle n'avait pas déjeuné. Il fallait qu'elle grignote une bricole.

Elle ouvrit le réfrigérateur pour voir ce qu'il renfermait de mangeable. L'épaisseur de glace dans le freezer était telle qu'il refusait de fermer hermétiquement. Il contenait deux bacs à glaçons et trois cartons d'aspect douteux. Les autres clayettes étaient encombrées de trucs divers, dans des bocaux, sur des assiettes avec un bol retourné par-dessus, emballés dans du papier sulfurisé et rangés dans des sacs en papier kraft. Ceux du fond traînaient depuis si longtemps qu'elle préféra éviter de s'appesantir sur la question. Certains commençaient à sentir sérieusement mauvais. La seule chose susceptible de l'intéresser se révéla être un gros morceau de fromage jaune. Elle le sortit : le dessous disparaissait sous une fine couche de moisissure verte. Elle le remit à sa place, referma la porte et décréta que, n'importe comment, elle n'avait pas faim.

« Je vais peut-être me faire une tasse de thé », se dit-elle. Elle jeta un coup d'œil dans le placard où elles rangeaient la vaisselle : il était vide. En clair, elle allait devoir se laver une tasse, il n'y en avait pas une seule de propre. Elle alla vérifier dans l'évier.

Il débordait de vaisselle sale : piles d'assiettes, verres à moitié remplis d'un bouillon de culture genre bio, saladiers aux vestiges totalement méconnaissables. Une casserole, dont l'intérieur avait autrefois hébergé des macaronis et du fromage, était pommelée de moisissures bleutées. Au fond, une assiette à dessert en verre, baignant dans un peu d'eau, arborait un film gris et gras qui n'était pas sans rappeler les algues pullulant à la surface des mares. Emboîtées les unes dans les autres, les tasses étaient là aussi, sans exception aucune, avec des cercles de caféine, de théine brunâtres ou d'écume de crème fouettée. Même la porcelaine blanche de l'évier affichait un film brun. Elle préféra ne rien déplacer, de peur de découvrir ce qui se passait en coulisses : Dieu seul savait quelles formes de botulisme pouvaient couver là-dessous. « Honteux », se dit-elle. Elle éprouva soudain une furieuse envie de nettoyer le tout, d'ouvrir les robinets en grand et d'asperger l'ensemble de détergent liquide ; sa main alla même jusqu'à se tendre, mais elle se ravisa. Peut-être la moisissure avait-elle autant le droit de vivre qu'elle ? Cette idée n'était guère rassurante.

Elle gagna sa chambre sans se presser. Il était trop tôt pour s'habiller, mais elle ne voyait pas comment meubler le temps. Elle sortit la robe de son carton et la mit sur un cintre ; puis elle enfila son peignoir et rassembla ses affaires de toilette. En effectuant une descente dans le territoire de la dame d'en bas, elle risquait fort de s'exposer à une rencontre désagréable ; « mais, se dit-elle, je nierai toute responsabilité dans cette pagaille et la laisserai régler ça avec Ainsley ».

Pendant que la baignoire se remplissait, elle se brossa les dents et – rituel bien établi, auquel elle se livrait même si elle n'avait pas mangé – les examina dans la glace au-dessus du lavabo au cas où elle aurait négligé un détail ; c'était incroyable, se dit-elle, le temps qu'on passait une brosse à récurer à la main et la bouche pleine de mousse, à se surveiller le fond de la gorge. Elle remarqua qu'un minuscule bouton lui avait poussé à droite d'un des sourcils. C'est parce que je ne m'alimente pas correctement, jugea-t-elle : mon métabolisme, ou mon équilibre chimique, ou je ne sais quoi est perturbé. Comme elle fixait le petit point rouge, elle eut l'impression qu'il bougeait d'une fraction de centimètre. Il fallait qu'elle fasse contrôler sa vue, certaines choses devenaient floues ; ce doit être de l'astigmatisme, songea-t-elle en crachant dans le lavabo.

Elle enleva sa bague de fiançailles et la posa sur le porte-savon. Elle était un peu trop large – Peter avait dit qu'ils feraient bien de la faire mettre à sa taille mais, d'après Clara, il valait mieux la garder telle quelle : en vieillissant, on avait les doigts qui gonflaient, surtout quand on était enceinte – et elle avait peur de la perdre dans les canalisations. Peter serait furieux : il y tenait beaucoup. Ensuite de quoi, elle enjamba vaille que vaille le rebord de la haute baignoire à l'ancienne et se plongea dans l'eau chaude.

Elle bricola avec le savon. L'eau l'apaisait, la détendait. Comme elle avait tout son temps, elle céda à son envie de s'allonger en prenant soin de caler sa chevelure solidement laquée contre la paroi de la baignoire et s'abandonna à l'eau qui clapotait gentiment autour de son corps presque entièrement submergé. De sa position élevée, ses yeux bénéficiaient d'un vaste point de vue sur les murs d'enceinte blancs et concaves et l'eau à moitié transparente au milieu de laquelle son corps formait un îlot qui se déployait en une série de creux et de bosses jusqu'à l'ultime péninsule des jambes et les récifs des pieds ; au-delà, c'était un égouttoir métallique avec le porte-savon, puis les robinets.

Il y en avait deux, un pour l'eau chaude et un pour l'eau froide. L'un et l'autre avaient une base argentée pareille à un bulbe rond tandis qu'un troisième bulbe, au milieu, se parait d'un bec d'où l'eau jaillissait. Elle y regarda de plus près : sur chacun des trois globes argent, elle distingua une forme rose bizarrement étalée. Désireuse de voir de quoi il s'agissait, elle s'assit bien droite, ce qui provoqua un mini-raz-de-marée. Il lui fallut un moment pour reconnaître, dans ces masses bombées et déformées, son propre corps ruisselant.

Elle bougea, et les trois images l'imitèrent. Pourtant, elles n'étaient pas tout à fait identiques : les deux à l'extérieur s'inclinaient vers la troisième au milieu. Quel drôle d'effet ça faisait de se voir reflétée en trois exemplaires, songea-t-elle. Puis elle se balança d'avant en arrière, en surveillant la manière dont les différentes parties argentées et luisantes de son anatomie forcissaient ou rapetissaient subitement. Elle en oublia presque qu'elle était censée se baigner. Comme elle avait envie de voir sa main s'allonger, elle tendit les doigts vers les robinets.

Des bruits de pas retentirent à la porte dehors. Il était temps qu'elle sorte : sans doute la dame d'en bas voulait-elle entrer. Elle s'aspergea pour se débarrasser des dernières traces de savon. Baissant les yeux, elle prit soudain conscience de l'eau, recouverte d'un film de particules de crasse et de savon riches en carbonate de calcium, et du corps assis dedans qui, allez savoir pourquoi, n'était plus vraiment le sien. Tout à coup, elle eut peur de se dissoudre, de se défaire, couche par couche, tel un bout de carton au milieu d'une flaque dans un caniveau.

Elle se dépêcha de lever la bonde et s'extirpa rapidement de la baignoire. Une fois sur le rivage sec du carrelage froid, elle se sentit davantage en sécurité. Elle remit sa bague de fiançailles et vit un instant dans cet anneau solide le talisman garant de son intégrité.

Mais quand elle remonta l'escalier, la panique ne l'avait toujours pas lâchée. Elle était incapable d'affronter cette soirée, ces gens : les amis de Peter étaient assez gentils, mais ils ne la connaissaient pas vraiment et, devant leurs regards lourds d'incompréhension, elle craignait de perdre sa forme, de se répandre, de ne pas être capable de se maîtriser plus longtemps, de se mettre à jacasser comme une pie (ce serait le pire), à se confier à n'importe qui, à pleurer. Elle contempla sombrement la robe de fête rouge accrochée dans son placard. Qu'est-ce que je peux faire ? ne cessait-elle de se demander. Elle s'assit sur son lit.

Enfermée dans une tristesse hébétée et informe qui, lui sembla-t-il soudain, la gênait mentalement depuis longtemps – mais depuis combien de temps ? elle n'arrivait pas à se le rappeler –, elle resta là à mâchouiller paresseusement les franges du cordon de son peignoir. Vu le poids qui l'oppressait, il était très improbable qu'elle réussisse jamais à se remettre debout. Je me demande bien quelle heure il est, se dit-elle. Il faut que je me prépare.

Sur le haut de la commode, les deux poupées qu'elle n'avait finalement pas jetées la fixaient d'un œil vide d'expression. Lorsqu'elle se tourna vers elles, leurs visages se brouillèrent un instant avant de reprendre leur forme et un air vaguement malveillant. En les voyant l'observer, amorphes de part et d'autre du miroir, sans lui offrir la moindre suggestion d'ordre pratique, elle s'irrita. Mais en les étudiant de plus près, elle s'aperçut en réalité que seule la brune, celle dont la peinture s'écaillait, l'observait. La blonde à la bouille en caoutchouc n'avait peut-être même pas conscience de la présence de Marian, ses yeux bleus et ronds donnaient l'impression de la traverser.

Elle lâcha le cordon de son peignoir pour un de ses doigts et se rongea l'ongle, histoire de changer. Peut-être qu'elles jouaient, qu'elles avaient passé un accord entre elles ? L'espace d'un instant, elle se vit dans le miroir au milieu, comme si, installée à l'intérieur des deux poupées, des deux en même temps, elle regardait vers l'extérieur et se voyait, elle, Marian, vague forme mouillée, drapée dans un peignoir chiffonné et un peu floue ; les yeux de la blonde notèrent sa coiffure, ses ongles malmenés, tandis que la brune fixait, plus en profondeur, quelque chose qu'elle ne pouvait pas vraiment appréhender, les deux images jusque-là superposées se détachant de plus en plus l'une de l'autre ; dans le miroir, le centre, ce qui en tenait lieu sur le verre, la chose qui les unifiait, n'allait pas tarder à se retrouver complètement vide. Elles cherchaient à l'écarteler par le biais de leurs visions distinctes.

Incapable de s'attarder plus longtemps, elle se releva et s'engagea dans le couloir où elle se retrouva, penchée sur le téléphone, en train de composer un numéro. Il y eut des sonneries, suivies d'un déclic. Elle retint son souffle.

« Allô ? grommela une voix maussade.

— Duncan ? C'est moi.

— Oh. »

Un silence.

« Duncan, tu pourrais venir à une fête, ce soir ? Chez Peter ? Je sais que c'est tard pour te proposer ça, mais…

— Eh bien, c'est qu'on est censés s'exposer à un feu roulant de questions dans le cadre d'une soirée avec des étudiants d'anglais, toute la famille y va.

— Euh… tu pourrais peut-être passer après ? Et ils pourraient même t'accompagner.

— Eh bien, je ne sais pas…

— S'il te plaît, Duncan, je ne connais presque personne là-bas, j'ai besoin que tu viennes, insista-t-elle avec une véhémence dont elle ne se serait pas crue capable.

— Non, ce n'est pas vrai, mais peut-être qu'on viendra quand même. L'autre truc promet d'être drôlement ennuyeux, ils ne font que parler de leurs oraux, et ce serait plutôt marrant de voir le milieu dans lequel tu vas te marier.

— Oh merci », s'écria-t-elle avec reconnaissance.

Et elle lui donna l'adresse.

Lorsqu'elle reposa le téléphone, elle se sentait nettement mieux. Donc, la solution en fin de compte, c'était de s'assurer qu'il y aurait à cette soirée des gens la connaissant vraiment bien. Ça lui permettrait de voir les choses objectivement, elle pourrait se débrouiller de… Elle composa un autre numéro.

Elle passa une demi-heure au bout du fil ; quand elle eut terminé, elle avait rameuté suffisamment de monde. Clara et Joe allaient venir s'ils réussissaient à dénicher une baby-sitter ; en comptant les trois autres, ça faisait cinq ; plus les trois vierges en col blanc. Après leurs hésitations initiales, dues, elle le présumait, au fait qu'elle les appelait à la dernière minute, elle les avait fermement harponnées en leur racontant qu'elle ne les avait pas invitées plus tôt parce qu'elle pensait qu'il y aurait surtout des gens mariés, mais que plusieurs célibataires allaient venir seuls et donc pouvaient-elles lui faire la faveur de venir, elles aussi ? Les mecs célibataires s'ennuyaient tellement à des soirées de couples, avait-elle ajouté. Ça faisait huit au total. Après coup, elle avait également invité Ainsley – ça lui ferait du bien de sortir – qui, à sa grande surprise, avait accepté : ce n'était pourtant pas son genre de soirée.

Même si l'idée lui traversa l'esprit, Marian ne jugea pas raisonnable de solliciter Leonard Slank.

Maintenant qu'elle se sentait mieux, elle pouvait s'habiller. Elle se coula tant bien que mal dans la nouvelle gaine qu'elle avait achetée pour aller avec la robe et nota qu'elle n'avait pas perdu énormément de poids : elle avait mangé beaucoup de pâtes. Au départ, elle n'avait même pas envisagé cet achat, mais la vendeuse – elle-même robustement corsetée –, qui lui vendait la robe, avait décrété qu'il lui en fallait une et lui avait présenté un modèle idoine avec panneaux en satin et ruban noué sur le devant.

« Bien sûr que vous êtes très mince, mon chou, vous n'en avez pas vraiment besoin, mais il n'empêche que c'est une robe très près du corps et vous ne voudriez pas que tout le monde se rende compte que vous n'en portez pas, n'est-ce pas ? »

Elle avait haussé ses sourcils dessinés au crayon. Sur le moment, la question avait paru ressortir d'un problème de moralité.

« Non, bien sûr que non, s'était empressée de répondre Marian, je vais la prendre. »

Quand elle se fut glissée dans sa robe rouge, elle s'aperçut qu'elle ne pouvait pas remonter sa fermeture Éclair toute seule. Elle alla frapper à la porte d'Ainsley.

« Tu peux m'aider, s'il te plaît ? »

Ainsley était en combinaison. Elle avait commencé à se maquiller, mais n'avait encore qu'un seul œil surligné de noir et ses sourcils étaient toujours invisibles, ce qui lui déséquilibrait le visage. Après avoir remonté la fermeture Éclair de Marian et agrafé le petit crochet de sûreté, elle se recula pour l'examiner gravement.

« C'est une belle robe, déclara-t-elle, mais qu'est-ce que tu vas mettre avec ?

— Avec ?

— Oui, elle en jette drôlement ; il te faut de grosses boucles d'oreilles ou quelque chose pour lui donner encore plus de peps. Tu as ce qu'il faut ?

— Je ne sais pas. »

Marian repartit vers sa chambre d'où elle rapporta le tiroir renfermant la foule de babioles que ses proches lui avaient offertes. L'ensemble était du genre grappes de fausses perles, réalisations pastel en coquillage voire fleurs en verre et métal et petits animaux.

Ainsley farfouilla dans la boîte aux trésors.

« Non, déclara-t-elle du ton ferme du connaisseur. Ça n'ira pas. Mais j'ai une paire qui fera l'affaire. »

Après une recherche qui l'obligea à farfouiller dans ses tiroirs et à retourner pas mal de choses sur sa commode, elle exhuma de gros pendants dorés qu'elle vissa aux oreilles de Marian.

« C'est mieux, affirma-t-elle. Maintenant, souris. »

Marian sourit mollement. Ainsley secoua la tête.

« Ta coiffure, ça va, affirma-t-elle, mais franchement tu devrais me laisser te maquiller. Tu n'y arriveras jamais toute seule. Tu te ferais deux à trois fois rien comme d'habitude, si bien que tu aurais l'air de la petite fille qui a piqué les vêtements à sa maman. »

Elle cala Marian dans son fauteuil, lequel disparaissait sous des épaisseurs de vêtements à divers stades de saleté, et lui coinça une serviette autour du cou.

« Je vais d'abord m'occuper de tes ongles pour qu'ils aient le temps de sécher, dit-elle avant d'ajouter, quand elle eut commencé à les limer : On croirait que tu les ronges. »

Lorsque Marian eut les mains prudemment levées en l'air pour protéger son vernis blanc nacré, Ainsley s'attaqua au visage de son amie en recourant aux fards et accessoires pêchés dans le fouillis encombrant le dessus de sa coiffeuse.

Tout le reste de la séance, tandis que son visage, ses yeux et enfin ses sourcils étaient soumis à d'étranges manipulations, Marian, totalement passive, s'émerveilla de l'efficacité de pro avec laquelle sa colocataire modifiait ses traits. Ça lui rappelait les représentations théâtrales organisées pour la fête des écoles et les mamans qui maquillaient leurs filles précoces en coulisses. Elle pensa certes aux microbes, mais pas plus que ça.

À la fin, Ainsley se saisit d'un pinceau et lui appliqua plusieurs couches de brillant sur les lèvres.

« Voilà, déclara-t-elle en présentant un miroir à main à Marian. C'est mieux. Mais, attention, attends que tes cils soient bien collés. »

Marian regarda avec stupeur ces yeux aux paupières égyptiennes avec leurs traits de noir et leurs épaisses franges de faux cils qui appartenaient à une personne qu'elle n'avait encore jamais vue et n'osa broncher de peur que ce visage rapporté ne craque et ne s'effrite sous l'effort.

« Merci, bredouilla-t-elle.

— Maintenant souris », lui ordonna Ainsley.

Marian sourit.

« Pas comme ça, s'écria sa colocataire, contrariée. Il faut te donner davantage. Baisse les paupières, par exemple. »

Marian, qui ne savait comment s'y prendre, se sentit gênée. Elle s'exerça alors, en s'observant dans le miroir pour tenter de repérer quel groupe de muscles allait produire l'effet désiré ; elle venait juste de baisser les paupières de façon à peu près réussie, malgré un rien de loucherie, quand des pas résonnèrent dans l'escalier ; quelques minutes plus tard, la dame d'en bas, pantelante, s'encadrait dans l'embrasure de la porte.

Marian retira la serviette coincée autour de son cou et se leva. Maintenant que ses paupières s'étaient abaissées, il lui était difficile de les ramener illico à la position d'assurance et de compétence qui, d'ordinaire, était la leur. De plus, avec cette robe rouge et ce maquillage, il allait lui être totalement impossible de déployer la politesse sereine que la situation exigeait.

La dame d'en bas eut un petit sursaut étonné en voyant le nouveau look de Marian – bras nus, robe minimaliste et emplâtre sur la figure –, mais celle qu'elle visait en réalité, c'était Ainsley, en combinaison et pieds nus, un œil cerclé de noir et dont les cheveux frisottés lui tombaient en cascades auburn sur les épaules.

« Mademoiselle Tewce… », commença-t-elle.

Elle portait toujours sa robe d'après-midi et ses perles : elle allait jouer la carte de la dignité.

« J'ai attendu de retrouver mon calme pour vous parler. Je ne veux pas de frictions, j'essaie toujours d'éviter les scènes et les frictions, mais, là, je suis navrée, il faut que vous partiez. »

Elle n'était pas calme du tout : elle chevrotait. Marian remarqua qu'elle serrait un mouchoir en dentelle entre ses doigts.

« La boisson, c'était déjà assez déplorable, je sais que toutes ces bouteilles étaient pour vous, je suis sûre que Mlle MacAlpin ne buvait jamais, pas plus que de raison… (Elle jeta un nouveau coup d'œil sur la robe de Marian, mais en dépit d'un niveau de confiance relativement ébranlé, elle se garda de poursuivre.) Cela étant, vous étiez au moins assez discrète sur les alcools que vous introduisiez dans cette maison ; par ailleurs, je n'avais rien à dire sur le bazar et le désordre, je suis quelqu'un de tolérant et, en ce qui me concerne, ce que font les gens chez eux ne regarde qu'eux. Ensuite, j'ai choisi de ne rien voir quand ce jeune homme, je le sais très bien, n'essayez surtout pas de me mentir, a passé la nuit ici, je suis même sortie le lendemain matin pour éviter des frictions. Au moins, la petite n'en a rien su. Mais vous afficher pareillement… (elle criait à présent d'une voix vibrante, accusatrice) et exhiber au vu et au su de tout le monde ces infâmes ivrognes que vous avez pour amis… quel exemple épouvantable pour la petite… »

Ainsley lui décocha un regard furieux et son œil cerclé de noir lança des éclairs.

« Eh bien, répondit-elle d'un ton tout aussi accusateur en rejetant ses cheveux en arrière et en plantant bien ses pieds nus sur le sol, je vous ai toujours soupçonnée d'être une hypocrite mais, maintenant, j'en suis sûre. Vous jouez la bourgeoise, vous n'avez aucune conviction véritable, la seule chose qui vous préoccupe, c'est le qu'en-dira-t-on. Votre précieuse réputation. Or, je trouve ça immoral. J'aimerais que vous sachiez que, moi aussi, je vais avoir un enfant et que je ne vais certainement pas l'élever sous ce toit – vous lui apprendriez la malhonnêteté. Vous lui offririez un exemple épouvantable, et laissez-moi vous dire que vous êtes, et de loin, la personne la plus hostile à la force vitale et créative que je connaisse. Je serai absolument ravie de déménager d'ici et le plus tôt sera le mieux. Je ne veux pas que vous exerciez la moindre influence négative sur mon bébé avant même qu'il soit né. »

La dame d'en bas était devenue blanche comme un linge.

« Oh, murmura-t-elle dans un souffle en s'agrippant à ses perles. Un bébé ! Oh là là ! Oh ! »

Elle tourna les talons en poussant des petits cris horrifiés et consternés et descendit l'escalier en chancelant.

« Je pense qu'il va falloir que tu déménages », dit Marian.

Elle se sentait à distance confortable de cette nouvelle complication. N'importe comment, elle retournait chez elle le lendemain ; et maintenant que la dame d'en bas avait finalement provoqué cette confrontation, elle ne comprenait plus pourquoi elle avait jamais eu peur d'elle, ne fût-ce qu'un peu. Il avait été si facile de lui rabattre le caquet.

« Oui, bien sûr », répondit calmement Ainsley en s'asseyant pour se maquiller l'autre œil.

En bas, la sonnette retentit.

« Ce doit être Peter, déclara Marian, déjà. »

Elle n'aurait pas cru qu'il était aussi tard.

« Je suis censée l'accompagner à l'appartement pour l'aider à tout préparer… J'aimerais pouvoir t'emmener, mais je ne pense pas qu'on puisse t'attendre.

— Ce n'est pas grave, répliqua Ainsley en se dessinant artistement un long trait gracieusement incurvé sur le front à l'endroit où son sourcil d'origine aurait dû se trouver. Je viendrai plus tard. De toute façon, j'ai des trucs à régler. S'il fait trop froid pour le bébé, je peux toujours sauter dans un taxi, ce n'est pas si loin. »

Marian alla à la cuisine où elle avait laissé son manteau. « J'aurais vraiment dû manger quelque chose, se dit-elle, c'est mauvais de boire l'estomac vide. » Les pas de Peter résonnaient dans l'escalier. Elle reprit un comprimé de vitamines. Ils étaient marron, ovales et pointus au bout, telles des graines dotées d'une enveloppe dure et sombre. « Je me demande bien ce qu'ils mettent comme poudre là-dedans », se dit-elle encore en l'avalant.

26.

Peter ouvrit la porte en verre avec sa clé et bloqua le pêne afin que les invités puissent entrer. Puis ils s'engagèrent dans le hall et traversèrent le sol dallé jusqu'à l'escalier. L'ascenseur ne fonctionnait toujours pas, même si, d'après Peter, ce n'était qu'une question de jours. L'ascenseur de service marchait, lui, mais les ouvriers en interdisaient l'accès.

L'immeuble était presque terminé. À chacune de ses visites, Marian avait constaté un petit changement. Les amas de matériaux bruts, tuyaux, planches et blocs de ciment, avaient peu à peu disparu pour se muer, grâce à un invisible processus de digestion et d'assimilation, en ces revêtements brillants qui enfermaient l'espace dans lequel ils évoluaient. Les murs et la rangée de colonnes de soutien carrées étaient à présent d'un rose saumon intense ; l'éclairage, désormais installé, brillait d'un éclat glacé, car Peter avait ouvert tous les interrupteurs de l'entrée pour sa soirée. Depuis la dernière visite de Marian, des miroirs en pied avaient été placés sur les fameuses colonnes de soutien ; grâce à eux, le hall paraissait beaucoup plus large et long qu'il ne l'était. En revanche, les moquettes, les meubles (des canapés en similicuir, à ce qu'elle prévoyait) et les immanquables philodendrons enroulés autour d'un bout de bois flotté n'étaient pas encore arrivés. Ils constitueraient l'ultime strate de luxe et ajouteraient une touche de douceur, quand bien même artificielle, à cet espace de lumière dure et de surfaces froides.

Ils gravirent l'escalier ensemble, Marian s'appuyant sur le bras de Peter. À chaque étage, elle aperçut, devant les portes des appartements, d'énormes caisses en bois et des formes rectangulaires recouvertes de grosse toile : ils devaient être en train d'installer les cuisines, les fours et les réfrigérateurs. D'ici peu, Peter ne serait plus l'unique occupant des lieux. Ensuite, ils mettraient le chauffage général à fond ; à l'heure actuelle, partout dans l'immeuble – sauf chez Peter –, il faisait presque aussi froid que dehors.

« Chéri, dit-elle d'un ton détaché quand ils s'arrêtèrent un instant au cinquième étage pour reprendre leur souffle, il y a eu un imprévu et j'ai invité quelques personnes de plus. J'espère que tu ne m'en voudras pas. »

Elle avait passé tout le trajet en voiture à se questionner sur la façon de le prévenir. Il n'était pas souhaitable que tous ces gens débarquent sans que Peter ait été averti ; pourtant, elle avait eu la tentation de ne rien dire et de s'en remettre à ses talents personnels pour débrouiller la situation, le moment venu. La confusion aidant, elle n'aurait pas eu à expliquer comment elle en était venue à les inviter, elle ne voulait pas, ne pouvait pas expliquer et redoutait les questions de Peter. Elle avait soudain la sensation d'avoir perdu son intuition habituelle et de ne plus être capable de prévoir ses réactions. Voilà qu'il représentait une inconnue ; maintenant qu'elle lui avait annoncé la nouvelle, colère ou enthousiasme aveugles lui parurent aussi envisageables l'un que l'autre. Elle s'éloigna d'un pas et, de sa main libre, se cramponna à la balustrade : impossible de prédire comment il allait réagir.

Il se borna néanmoins à lui sourire et seul un léger pli entre ses sourcils signala son irritation secrète.

« Ah oui, chérie ? Eh bien, plus on est de fous, plus on rit. Mais j'espère que tu n'as pas invité trop de gens ; sinon, on n'aura pas assez d'alcool et, s'il y a quelque chose dont j'ai horreur, c'est une soirée où on se retrouve à sec. »

Marian se sentit soulagée. C'était bien de lui de répondre ainsi, maintenant elle s'en rendait compte. Ça lui fit tellement plaisir qu'elle lui pressa le bras. Du coup, il l'enlaça et ils reprirent leur ascension.

« Non, dit-elle, cinq ou six, c'est tout. »

En fait, ils étaient neuf, mais étant donné la politesse dont il avait fait montre, elle avait eu la courtoisie de minimiser les choses.

« Il y a des gens que je connais ? demanda-t-il avec affabilité.

— Eh bien, Clara et Joe, répondit-elle, tandis que sa joie momentanée commençait à s'estomper, et Ainsley. Mais les autres, pas vraiment…

— Tiens, tiens…, insista-t-il, taquin, j'ignorais que tu avais tant d'amis. On a ses petits secrets, c'est ça ? Je vais devoir mettre un point d'honneur à faire leur connaissance pour tout savoir sur ta vie privée. »

Il l'embrassa gentiment sur l'oreille.

« Oui, fit Marian sans trop d'entrain. Je suis sûre qu'ils te plairont. »

« Espèce de buse, se dit-elle, furieuse contre elle-même, triple buse. » Comment avait-elle pu être si stupide ? Elle vit ce qui allait se passer. Les vierges en col blanc ne poseraient pas de problème – Peter les regarderait d'un œil assez critique, Emmy surtout ; Clara et Joe, il les supporterait. Mais les autres ? Duncan ne la trahirait pas – en principe. Il s'amuserait éventuellement à glisser quelques insinuations à moins qu'il ne le fasse juste pour voir. À son arrivée, elle pourrait cependant le prendre à part pour l'en dissuader. Les colocataires représentaient en revanche un problème insoluble. À son avis, ni l'un ni l'autre ne la savait fiancée, et elle imaginait le cri de surprise de Trevor lorsqu'il l'apprendrait, le coup d'œil qu'il lancerait à Duncan en s'écriant : « Mais, ma chère, nous on pensait que… » Et sa voix se fondrait dans un silence lourd de sous-entendus qui se révélerait encore plus dangereux que la vérité. Peter serait furieux, il se dirait que quelqu'un était allé piétiner ses plates-bandes, il ne comprendrait absolument pas et que se passerait-il alors ? Pourquoi diable les avait-elle invités ? Quelle bêtise monumentale ! Comment les empêcher de venir ?

Arrivés au septième, ils empruntèrent le couloir menant à l'appartement de Peter. Ce dernier avait étalé plusieurs journaux devant la porte afin que les invités y déposent leurs couvre-chaussures et leurs bottes. Marian retira les siennes et les plaça soigneusement à côté des couvre-chaussures de Peter.

« J'espère qu'ils suivront notre exemple. Je viens juste de faire faire le sol et je ne veux pas qu'ils me laissent des traces partout. »

Seules comme ça, les deux paires ressemblaient à un appât en cuir noir au milieu d'un grand piège en papier journal.

Une fois à l'intérieur, Peter la débarrassa de son manteau. Il posa les mains sur ses épaules nues et lui fit de petits baisers sur la nuque.

« Hum hum, s'exclama-t-il, un nouveau parfum. »

En fait, c'était celui d'Ainsley, un jus exotique qu'elle avait choisi pour aller avec les boucles d'oreilles.

Il enleva son pardessus et l'accrocha dans le placard juste derrière la porte.

« Va déposer ton manteau dans la chambre, chérie, lui demanda-t-il, puis reviens m'aider à tout préparer dans la cuisine. Les femmes sont tellement plus douées pour arranger les plats. »

Elle traversa le salon. En termes de mobilier, le seul ajout récent de Peter se résumait à un fauteuil danois assorti au premier et au canapé : dans l'ensemble, l'espace restait vide. Au moins, ça obligerait les invités à circuler : il n'y avait pas assez de sièges pour tout le monde. En général, les amis de Peter attendaient que la nuit soit bien avancée pour s'asseoir par terre ; Duncan, en revanche, était capable de le faire d'emblée. Elle l'imagina assis en tailleur au centre de la pièce dépouillée, une cigarette à la bouche, fixant avec une incrédulité lugubre soit l'un des lessiviers, soit l'un des pieds du canapé danois tandis que les autres invités le contourneraient sans trop lui prêter attention, mais en veillant toutefois à ne pas le piétiner, comme s'il eût été une table basse ou une curiosité, un mobile en bois flotté et parchemin, par exemple. Peut-être n'était-il pas trop tard pour les appeler et leur demander de ne pas venir ? Malheureusement, le téléphone se trouvait dans la cuisine et Peter aussi.

Comme toujours, la chambre de Peter était impeccable. Livres et armes étaient à leur place habituelle et quatre des maquettes de bateaux faisaient maintenant office de serre-livres. Deux des appareils photo, sortis de leur étui, trônaient sur son bureau. L'un d'eux était déjà équipé d'un flash avec une ampoule bleue à l'intérieur du réflecteur en forme de soucoupe argentée. D'autres ampoules bleues traînaient à côté d'un magazine ouvert. Marian posa son manteau sur le lit ; Peter lui avait expliqué que la penderie près de la porte d'entrée ne pourrait pas accueillir tous les manteaux et qu'il fallait que les femmes déposent le leur dans sa chambre. De sorte que le manteau de Marian, avec ses manches bien en évidence de chaque côté, se révélait en réalité plus fonctionnel qu'il n'y paraissait : il servait de leurre pour attirer les autres qui comprendraient ainsi où était leur place.

En se retournant, elle se surprit dans le miroir en pied de la porte du placard. Peter avait été très agréablement surpris.

« Chérie, tu as l'air absolument merveilleuse », s'était-il exclamé en émergeant de la cage d'escalier.

Ce compliment sous-entendait qu'il serait très heureux de la voir s'habiller et se maquiller ainsi constamment. Il avait voulu la regarder de dos et avait également apprécié. Là, elle se demandait si elle avait vraiment l'air absolument merveilleuse. Elle évalua l'expression mentalement et conclut qu'elle n'avait ni forme ni saveur particulières. Quel effet était-elle censée produire, cette formule ? Marian s'adressa un sourire. Non, ça n'irait pas. Elle esquissa un autre sourire et baissa les paupières ; ça ne marchait pas trop non plus. Elle tourna la tête et s'examina de profil. Le problème, c'était qu'elle n'arrivait pas à avoir une vue d'ensemble : divers détails, des trucs auxquels elle n'était pas habituée – ses ongles, les grosses boucles d'oreilles, sa coiffure, les multiples éléments qu'Ainsley avait ajoutés ou modifiés sur son visage –, retenaient son attention. Et elle ne pouvait remarquer qu'une chose à la fois. Qu'y avait-il derrière la surface sur laquelle flottaient ces éléments pour maintenir leur cohésion ? Elle tendit ses deux bras nus vers le miroir. C'était la seule portion de sa chair à ne pas être recouverte de tissu, de nylon, de cuir, voire de vernis, mais, dans la glace, même eux paraissaient factices, on aurait cru deux bouts de caoutchouc ou de plastique blanc rosé, dénués d'os, flexibles…

Contrariée de se sentir retomber dans un état de panique, elle ouvrit la porte du placard en grand et la repoussa contre le mur afin de masquer le miroir. Elle se retrouva alors face aux habits de Peter. Elle les avait déjà vus assez souvent et il n'y avait donc aucune raison particulière pour qu'elle reste plantée là, une main sur le bord de la porte, à fixer l'intérieur sombre… Ils étaient tous soigneusement pendus. Excepté, bien sûr, le costume sombre – une tenue d'hiver – qu'il avait sur lui, elle reconnut tous ceux qui se trouvaient là : il y avait son look plein été, à côté la veste décontractée en tweed qu'il mettait avec ses pantalons en flanelle grise, puis la série de ses autres phases, lesquelles allaient de la fin de l'été jusqu'à l'automne révolu. Les chaussures assorties, chacune pourvue d'un embauchoir, s'alignaient par terre. Elle se rendit compte qu'elle examinait ces habits avec un sentiment proche de l'animosité. Comment pouvaient-ils, du haut de leurs cintres, afficher avec suffisance autant d'autorité silencieuse et invisible ? Mais en y réfléchissant, elle se dit qu'ils distillaient plutôt la peur. Elle tendit la main pour les toucher, puis la retira : c'est tout juste si elle ne craignait pas qu'ils soient chauds.

« Chérie, où es-tu ? lui cria Peter de la cuisine.

— J'arrive, chéri ! » lui répondit-elle.

Elle se dépêcha de refermer, consulta brièvement le miroir, remit une mèche de cheveux en place d'une petite tape et, joliment sanglée dans ses multiples vernis, s'en alla prudemment rejoindre Peter.

La table de la cuisine croulait sous les verres. Certains étaient neufs : il avait dû les acheter spécialement pour la soirée. Eh bien, ils pourraient toujours les utiliser quand ils seraient mariés. Quant aux paillasses, elles supportaient des alignements de bouteilles de toutes tailles et de toutes couleurs : scotch, whisky de seigle, gin. Apparemment, Peter tenait la situation bien en main. Armé d'un torchon propre, il donnait un dernier coup aux verres.

« Je peux t'aider ?

— Oui, chérie, si tu disposais certains trucs sur des plats ? Tiens, je t'ai préparé à boire, du scotch avec de l'eau, autant s'offrir un acompte ! »

Pour sa part, il n'avait pas perdu de temps ; sur la paillasse, son verre était déjà à moitié vide.

Elle but une gorgée, tout en lui souriant par-dessus le bord. C'était beaucoup trop fort pour elle et ça lui brûla la gorge.

« À mon avis, tu essaies de me soûler, déclara-t-elle. Je pourrais avoir un autre glaçon ? »

Elle remarqua, écœurée, que sa bouche avait laissé une trace de gras sur le bord de son verre.

« Il y en a plein dans le frigo », répondit-il.

Il paraissait ravi qu'elle ait besoin de couper sa boisson.

Les glaçons garnissaient un grand récipient. Il y en avait davantage en réserve, deux sacs de polyéthylène. Des tas de bouteilles monopolisaient le reste de l'espace, bouteilles de bière empilées sur l'étagère du bas, grandes bouteilles vertes de boisson gazeuse au gingembre et petites bouteilles incolores d'eau pétillante et de Schweppes sur les clayettes à côté du freezer. Le réfrigérateur de Peter était si blanc, si impeccable et si bien rangé qu'elle éprouva une pointe de culpabilité en pensant au sien.

Elle s'occupa des chips, des cacahuètes, des olives et des champignons au vinaigre et remplit les bols et les plats que Peter lui avait indiqués, en attrapant les amuse-gueule du bout des doigts pour ne pas abîmer son vernis. Elle avait presque fini quand Peter surgit dans son dos et glissa la main autour de sa taille. De l'autre, il ouvrit à moitié la fermeture Éclair de sa robe, puis la remonta. Marian sentit son souffle sur sa nuque.

« Dommage qu'on n'ait pas le temps de faire des cabrioles, murmura-t-il, mais je ne voudrais pas te chiffonner. Enfin, après, on aura tout le temps. »

Il passa l'autre bras autour de sa taille.

« Peter, tu m'aimes ? »

Certaine de sa réponse, elle l'avait déjà interrogé sur le mode de la plaisanterie, mais cette fois-ci elle attendit, immobile, ce qu'il allait lui dire.

Il déposa un petit baiser sur sa boucle d'oreille.

« Bien sûr que je t'aime, ne fais pas la sotte, répliqua-t-il avec une tendresse qui se voulait apaisante. Je vais t'épouser, non ? Et je t'aime particulièrement dans cette robe rouge. Tu devrais porter du rouge plus souvent. »

Il la lâcha tandis qu'elle sortait le dernier champignon au vinaigre du bocal pour le transférer dans le plat.

« Viens ici une minute, chérie. »

Il était dans la chambre. Elle se rinça les mains, les sécha et le rejoignit. Assis à son bureau où il avait allumé sa lampe de travail, il réglait un de ses appareils photo. Il releva la tête et la regarda en souriant.

« Je me suis dit que je prendrais des photos de la soirée, pour garder une trace, c'est tout. Ce sera marrant de pouvoir en disposer plus tard, pour les revoir.

C'est notre première vraie fête ensemble, tu sais, un sacré événement. À propos, tu as déjà trouvé un photographe pour le mariage ?

— Je ne sais pas. Je pense qu'elles s'en sont occupées.

— J'aimerais beaucoup m'en charger, mais c'est impossible, bien sûr », ajouta-t-il en riant.

Là-dessus, il se mit à trifouiller sa cellule.

Elle s'appuya affectueusement contre son épaule et jeta un coup d'œil vers les objets qui traînaient sur le bureau, les ampoules de flash bleues, le cercle concave et argenté du flash. Peter consultait le magazine ouvert ; il avait coché l'article intitulé « Flash en intérieur ». À côté de la colonne de texte, il y avait une image publicitaire : sur une plage, une petite fille avec des couettes étreignait un épagneul. « Conservez-la précieusement », disait la légende.

Elle s'approcha de la fenêtre. En contrebas s'étendait la ville blanche, ses rues étroites et ses froides lumières hivernales. Elle avait gardé sa boisson à la main et en but une gorgée. Les glaçons tintèrent contre le verre.

« Chérie, lança Peter, c'est bientôt l'heure H, mais avant qu'ils n'arrivent, j'aimerais avoir quelques photos de toi, toute seule, si ça ne t'ennuie pas. Il ne reste que quelques poses sur ce rouleau et je veux en remettre un neuf pour la soirée. Ce rouge devrait bien rendre en diapo, et je vais en faire quelques-unes en noir et blanc pendant que j'y suis.

— Peter, je ne pense pas… »

Cette idée déclenchait chez elle une angoisse insensée.

« Allons, ne sois pas pudique ! Peux-tu t'installer là-bas, à côté des armes, et t'appuyer un peu contre le mur ? »

Il braqua la lampe de bureau sur son visage et brandit la cellule noire dans sa direction. Elle recula vers le mur.

Il leva l'appareil et, un œil fermé, regarda à travers le minuscule viseur en haut, puis fit sa mise au point.

« Voyons, Marian, tu ne pourrais pas te tenir un peu moins raide ? Détends-toi. Ne te voûte pas comme ça, allez, bombe le torse, et ne fais pas cette tête soucieuse, chérie, prends l'air naturel, allons, souris… »

Son corps s'était figé, rigidifié. Elle ne pouvait plus bouger, même pas les muscles de son visage, et, pendant qu'elle fixait le cercle de verre de l'objectif pointé sur elle, elle voulut demander à Peter de ne pas appuyer sur le déclencheur, mais elle ne pouvait plus bouger…

Quelqu'un frappa à la porte.

« Oh, zut ! s'exclama Peter en reposant l'appareil sur le bureau. Les voilà. Bon, plus tard alors, chérie. »

Il sortit de la chambre.

Marian émergea lentement de son coin. Elle haletait. Elle tendit la main et s'obligea à toucher l'appareil.

« Qu'est-ce qui m'arrive ? se dit-elle. Ce n'est qu'un appareil photo. »

27.

Ce furent les vierges en col blanc qui se manifestèrent en premier : Lucy seule, puis Emmy et Millie, presque en même temps, cinq minutes plus tard. Elles ne s'attendaient visiblement pas à se retrouver là : chacune parut contrariée de constater que les autres avaient été invitées. Marian fit les présentations, puis les conduisit à la chambre où leurs manteaux rejoignirent le sien sur le lit. Chacune déclara, d'un drôle de ton, que Marian ferait bien de porter du rouge plus souvent. Chacune se regarda dans le miroir, puis s'arrangea et se rajusta avant de piquer sur le salon. Lucy se remit une nouvelle couche de blanc nacré sur les lèvres tandis qu'Emmy se dépêchait de se gratter le cuir chevelu une dernière fois.

Elles s'installèrent précautionneusement sur les fauteuils danois et Peter leur servit un verre. Lucy était en velours pourpre, paupières argent et faux cils ; Emmy était vêtue d'une mousseline rose qui rappelait un peu les tenues habillées des soirées du lycée. Elle avait les cheveux raides de laque et son jupon dépassait. Millie était sanglée dans un satin bleu pâle qui la boudinait en de drôles d'endroits ; elle promenait une minuscule pochette à paillettes et c'était elle la plus surexcitée des trois.

« Ça me fait vraiment plaisir que vous ayez pu venir », s'exclama Marian.

À ce moment précis, ça ne lui faisait absolument pas plaisir. Elles étaient tellement survoltées. Chacune attendait qu'une variante de Peter franchisse miraculeusement la porte et tombe à genoux pour lui faire sa demande en mariage. Comment réagiraient-elles lorsqu'elles se retrouveraient en face de Fish et de Trevor, sans parler de Duncan ? Et puis, comment Fish et Trevor réagiraient-ils, sans parler de Duncan, lorsqu'ils se retrouveraient en face d'elles ? Elle imagina deux fois trois hurlements simultanés et un exode massif, un groupe par la porte et l'autre par la fenêtre.

« Mais qu'est-ce que j'ai fabriqué ? » se demanda-t-elle.

Elle finit néanmoins par douter de l'existence des trois étudiants de troisième cycle, dont la venue lui parut de plus en plus improbable à mesure que la soirée avançait et que le niveau du whisky baissait. Peut-être ne se montreraient-ils pas, tout simplement ?

Les lessiviers et leurs femmes arrivaient au compte-gouttes. Peter avait mis un disque sur la chaîne stéréo et il y avait de plus en plus de bruit et de monde dans la pièce. Chaque fois que quelqu'un frappait, les vierges en col blanc tournaient la tête et quand, chaque fois, elles voyaient entrer une autre épouse heureuse et resplendissante au bras d'un mari élégant, elles reprenaient, toujours plus crispées, leurs verres et leurs échanges poussifs. Emmy jouait avec une de ses boucles d'oreilles en imitation diamant. Millie s'escrimait sur une paillette décousue sur sa pochette.

Souriante et efficace, Marian conduisait chaque épouse vers la chambre. Le tas de manteaux grossissait. Peter offrait à boire et descendait un certain nombre de verres lui-même. Les cacahuètes, chips et autres snacks circulaient de main en main, de main en bouche. Déjà, le groupe dans le salon commençait à se scinder selon les deux territoires traditionnels : les épouses côté sofa, les maris côté chaîne hi-fi avec, au milieu, un invisible no man's land. Les vierges en col blanc, piégées du mauvais côté, écoutaient les épouses d'un air malheureux. Une fois encore, Marian ressentit les affres du remords. Malheureusement, elle ne pouvait pas s'occuper d'elles, elle faisait passer les champignons au vinaigre. Elle se demanda ce qui retardait Ainsley.

La porte s'ouvrit de nouveau, sur Clara et Joe cette fois. Derrière eux suivait Leonard Slank. Un tremblement nerveux agita Marian et un des champignons au vinaigre tomba de l'assiette qu'elle tenait, rebondit par terre et disparut sous la chaîne. Elle posa l'assiette. Peter, qui accueillait déjà les nouveaux arrivants, serra chaleureusement la main de Len. Plus il buvait, plus sa voix portait.

« Comment ça va, bon sang, ça fait plaisir de te voir ici, nom de Dieu, je voulais t'appeler », dit-il.

En guise de réponse, Len tituba et le regarda d'un œil trouble.

Marian agrippa fermement Clara par la manche de son manteau et la poussa dans la chambre.

« Qu'est-ce qu'il fait ici ? » lui demanda-t-elle sans trop de courtoisie.

Clara ôta son manteau.

« J'espère que ça ne te dérange pas qu'on l'ait amené ; je me suis dit que tu n'y verrais pas d'inconvénient parce que vous êtes de vieux amis, après tout, mais, franchement, j'ai pensé que c'était mieux, on ne voulait pas qu'il disparaisse Dieu sait où. Comme tu peux le constater, il est en piteux état. Il a débarqué juste après la baby-sitter et il avait vraiment pas l'air frais, visiblement il avait déjà bien carburé. Il nous a raconté une histoire abracadabrante à propos d'une fille avec qui il a des problèmes, ça paraît très sérieux, et il nous a dit qu'il avait peur de retourner chez lui, je ne vois pas pourquoi, qu'est-ce qu'on pourrait bien lui faire ? Alors, le pauvre, on va le loger dans la chambre du fond, au deuxième. C'est la chambre d'Arthur, en fait, mais je suis sûre que ça ne gênera pas Len de partager. Nous, on a mal au cœur pour lui, ce qu'il lui faut, c'est une gentille fille très pot-au-feu qui prendra soin de lui, a priori il n'est vraiment pas capable de se débrouiller…

— Il a dit de qui il s'agissait ?

— Oh non, répondit Clara en haussant les sourcils, en général, il ne cite pas de noms.

— Je vais te chercher un verre », l'interrompit Marian.

Pour sa part, elle avait drôlement besoin d'en prendre un autre. Bien entendu, Clara et Joe n'avaient pas idée de l'identité de la femme en question, sinon ils ne seraient jamais venus avec lui. Elle était surprise qu'il les ait accompagnés ; il devait se douter qu'il y avait de fortes probabilités qu'il rencontre Ainsley à cette soirée, mais sans doute était-il trop éméché pour s'en soucier. Ce qui tracassait le plus Marian, c'était l'effet de sa présence sur sa colocataire. Ça risquait de la déstabiliser et de la pousser à réagir de manière imprévisible.

En revenant au salon avec Clara, Marian vit que les vierges en col blanc avaient déjà repéré le célibataire sans attaches chez Len. Elles l'avaient acculé au mur de la zone neutre et deux d'entre elles lui interdisaient toute fuite par les flancs tandis que la troisième s'était campée devant lui. Pour préserver son équilibre, il s'appuyait d'une main contre la paroi, de l'autre, il tenait une chope de bière remplie à ras bord. Pendant qu'elles lui parlaient, son regard courait de l'une à l'autre comme s'il ne voulait pas les fixer trop longtemps, toutes autant qu'elles étaient. Son visage hâve, étrangement bouffi et du même blanc grisâtre qu'une pâte à tarte crue, reflétait un mélange d'incrédulité, d'ennui et d'inquiétude allongés d'alcool. Cela étant, elles avaient dû réussir à lui arracher quelques mots, car Marian entendit Lucy s'exclamer : « La télévision ! C'est génial ! » tandis que les autres lâchaient des petits rires effarouchés. Leonard avala une grande gorgée de bière d'un geste exaspéré.

Marian faisait circuler les olives noires lorsqu'elle vit Joe quitter le territoire des hommes et piquer sur elle.

« Salut, lui lança-t-il. Je suis très content que tu nous aies invités ce soir. Clara a si peu l'occasion de sortir. »

Tous deux tournèrent la tête vers Clara, occupée à bavarder avec une des épouses de lessiviers, côté sofa.

« Tu sais, je me tracasse beaucoup à son sujet, poursuivit Joe. Je crois que c'est plus dur pour elle que pour la plupart des autres femmes ; je crois que c'est plus dur pour une femme qui a fait des études universitaires. Elle prend conscience qu'elle a un cerveau, ses profs font attention à ce qu'elle a à dire, ils la traitent en être pensant ; quand elle se marie, son noyau est envahi…

— Son quoi ?

— Son noyau. Le cœur de sa personnalité, ce qu'elle a construit, son image d'elle-même, si tu veux.

— Ah, oui.

— Son rôle de femme et son noyau sont en totale opposition, son rôle de femme exige de la passivité… »

Marian eut la vision fugace d'une énorme pâtisserie sphérique ornée de crème fouettée et de cerises au marasquin, en suspens dans l'air au-dessus de Joe.

« Donc, elle accepte que son mari absorbe son noyau. Ensuite, les enfants arrivent et, en se réveillant un matin, elle découvre qu'il ne lui reste plus rien à l'intérieur, qu'elle est vide, qu'elle ne sait plus qui elle est ; son noyau a été détruit. »

Il hocha doucement la tête et but quelques petites gorgées de sa boisson.

« Je le constate chez mes propres étudiantes. Mais ça ne servirait à rien de les avertir. »

Marian se retourna pour regarder Clara : debout, ses longs cheveux, blond pâle et délicat, lâchés, et sobrement habillée de beige, elle discutait. Elle se demanda si Joe lui avait jamais dit que son noyau avait été détruit ; elle songea à des prunes et à des vers. Là-dessus, Clara fit un grand geste de la main et l'épouse d'un des lessiviers recula, l'air choqué.

« Évidemment, ce n'est pas parce qu'on a conscience de tout ça que ça règle le problème, continua Joe. Mais qu'on en ait conscience ou pas, c'est un fait. Peut-être faudrait-il interdire l'accès à l'université aux femmes ; elles n'auraient pas systématiquement le sentiment de rater leur vie intellectuelle, après. Par exemple, quand je propose à Clara d'essayer quelque chose, de suivre des cours du soir, elle me lance un drôle de regard et rien d'autre. »

Marian leva les yeux vers Joe avec une affection dont les verres qu'elle avait avalés diluaient la véritable nature. Elle le visualisa chez lui, en maillot de corps, circulant à pas traînants, en train de méditer sur la vie intellectuelle, de faire la vaisselle ou décoller les timbres sur les enveloppes ; elle se demanda ce qu'il fabriquait avec les timbres, après. Elle eut envie de tendre la main pour le toucher, le rassurer, lui dire que le noyau de Clara n'avait pas vraiment été détruit et que tout irait bien ; elle eut envie de lui donner quelque chose. Elle avança son assiette.

« Prends une olive », lui proposa-t-elle.

Derrière Joe, la porte s'ouvrit sur Ainsley.

« Excuse-moi », dit Marian à Joe.

Elle posa les olives sur la chaîne hi-fi et alla intercepter Ainsley ; il fallait qu'elle la prévienne.

« Salut, lui dit Ainsley essoufflée. Désolée, j'arrive plus tard que je ne pensais, mais j'ai été prise d'une furieuse envie de m'attaquer à mes cartons… »

Marian l'entraîna précipitamment vers la chambre en espérant que Len ne l'avait pas vue. Elle nota au passage qu'il était toujours très entouré.

« Ainsley, déclara-t-elle lorsqu'elles se retrouvèrent seules avec les manteaux, Len est ici et j'ai bien peur qu'il ne soit soûl. »

Ainsley se débarrassa des multiples épaisseurs qui la protégeaient. Elle était superbe. Elle portait un ton de vert très proche du turquoise, avec paupières et chaussures assorties. Ses cheveux, relevés en chignon et agrémentés d'une torsade autour de la tête, brillaient. Grâce à l'afflux d'hormones, elle avait un teint radieux ; son ventre n'était pas encore d'une rondeur notable.

Elle s'observa dans la glace avant de répondre calmement en ouvrant de grands yeux :

« Ah bon ? Je t'assure, Marian, ça ne me fait absolument rien. Après notre discussion de cet après-midi, je suis certaine que nous savons où nous en sommes et que nous pouvons nous conduire en adultes responsables. Maintenant, il peut dire tout ce qu'il veut, rien ne me dérangera.

— Mais il paraît qu'il est vraiment bouleversé, d'après Clara. Apparemment, il s'est installé chez eux. Je l'ai vu quand il est arrivé, il a l'air très mal, alors j'espère que tu ne diras rien de nature à le perturber.

— Je n'ai absolument aucune raison de lui adresser la parole », rétorqua Ainsley d'un ton dégagé.

Dans le salon, les lessiviers se montraient à présent extrêmement tapageurs de leur côté de l'invisible barrière. Ils partaient de grands éclats de rire : l'un d'eux racontait des histoires cochonnes. Les voix des femmes aussi, de plus en plus sonores, s'envolaient dans les aigus, s'élevaient en de stridents déchants pour rivaliser avec les basses et les barytons. Quand Ainsley apparut, un mouvement se fit vers elle : comme il fallait s'y attendre, certains lessiviers désertèrent leur territoire afin de lui être présentés et leurs moitiés, toujours vigilantes, bondirent du sofa pour les intercepter avant qu'ils n'atteignent leur objectif. Ainsley souriait distraitement.

Marian alla à la cuisine chercher un verre pour sa colocataire et un autre pour elle. L'ordre et les impeccables alignements du début de soirée n'étaient plus qu'un lointain souvenir. L'évier regorgeait de glaçons à moitié fondus et de bribes d'aliments, il y avait des noyaux d'olive partout – on aurait cru que les gens ne savaient jamais où les mettre – et des éclats de verres ; des bouteilles, complètement ou en partie vides, colonisaient les paillasses, la table et le dessus du réfrigérateur ; et quelqu'un avait renversé un liquide non identifiable par terre. Il restait néanmoins quelques verres propres. Marian en remplit un pour Ainsley.

Elle sortait de la cuisine quand elle surprit des voix dans la chambre.

« Vous êtes encore plus séduisant qu'on ne l'imagine quand on vous entend au bout du fil. »

C'était la voix de Lucy.

Marian jeta un coup d'œil dans la pièce. Lucy était là et regardait Peter par en dessous ses paupières argent. Debout, un appareil photo à la main, il affichait un sourire puéril et assez stupide. Lucy avait donc renoncé à faire le siège de Leonard. Elle avait dû se rendre compte que ça ne servait à rien ; pour ce genre de chose, elle avait toujours été plus futée que les deux autres. Mais que c'était touchant de la voir s'attaquer à Peter à la place ! Pathétique, en fait. Après tout, Peter était retiré du marché, de manière presque aussi irrévocable que s'il était déjà marié.

Marian sourit intérieurement et battit en retraite, mais Peter eut néanmoins le temps de l'apercevoir et, affichant un entrain d'autant plus marqué qu'il se sentait coupable, lui cria en agitant l'appareil :

« Hé, chérie, la soirée est vraiment sympa ! C'est pratiquement l'heure de faire des photos. »

Lucy, souriante, tourna la tête en direction de la porte et ses paupières se soulevèrent, tels deux stores.

« Voici ton verre, Ainsley, dit Marian en fendant le cercle des lessiviers pour le lui remettre.

— Merci. »

La distraction avec laquelle elle s'en empara alerta Marian, qui suivit le regard de sa colocataire. À l'autre bout de la pièce, Len, la bouche entrouverte, les observait. Tenaces, Emmy et Millie continuaient à lui interdire le passage. Millie, venue se placer devant lui, bloquait un maximum d'espace avec sa large jupe tandis qu'Emmy, sur un des côtés, ne cessait de le marquer à la façon d'un arrière de basket-ball ; mais il n'y avait pas de défense sur l'autre flanc. Marian se retourna juste à temps pour surprendre Ainsley qui souriait d'un sourire engageant.

On frappa à la porte. « Je ferais bien d'y aller, se dit Marian, Peter est occupé dans la chambre. »

Elle ouvrit et se retrouva en face d'un Trevor perplexe. Les deux autres se tenaient derrière lui, en compagnie d'une silhouette inconnue, une femme probablement, qui arborait un manteau en Harris tweed trop ample, des lunettes de soleil et de grandes chaussettes noires.

« C'est le bon numéro ? s'enquit Trevor. Nous sommes bien chez un certain M. Peter Wollander ? »

Il ne l'avait manifestement pas reconnue.

Marian frémit intérieurement ; elle les avait totalement oubliés. Oh, de toute façon, il y avait tant de bruit et de pagaille dans l'appartement que, si ça se trouvait, Peter ne les remarquerait même pas.

« Oh, que je suis contente que vous ayez pu venir. Entrez. À propos, je suis Marian.

— Oh, ha ha ha ! Bien sûr, s'écria Trevor d'une voix stridente. Que je suis bête ! Mon Dieu, je ne t'avais pas reconnue, tu es très élégante, sincèrement, tu ferais bien de porter du rouge plus souvent. »

Trevor, Fish et la troisième personne passèrent devant elle et entrèrent, mais Duncan resta dehors. Il la prit par le bras, l'attira dans le couloir d'un geste brusque et referma la porte derrière elle.

Il la dévisagea un moment par-dessous sa tignasse en étudiant chaque élément nouveau.

« Tu ne m'avais pas dit que c'était une fête costumée, finit-il par marmonner. Mais, bon sang, tu es censée être qui ? »

Sous le coup du désespoir, les épaules de Marian s'affaissèrent. Tout compte fait, elle n'avait donc pas l'air absolument merveilleuse.

« Tu ne m'as encore jamais vue bien habillée », murmura-t-elle faiblement.

Duncan se mit à ricaner.

« C'est les boucles d'oreilles que je préfère, où tu les as pêchées ?

— Oh, arrête, s'exclama-t-elle avec une pointe de mauvaise humeur, et entre boire un verre. »

Il était horripilant. Qu'avait-il cru ? Qu'elle allait prendre le sac et la cendre ? Elle ouvrit la porte.

Le bruit des conversations, de la musique et des rires envahit le couloir. S'ensuivit l'éclair éblouissant d'un flash et une voix forte s'écria triomphalement :

« Ha, ha ! Pris en flagrant délit !

— C'est Peter, expliqua Marian, il doit être en train de faire des photos. »

Duncan recula d'un pas.

« Je ne crois pas que j'ai envie d'entrer.

— Mais si. Il faut que tu rencontres Peter, ça me ferait vraiment plaisir. »

Il était soudain extrêmement important qu'il la suive.

« Non, non, je ne peux pas. Ce serait mauvais, je le sens. L'un de nous va s'évaporer à coup sûr, moi, sans doute ; n'importe comment, il y a trop de bruit là-dedans, ce serait insupportable.

— S'il te plaît. »

Elle essaya de l'attraper par le bras, mais il avait déjà tourné les talons et s'éloignait presque en courant dans le couloir.

« Où tu vas ? lui cria-t-elle d'un ton plaintif.

— À la laverie. Salut, je te souhaite un bon mariage. »

Elle aperçut une dernière fois son sourire grimaçant comme il disparaissait à l'angle du couloir et l'entendit dévaler l'escalier.

L'espace d'un instant, elle eut envie de courir derrière lui, de s'en aller avec lui : une chose était certaine, elle ne pouvait plus affronter le salon encombré. « Mais je dois », se dit-elle. Elle repassa le seuil de l'appartement.

C'est sur le large dos laineux de Fischer Smythe qu'elle tomba d'abord. Il portait un col roulé à rayures furieusement décontracté. Trevor, debout à côté de lui, était impeccable en costume, chemise et cravate. Tous deux bavardaient avec la créature aux bas noirs : des considérations sur la symbolique de la mort. N'ayant aucune envie d'avoir à expliquer la disparition de Duncan, elle évita prestement le groupe.

Elle s'aperçut alors qu'elle était derrière Ainsley, puis, juste après, que Leonard Slank se trouvait de l'autre côté de la silhouette arrondie et bleu-vert de son amie. Elle ne voyait pas le visage de Len, les cheveux d'Ainsley le lui masquaient, mais elle reconnut son bras et sa main serrée sur une chope de bière : fraîchement remplie, nota-t-elle. Quant à Ainsley, elle disait quelque chose à Len d'un ton étouffé mais insistant.

Ce dernier répondit d'une voix pâteuse :

« NON, putain ! Tu ne m'auras jamais…

— Entendu alors. »

Marian n'eut pas le temps de comprendre ce que concoctait Ainsley, que celle-ci levait la main, puis l'abaissait brutalement pour jeter son verre par terre. Marian recula d'un bond.

Le fracas du verre brisé stoppa net les conversations comme si on les avait privées de courant et, dans le silence que seuls troublaient les doux soupirs incongrus des violons, Ainsley déclara :

« Len et moi avons une nouvelle sensationnelle à vous annoncer. »

Les yeux brillants, elle fit une pause pour plus d'effet.

« Nous allons avoir un bébé. »

Sa voix n'exprimait pas le moindre soupçon de joie. « Oh, mon Dieu, se dit Marian, elle essaie de lui forcer la main. »

Quelques hoquets de surprise s'élevèrent du côté sofa de la pièce. Quelqu'un ricana et l'un des lessiviers s'écria :

« Bravo, Len, même si je ne sais pas qui tu es. »

C'est alors que Marian vit le visage de Len. Çà et là, des plaques rouges marbraient son teint blafard, sa lèvre inférieure tremblait.

« Espèce de sale garce ! » déclara-t-il, la voix pâteuse.

Un silence s'installa. L'épouse d'un lessivier se lança rapidement dans une conversation sur un nouveau sujet, mais elle ne tarda pas à s'interrompre. Marian, qui observait Len, crut qu'il allait frapper Ainsley, mais il découvrit ses dents en un large sourire.

« C'est vrai, les amis, dit-il, et nous allons procéder au baptême sur-le-champ, au beau milieu de cette petite réunion sympa. Un baptême *in utero*. Et en mon nom, je le baptise. »

Il avança la main d'un geste brusque, attrapa Ainsley par l'épaule, leva sa chope de bière et la vida lentement et consciencieusement sur la tête de la jeune femme.

Les épouses poussèrent des cris ravis ; leurs lessiviers de maris braillèrent des « Hé ! » Les dernières gouttes de bière finissaient de tomber quand Peter surgit en coup de vent de la chambre : il installait une ampoule dans son flash.

« Attendez ! brailla-t-il et il prit sa photo. Génial ! Elle sera super, celle-là ! Hé, ça marche très fort ce soir ! »

Certaines personnes lui jetèrent un regard agacé, mais la plupart des gens ne prêtèrent aucune attention à sa remarque. Tout le monde s'agitait et parlait en même temps ; en fond sonore, les violons continuaient de distiller leur mélodie sirupeuse. Ainsley, trempée, grimaçait, tandis qu'une mare de mousse et de bière s'étalait à ses pieds, sur le parquet de bois dur. Elle n'allait pas tarder à décider si l'affaire méritait qu'elle fasse l'effort de pleurer. Len l'avait lâchée. La tête baissée, il murmurait quelque chose d'inaudible. À en juger par son attitude, il ne voyait pas trop ce qu'il venait de faire et pas du tout ce qu'il allait faire maintenant.

Ainsley pivota et prit le chemin de la salle de bains. Brûlant de partager la vedette, plusieurs épouses de lessiviers s'élancèrent avec des roucoulements gutturaux pour offrir leur aide, mais quelqu'un les avait devancées. C'était Fischer Smythe, qui retirait déjà son pull-over en laine à col roulé et exposait son torse musclé couvert d'une épaisse toison noire.

« Si vous me permettez, dit-il à Ainsley, nous n'aimerions pas que vous attrapiez froid, n'est-ce pas ? Pas dans votre état. »

Il se mit à l'essuyer avec son pull-over. Ses yeux ruisselaient de sollicitude.

Les cheveux d'Ainsley pendaient à présent et des mèches dégoulinantes lui battaient les épaules. La tête levée vers lui, elle lui sourit à travers la bière ou les larmes qui lui emperlaient les cils.

« Je ne crois pas qu'on se soit rencontrés, murmura-t-elle.

— Je crois que je vous connais déjà », rétorqua-t-il, d'un ton lourd de symbolique, en lui tapotant tendrement le ventre avec une manche de son pull rayé.

Plus tard… Miraculeusement, la soirée allait toujours bon train, les choses s'étant réparées en douceur après l'accroc causé par Len et Ainsley. Quelqu'un avait ramassé le verre brisé, nettoyé la bière répandue sur le sol, et conversations, musique et boissons roulaient et coulaient de nouveau à flots dans le salon, comme s'il ne s'était rien passé.

La cuisine, en revanche, était dévastée. On aurait dit qu'elle avait subi une crue éclair. Marian tâtonnait au milieu des débris, à la recherche d'un verre propre ; elle avait posé le sien quelque part, ne savait plus où, et avait envie de reprendre quelque chose.

Il ne restait plus un seul verre propre. Elle en prit un sale qu'elle rinça sous le robinet et se versa lentement et prudemment une autre rasade de whisky. Elle se sentait sereine et avait l'impression de flotter, comme lorsqu'on fait la planche dans un bassin. Elle alla à la porte et, appuyée contre le chambranle, contempla le salon.

« Ça va, ça va ! » se répéta-t-elle.

S'il la surprenait quelque peu, ce constat lui plaisait énormément. Ils étaient tous là, tous (sauf, nota-t-elle en scrutant l'assistance, Ainsley et Fischer et, oh oui, Len… Elle se demanda où ils avaient disparu) à faire ce qui se faisait d'habitude en soirée, ce qu'elle faisait, elle aussi. Ils la soutenaient et, portée par le sentiment qu'elle était des leurs, elle pouvait flotter sans crainte de prendre l'eau. Elle éprouvait une chaleureuse affection pour chacun d'entre eux, pour leurs silhouettes et leurs visages distincts qu'elle voyait à présent beaucoup plus nettement que d'ordinaire, comme s'ils étaient éclairés par un projecteur invisible. Elle allait même jusqu'à aimer les épouses des lessiviers et Trevor qui agitait vigoureusement la main ; et même les filles du bureau, Millie qui riait là-bas dans sa robe bleu pâle chatoyante, et même Emmy, inconsciente de son jupon effiloché… Peter circulait parmi eux ; il se promenait toujours avec son appareil qu'il levait, de temps à autre, pour prendre une photo. Il lui rappelait les pubs pour films amateurs où le père de famille use pellicule sur pellicule avec de banals trucs du quotidien pareils à ceux-ci, quels meilleurs sujets que des gens qui rient, lèvent leurs verres, des enfants à des fêtes d'anniversaire…

« Donc, c'est ça qu'il y a depuis le début, se dit-elle avec joie : voilà ce qu'il est en train de devenir. » Le vrai Peter, le Peter caché, n'avait rien de surprenant ni d'effrayant, ce n'était ni plus ni moins qu'un homme pavillon-de-banlieue-lit-double, un homme à barbecue-dans-le-jardin. Un homme amateur-de-photos. « Et je l'ai appelé, se dit-elle, je l'ai fait surgir comme par magie. » Elle avala quelques gorgées de son whisky.

La quête avait été longue. Elle avait remonté le temps et, maintenant qu'elle était revenue sur ses pas, elle parcourait des couloirs et des pièces, de longs couloirs, de vastes pièces. Tout semblait se dérouler au ralenti.

« Si Peter est réellement comme ça, se dit-elle, en arpentant un des couloirs, est-ce qu'il aura une bedaine à quarante-cinq ans ? Est-ce qu'il s'habillera n'importe comment le samedi, qu'il enfilera un jean chiffonné pour aller bricoler dans son atelier à la cave ? » Cette image était rassurante : il aurait des passe-temps, il serait bien dans sa peau, il serait normal.

Elle ouvrit une porte sur sa droite et entra. Peter était là, quarante-cinq ans et dégarni mais toujours reconnaissable, planté en plein soleil à côté d'un barbecue, une fourchette à long manche à la main. Il portait un tablier blanc de chef cuisinier. Elle se chercha consciencieusement dans le jardin, mais elle n'y était pas et cette découverte la glaça.

« Non, se dit-elle, ce n'est sûrement pas la bonne pièce. Ça ne peut pas être la dernière. » Là-dessus, elle aperçut une autre porte, dans la haie, à l'autre bout du jardin. Elle traversa la pelouse, passa derrière la silhouette figée qui, elle le voyait à présent, tenait un grand couperet dans son autre main, poussa la porte et entra.

Elle était revenue au salon de Peter avec les gens et le bruit, et, un verre à la main, elle s'appuyait contre le chambranle de la porte. Sauf que les gens lui paraissaient encore plus nets, mieux définis, plus loin, et ils circulaient de plus en plus vite, ils rentraient tous chez eux, une file de dames lessivières sortit de la chambre, manteau sur le dos, passa la porte en vacillant, mari à la traîne, en gazouillant des au revoir, et qui était cette minuscule silhouette en deux dimensions, toute menue dans sa robe rouge, posant à la manière des femmes en papier des catalogues de vente par correspondance, virevoltant et souriant, voletant dans l'espace vide et blanc… Ça ne pouvait pas être ça ; il devait y avoir autre chose. Elle courut vers la porte suivante qu'elle ouvrit d'un coup sec.

Peter était là, vêtu de son somptueux costume noir d'hiver. Il tenait un appareil photo à la main mais, là, elle vit de quoi il s'agissait réellement. Il n'y avait plus de portes et, lorsqu'elle chercha la poignée à tâtons dans son dos, car elle n'osait quitter Peter du regard, il leva l'appareil et le braqua sur elle en découvrant férocement les dents. Un éclair aveuglant s'ensuivit.

« Non ! hurla-t-elle en cachant son visage derrière son bras.

— Qu'est-ce qu'il y a, ma chérie ? »

Elle leva la tête. Peter se tenait à côté d'elle. Il était réel. Elle tendit la main et lui caressa la figure.

« J'ai eu peur, avoua-t-elle.

— Tu ne tiens vraiment pas l'alcool, hein, ma chérie, constata-t-il d'un ton où la tendresse se teintait d'irritation. Tu devrais y être habituée, j'ai passé la soirée à prendre des photos.

— Là, c'était une de moi ? »

Elle lui adressa un sourire conciliant. Elle sentit que son visage, en papier et un peu abîmé, s'élargissait de plus en plus : un immense sourire de panneau d'affichage se défaisait par bribes et dévoilait la surface métallique en dessous…

« Non, de Trigger là-bas, à l'autre bout de la pièce. Peu importe, je te prendrai plus tard. Mais tu ferais mieux d'arrêter de boire, ma chérie, tu titubes. »

Il lui tapota l'épaule et s'éloigna.

Elle n'avait donc pas encore commis l'irréparable. Il fallait qu'elle se sauve de là avant qu'il ne soit trop tard. Elle se tourna et posa son verre sur la table de la cuisine ; sous le coup du désespoir, les idées lui venaient beaucoup plus vite. L'essentiel, c'était de parvenir jusqu'à Duncan : il saurait quoi faire.

Elle jeta un coup d'œil circulaire sur la cuisine, puis reprit son verre et le vida dans l'évier. Il fallait qu'elle se montre vigilante, qu'elle ne laisse aucun indice. Puis elle se saisit du téléphone et composa le numéro de Duncan. L'appareil sonna longtemps : pas de réponse. Elle raccrocha. L'éclair d'un flash illumina de nouveau le salon, puis le rire de Peter retentit. Elle n'aurait jamais dû s'habiller en rouge : ça faisait d'elle une cible idéale.

Elle se faufila dans la chambre. « Il faut que je veille à ne rien oublier, se dit-elle ; je ne pourrai pas revenir. » Avant, elle avait essayé divers agencements de meubles et combinaisons de couleurs pour essayer de savoir à quoi leur chambre ressemblerait lorsqu'ils seraient mariés. À présent, elle savait. Elle ressemblerait toujours fidèlement à ce qu'elle était aujourd'hui. Elle fouilla la pile de manteaux afin de retrouver le sien. Il lui fallut un bon moment pour se rappeler comment il était, mais elle finit par le reconnaître et l'enfila ; elle évita le miroir. N'ayant aucune idée de l'heure, elle porta les yeux vers son poignet : il était nu. C'était logique : elle avait laissé sa montre à l'appartement, parce que Ainsley avait affirmé qu'elle n'allait pas avec sa tenue.

Dans le salon, Peter braillait :

« Allez, venez, on fait une photo de groupe. Tous ensemble. »

Il fallait qu'elle se dépêche. À présent, restait à négocier la traversée du salon. Elle allait devoir jouer les souris grises. Elle ôta son manteau et le roula en boule sous son bras gauche, comptant que sa robe lui servirait de camouflage pour se fondre dans le décor. Longeant le mur, elle fendit le hallier des invités pour gagner la porte d'entrée en se dissimulant derrière les troncs et les buissons de dos et de jupes. À l'autre bout de la pièce, Peter essayait de placer son monde.

Elle ouvrit et se glissa à l'extérieur ; puis, après s'être arrêtée juste le temps de remettre son manteau et de récupérer ses couvre-chaussures perdus dans le fatras de pieds piégés sur le journal, elle s'élança à toutes jambes dans le couloir afin de rejoindre l'escalier. Cette fois, elle ne le laisserait pas la rattraper. S'il appuyait sur la gâchette, elle serait stoppée, figée à tout jamais dans ce mouvement, dans cette position-là, sans plus pouvoir ni bouger ni changer.

Elle s'arrêta sur le palier du sixième étage et se chaussa, puis reprit sa descente en s'agrippant à la rampe pour ne pas tomber. Sous le tissu, les baleines métalliques et l'élastique, elle avait la sensation d'être engourdie et comprimée ; elle avait du mal à marcher, ça réclamait de la concentration… « Je suis sans doute soûle, se dit-elle. Bizarre, je n'ai pas l'impression de l'être ; idiote, tu sais très bien ce qui arrive aux capillaires des buveurs lorsqu'ils sortent par grand froid. »

Néanmoins, il était encore plus important de prendre la fuite.

Elle atteignit la réception déserte. Personne ne la suivait, mais elle crut entendre un bruit, un léger bruit de verre, glacé comme le tintement d'un lustre, c'était les vibrations perçantes de cet espace étincelant…

Elle se retrouva dehors, dans la rue, à courir sur la neige crissante, aussi vite que ses jambes le pouvaient dans cet environnement et les yeux rivés sur le trottoir afin de préserver son équilibre ; en hiver, même les surfaces plates étaient traîtresses, or, elle ne pouvait s'offrir le luxe de tomber. Peut-être que Peter la pourchassait, même à l'heure qu'il était, qu'il la suivait, la traquait à travers les artères désertes et balayées par un froid âpre, exactement comme il avait traqué ses invités dans le salon, à l'affût du moment parfait. Ce tireur d'élite aux intentions menaçantes et à l'œil ardent était là depuis toujours, dissimulé sous d'autres strates, à attendre qu'elle apparaisse en plein milieu de la croix de centrage : c'était un fou meurtrier qui serrait une arme entre ses mains.

Elle dérapa sur une plaque de verglas et manqua faire la culbute. Lorsqu'elle se fut rattrapée, elle se retourna. Rien.

« Doucement, murmura-t-elle, du calme. »

Elle haletait et son souffle se figeait dans l'air glacial, presque avant même qu'elle ait exhalé. Elle continua sa route, plus lentement. Au début, elle avait couru en aveugle, maintenant, en revanche, elle savait où elle allait.

« Tout se passera bien, se répéta-t-elle, pourvu que tu réussisses à aller jusqu'à la laverie. »

28.

Elle n'avait pas envisagé que Duncan puisse ne pas s'y trouver. Lorsqu'elle finit par y arriver et que, essoufflée mais soulagée d'avoir réussi à couvrir ce trajet, elle poussa la porte vitrée, elle constata avec stupeur qu'elle était vide. Interloquée de ne voir que le long alignement de machines blanches, elle resta plantée là sans savoir où porter ses pas. Elle n'avait pas pensé au-delà de ces retrouvailles imaginaires.

Puis elle aperçut une volute de fumée qui montait d'un des sièges, à l'autre bout de la pièce. Ce devait être lui. Elle s'avança.

Complètement avachi sur sa chaise de sorte que seul le sommet de son crâne dépassait du dossier, il fixait le hublot de la machine en face de lui, laquelle était vide. Il ne leva pas la tête lorsqu'elle s'assit à côté de lui.

« Duncan », murmura-t-elle.

Il ne répondit pas.

Elle retira ses gants et lui effleura le poignet du bout des doigts. Il sursauta.

« Je suis là », poursuivit-elle.

Il la regarda. Il avait des cernes encore plus prononcés que d'habitude, les yeux plus enfoncés dans leurs orbites et, sous l'éclairage au néon, il paraissait exsangue.

« Oh. Tu es donc là. La Femme écarlate en personne. Quelle heure est-il ?

— Je ne sais pas, je n'ai pas ma montre.

— Qu'est-ce que tu fais ici ? Tu es censée être à la soirée.

— Je ne supportais plus de rester là-bas. Il fallait que je te retrouve.

— Pourquoi ? »

Toutes les raisons qui lui vinrent à l'esprit lui parurent absurdes.

« Parce que j'avais envie d'être avec toi. »

Il la considéra d'un air soupçonneux et tira de plus belle sur sa cigarette.

« Alors, écoute-moi, tu devrais y retourner. C'est ton devoir, Machinchose a besoin de toi.

— Non, c'est toi qui as davantage besoin de moi. »

À peine eut-elle prononcé ces mots qu'ils revêtirent l'accent de la vérité. Elle se sentit l'âme noble.

Il sourit.

« Non, je n'ai pas besoin de toi. Tu crois que j'ai besoin d'être sauvé, mais pas du tout. N'importe comment, je n'ai pas envie de servir de cobaye pour assistantes sociales amateurs. »

Il reporta son attention sur la machine à laver.

« Je n'essaie pas de te sauver, voyons ! » affirma Marian en jouant avec les doigts d'un de ses gants en cuir.

Elle se rendit compte qu'il l'avait poussée à se contredire.

« Alors, tu veux peut-être que, moi, je te sauve ? De quoi ? Je croyais que tu avais tout prévu. Et, en plus, tu sais bien que je suis nul. »

Il évoquait son incompétence avec une pointe de suffisance.

« Oh, ne parlons pas de sauvetage, riposta Marian, au désespoir. On ne peut pas aller quelque part, point à la ligne ? »

Elle voulait sortir de là. Dans cette pièce blanche avec ses rangées de hublots en verre et ses odeurs de lessive et d'eau de Javel entêtantes, même discuter était impossible.

« Qu'est-ce qui ne va pas ici ? Moi, je me plais assez ici. »

Marian eut envie de le secouer.

« Ce n'est pas ce à quoi je pense.

— Oh, oh, ça. Tu veux dire qu'il faut que ça se fasse ce soir, que c'est maintenant ou jamais, récapitula-t-il en reprenant une cigarette. Eh bien, tu sais qu'on ne peut pas aller chez moi.

— Ni chez moi. »

L'espace d'un instant, elle se demanda pourquoi ce n'était pas possible, puisque de toute façon elle déménageait. Mais Ainsley risquait de débarquer, ou Peter…

« Et si on restait ici ? L'endroit suggère des possibilités intéressantes. Peut-être à l'intérieur d'une des machines, on pourrait accrocher ta robe rouge devant le hublot, histoire de tenir les vieux dégueulasses à distance…

— Oh, arrête », s'écria-t-elle en se levant.

Il se leva, lui aussi.

« O K, je suis flexible. Je présume qu'il est temps que je découvre la vérité vraie. Où on va ?

— J'imagine qu'il va falloir qu'on déniche une sorte d'hôtel. »

Si elle restait floue sur la manière dont ils allaient accomplir la chose, elle n'avait absolument aucun doute sur la nécessité de passer à l'acte. C'était le seul moyen.

Duncan sourit malicieusement.

« Tu veux dire que je vais devoir faire comme si tu étais ma femme ? Avec ces fichues boucles d'oreilles ? Personne n'y croira. On va t'accuser de corrompre un mineur.

— Je m'en moque. »

Elle porta les mains à une oreille afin de dévisser une boucle.

« Oh, garde-les pour le moment, lui lança Duncan. Tu ne vas pas gâcher l'effet global. »

Une fois dans la rue, une pensée horrible lui traversa subitement l'esprit.

« Oh non, s'écria-t-elle en se figeant.

— Qu'est-ce qui se passe ?

— Je n'ai pas d'argent ! »

Bien entendu, elle n'avait pas imaginé en avoir besoin pour la soirée. Elle n'avait sur elle que sa pochette, glissée dans une poche de son manteau. Au fil de cet échange, elle sentit que l'énergie qui l'avait poussée dans les rues la désertait. Elle se retrouva impuissante, paralysée et à deux doigts de pleurer.

« Je crois que j'en ai peut-être, lança Duncan. En général, j'en ai toujours. Pour les urgences. »

Il fouilla ses poches.

« Tiens ça. »

Marian mit ses mains en coupe et il y déposa une barre de chocolat, puis – soigneusement pliés – plusieurs emballages de barres de chocolat en papier argent, quelques enveloppes de graines de courge, blanches, un paquet de cigarettes vide, un infâme bout de ficelle noué çà et là, deux clés accrochées à un porte-clés, un vieux chewing-gum enveloppé dans du papier et un lacet.

« Mauvaise pioche », déclara-t-il.

De l'autre poche, il sortit quelques billets froissés au milieu d'une cascade de piécettes qui s'éparpillèrent sur le trottoir. Il ramassa sa monnaie et compta son pécule.

« Eh bien, ce ne sera pas le *King Eddie*, annonça-t-il, mais on aura quelque chose. Cela étant, pas dans le coin, ici on évolue dans le périmètre des notes de frais ; il va falloir se rapprocher du centre-ville. A priori, on va s'offrir une projection marginale plutôt qu'une superproduction en technicolor et méga-budget. »

Il rangea l'argent et le reste dans sa poche.

Le métro était fermé, sa grille métallique en interdisait l'entrée.

« On pourrait prendre un bus, je pense, suggéra Marian.

— Non, il fait trop froid pour rester debout à attendre. »

Ils tournèrent au carrefour suivant et descendirent vers le sud en empruntant la large artère déserte aux devantures illuminées. Il y avait peu de voitures et encore moins de passants. Il devait être vraiment tard, se dit-elle. Elle essaya d'imaginer ce qui se passait à la soirée – était-elle terminée ? Peter avait-il déjà remarqué qu'elle n'était plus là ? –, en vain : elle ne parvint qu'à appréhender un mélange confus de bruits, de voix, de bribes de visages et d'éclairs de lumière vive.

Elle prit Duncan par la main. Il ne portait pas de gants, et elle glissa donc leurs deux mains dans sa poche. Il la regarda de haut, d'un air presque hostile, mais ne se déroba pas. Ni l'un ni l'autre ne parlait. Le froid était de plus en plus mordant : elle commençait à avoir mal aux orteils.

Ils marchèrent des heures durant, leur sembla-t-il, descendirent paisiblement vers le lac gelé, dont ils étaient en réalité fort éloignés, et passèrent quantité de rues où il n'y avait pratiquement que de grands immeubles de bureaux en brique rouge et de vastes bâtiments de plain-pied comme vides, des concessionnaires d'automobiles, qui s'ornaient de guirlandes lumineuses et de petits drapeaux, mais rien de ce qu'ils cherchaient.

« Je crois qu'on n'est pas dans la bonne rue, décréta Duncan, au bout d'un moment. Nous devrions être plus de l'autre côté. »

Ils s'engagèrent dans une transversale, étroite, obscure et dont les trottoirs disparaissaient sous une couche de neige tassée et traître, puis finirent par émerger sur une grande artère aux néons criards.

« Ça m'a l'air de correspondre davantage à ce qu'on cherche, affirma Duncan.

— Qu'est-ce qu'on fait, maintenant ? » s'écria-t-elle, consciente de son ton plaintif.

Elle se sentait incapable de décider. C'était lui qui avait plus ou moins le contrôle de la situation. C'était lui qui avait l'argent, après tout.

« Bon sang, moi, je sais pas comment on règle ce genre de truc. Je n'ai encore jamais fait ça.

— Moi non plus, rétorqua-t-elle, sur la défensive. Je veux dire : pas comme ça.

— Il doit bien y avoir une pratique communément admise, mais je présume qu'il va falloir qu'on l'invente au fur et à mesure. On va les prendre dans l'ordre, du nord au sud, décréta-t-il en scrutant la rue. On dirait que plus on avance, plus ils ont l'air minables.

— J'espère qu'on ne va pas tomber sur un taudis, avec des punaises ! gémit-elle.

— Va savoir, éventuellement, les punaises renforceront l'intérêt de la chose. N'importe, on prendra ce qui se présentera. »

Il s'arrêta devant une étroite bâtisse en brique rouge, coincée entre un fleuriste poussiéreux et une boutique de location de tenues de cérémonie avec, en vitrine, une jeune mariée crasseuse.

« Royal Massey Hotel », annonçait l'enseigne au néon ; en dessous du nom se déployait un blason.

« Attends ici », lui ordonna Duncan.

Il gravit les marches, puis redescendit.

« La porte est fermée à clé », lui expliqua-t-il.

Ils se remirent en route. L'établissement suivant semblait plus prometteur. Il était plus défraîchi et les corniches en pierre ornées de volutes grecques au-dessus des fenêtres étaient noires de suie. « The Ontario Towers », signalait le panneau rouge d'où le « O » initial avait disparu. « Prix raisonnables ». Il était ouvert.

« Je vais t'attendre à la réception », dit-elle.

Elle avait les pieds gelés. Par ailleurs, elle éprouvait le besoin de se montrer courageuse : Duncan se débrouillait tellement bien, il fallait au moins qu'elle lui apporte un soutien moral.

Plantée sur la natte élimée de l'entrée, elle s'efforçait d'avoir l'air respectable, alors que, gênée d'arborer d'aussi grosses boucles d'oreilles, elle se doutait bien que la tentative était vouée à l'échec. Duncan approcha le réceptionniste de nuit, un petit bout d'homme desséché dont les yeux, noyés dans un paquet de rides, scrutaient Marian avec suspicion. Duncan et lui discutèrent à voix basse ; puis Duncan revint vers elle, lui prit le bras et ils sortirent.

« Qu'est-ce qu'il a dit ? demanda-t-elle une fois dehors.

— Il a dit que ce n'était pas le genre de la maison.

— Quel culot ! »

Blessée, elle était prête à donner une leçon de morale.

Duncan ricana.

« Allez viens, ne joue pas la vertu outragée. Le seul truc, c'est qu'il faut qu'on se déniche un endroit dont ce sera le genre. »

Ils tournèrent à un carrefour et piquèrent vers l'est en empruntant une rue a priori susceptible de répondre à leurs attentes. Ils dépassèrent quelques autres établissements pourris mais dignes avant d'en trouver un encore plus pourri et pas digne du tout. En lieu et place de la façade en brique délabrée typique des précédents, celui-ci exhibait un stuc rose sur lequel était écrit : « Lits 4 $ la nuit. T V dans les chambres. Victoria and Albert Hotel. Les prix les plus bas en ville. » C'était un bâtiment tout en longueur. Plus bas, ils aperçurent les panneaux « Hommes » et « Dames accompagnées » signalant un bar-salon, bar à bière où les femmes avaient le droit d'entrer et où l'on dansait souvent, mais apparemment il y avait aussi une taverne, lieu plus glauque et réservé aux hommes, même si, à cette heure, les deux endroits étaient fermés.

« Ici, je crois que ça va marcher », affirma Duncan.

Ils entrèrent. Le réceptionniste de nuit bâilla en décrochant leur clé.

« Un peu tard, mon pote, non ? dit-il. Ça fera quatre dollars.

— Mieux vaut tard que jamais », rétorqua Duncan.

Il sortit une poignée de billets de sa poche en semant par la même occasion tout un assortiment de piécettes sur la moquette. Pendant qu'il se penchait pour les ramasser, le réceptionniste jeta à Marian un regard un rien blasé mais carrément libidineux. Elle joua de la paupière en retour. « Après tout, se dit-elle avec découragement, si je suis habillée comme une gagneuse et que je me comporte comme telle, pourquoi ne devrait-il pas se tromper sur la marchandise ? »

Ils gravirent en silence l'escalier recouvert d'une moquette élimée.

La chambre, lorsqu'ils finirent par la trouver, se révéla être de la taille d'un grand placard meublé d'un cadre de lit en fer, d'une chaise à dossier droit ainsi que d'une coiffeuse au vernis écaillé. Dans un coin, une mini-télévision à pièces était boulonnée au mur. Deux serviettes, usées jusqu'à la corde, une bleu ciel et une rose, trônaient sur la coiffeuse. Derrière l'étroite fenêtre, en face du lit, une enseigne au néon bleu clignotait en produisant un bourdonnement de mauvais augure. Cachée derrière la porte d'entrée, une autre porte donnait sur un cagibi qui faisait office de salle de bains.

Duncan verrouilla derrière eux.

« Bon, et maintenant, qu'est-ce qu'on fait ? s'écria-t-il. Tu devrais le savoir. »

Marian enleva ses couvre-chaussures, puis ses chaussures. Sous l'effet de la chaleur, ses orteils l'élançaient. Elle scruta, coincé entre un col de manteau remonté et une masse de cheveux décoiffés par le vent, le visage émacié qui la fixait. À part son nez rougi par le froid, il affichait une blancheur cadavérique. Pendant qu'elle l'observait, il sortit un lambeau de Kleenex gris d'un repli de ses vêtements et se moucha.

« Mon Dieu, se dit-elle, qu'est-ce que je fabrique ici ? Et comment suis-je arrivée dans cette chambre ?

Que dirait Peter ? » Elle traversa la pièce et se posta devant la fenêtre, sans rien regarder de précis.

« Oh là là ! » s'écria Duncan, enthousiaste, dans son dos.

Elle se retourna. Derrière les serviettes sur la coiffeuse, il venait de découvrir un nouveau truc : un grand cendrier.

« C'est un vrai. »

Le cendrier en question, en porcelaine rose avec des bords festonnés, avait la forme d'un coquillage.

« Dessus, c'est marqué : "Souvenir des chutes de Burk" », lui annonça-t-il allégrement.

Il le retourna pour examiner l'envers et des cendres dégringolèrent par terre.

« *Made in Japan* », ajouta-t-il.

Un brusque sentiment de désespoir saisit Marian. Il s'agissait de réagir.

« Écoute, repose donc ce foutu cendrier, enlève tes fringues et couche-toi ! »

Duncan baissa la tête comme un enfant qui vient de se faire gronder.

« Oh, bon », murmura-t-il.

Il se déshabilla si rapidement qu'on aurait cru qu'il avait des fermetures Éclair cachées ici et là ou plutôt une seule, très longue, et qu'il se dépouillait de ses vêtements comme d'une peau. Il les jeta en tas sur la chaise et fila s'allonger dans le lit d'où, les draps remontés jusqu'au menton, il l'observa avec une curiosité mal déguisée et à peine affectueuse.

Quant à Marian, elle commença à se dévêtir, l'air déterminé et crispé. Devant la paire d'yeux ronds et très batraciens qui la lorgnaient, elle éprouvait un peu de mal à ôter ses bas avec un laisser-aller insouciant ou quelque chose d'approchant. Elle tenta, du bout des doigts, d'attraper la fermeture Éclair dans son dos, mais n'y parvint pas vraiment.

« Défais-moi », lança-t-elle sans autre forme de procès.

Il s'exécuta.

Elle lança la robe sur le dossier de la chaise et batailla pour s'extraire de sa gaine.

« Hé ! s'exclama-t-il. Une vraie de vraie ! J'ai vu des pubs, mais sinon je n'ai jamais eu l'occasion d'en approcher une d'aussi près. Je me suis toujours demandé comment ça marchait. Je peux regarder ? »

Elle la lui tendit. Il s'assit bien droit afin de l'examiner, l'écarta en long et en large et testa la souplesse des baleines.

« Mon Dieu, que c'est moyenâgeux ! Comment tu supportes ça ? Tu es obligée de la mettre tout le temps ? »

Il en parlait comme s'il s'agissait d'une sorte d'appareillage déplaisant, mais indispensable : d'une ceinture lombaire ou d'un bandage herniaire.

« Non. »

Plantée là dans sa combinaison, elle s'interrogeait sur la conduite à tenir. Elle se refusait – sans doute par pudibonderie, présuma-t-elle – à se déshabiller entièrement en pleine lumière, mais Duncan semblait s'amuser tellement qu'elle ne voulait pas lui gâcher ce moment. D'un autre côté, la chambre était glaciale et elle commençait à frissonner.

Elle se dirigea vers le lit avec résolution et en serrant les dents. C'était là une mission qui allait exiger beaucoup d'opiniâtreté. Si elle avait eu des manches, elle les aurait retroussées.

« Pousse-toi », lui dit-elle.

Duncan envoya promener la gaine et se glissa de nouveau sous les draps, telle une tortue réintégrant sa carapace.

« Oh non, s'écria-t-il alors, je ne te laisserai pas entrer dans ce lit tant que tu n'auras pas retiré les cochonneries que tu as sur la figure. La fornication a sûrement du bon à sa façon, mais si, après, je dois avoir l'air d'un bout de papier peint fleuri, je m'y refuse. »

Elle comprenait son point de vue.

Quand elle revint, le visage plus ou moins décapé, elle éteignit la lumière d'un geste sec et se faufila à côté de lui. Un silence s'installa.

« Je suppose que, maintenant, je suis censé te serrer dans mes bras virils », déclara Duncan du fond de l'obscurité.

Elle glissa la main sous ses reins glacés.

Il chercha la tête de Marian en tâtonnant, puis lui renifla le cou.

« Tu sens bizarre », dit-il.

Une demi-heure plus tard, Duncan déclara :

« Inutile, je dois être incorruptible. Je vais m'en griller une. »

Il se leva, traversa en quelques pas chancelants la pièce plongée dans le noir, localisa ses vêtements où il farfouilla jusqu'à ce qu'il eut récupéré son paquet, puis revint. À la lueur de la cigarette, elle vit luire certaines parties de son visage ainsi que le coquillage en porcelaine. Il était calé, le dos contre les volutes de fer ornant la tête de lit.

« Je sais pas trop ce qui cloche, reprit-il. D'une part, ça ne me plaît pas de ne pas pouvoir te voir mais, dans le cas contraire, ce serait sans doute pire. Cela dit, ce n'est pas tout, je me fais l'effet d'être une sorte de petit avorton rampant sur une énorme masse de chair. Ce n'est pas que tu sois grosse, tu ne l'es pas. C'est juste qu'il y a vraiment trop de chair dans les parages. On étouffe. »

Il rejeta ses couvertures.

« C'est mieux », affirma-t-il.

Sans se défaire de sa cigarette allumée, il posa le bras sur sa figure.

Marian se mit à genoux à côté de lui, le drap sur les épaules à la façon d'un châle. Elle distinguait à peine les contours de son long corps blanc, blanc de la chair sur le blanc de la literie, faiblement lumineux dans la lumière bleue de la rue. Dans la pièce voisine, quelqu'un tira la chasse ; les gargouillements de l'eau dans les canalisations tournoyèrent dans la chambre, puis se perdirent en un son à mi-chemin entre le soupir et le sifflement.

Elle empoigna le drap. Elle se sentait tiraillée entre l'impatience et un sentiment où elle reconnut la dynamique glacée de la terreur. En cet instant précis, provoquer quelque chose, une réaction – même si elle ne pouvait prédire ce qui allait émerger de dessous la surface blanche en apparence passive, cette chose informe d'un blanc absolu qui gisait, dénuée de substance, dans l'obscurité devant elle, et bougeait lorsqu'elle bougeait les yeux pour essayer de voir, cette chose qui semblait n'avoir ni température, ni odeur, ni épaisseur ni son –, était devenu l'acte le plus important qu'elle ait jamais pu accomplir, qu'elle accomplirait jamais, alors qu'elle était incapable d'y parvenir. Ce constat froid la dévastait plus que la peur. Aucun effort de volonté ne lui servirait à quoi que ce soit. Elle ne pouvait se forcer à tendre la main pour le caresser de nouveau. Elle ne pouvait se forcer à partir.

Le rougeoiement de la cigarette s'éteignit. La porcelaine du cendrier tinta sèchement au contact du sol.

Elle devina que Duncan souriait dans l'obscurité, mais s'agissait-il d'une expression sarcastique, malveillante ou même gentille, elle n'aurait pu le dire.

« Allonge-toi. »

Elle se renversa sans lâcher le drap et replia les jambes sur le côté.

Il passa un bras autour d'elle.

« Non, il faut que tu te détendes. La position fœtale ne t'aidera absolument pas, Dieu sait que j'ai passé des jours et des jours à l'essayer. »

Il la caressa avec douceur, comme s'il lui déplissait le corps, qu'il la repassait.

« Ce n'est pas quelque chose qui se distribue, tu sais, ajouta-t-il, il faut que tu me laisses prendre mon temps. »

Il se rapprocha d'elle tout doucement. Elle sentit son souffle sur son cou, vif et frais, puis il pressa le visage contre elle, appuya contre sa chair, il était frais, tel le museau d'un animal, curieux et à peine affectueux.

29.

Ils étaient assis dans un café crasseux, à deux pas de l'hôtel. Duncan comptait l'argent qui lui restait pour voir ce qu'ils pouvaient se payer comme petit déjeuner. Marian avait défait les boutons de son manteau, mais le tenait fermé par le col. Elle ne voulait pas qu'on remarque sa robe rouge : il était trop évident que cette tenue appartenait à la soirée de la veille. Elle avait rangé les boucles d'oreilles d'Ainsley dans sa poche.

Entre eux, sur le plateau en stratifié vert de la table, il y avait un assortiment de tasses et d'assiettes sales, de miettes, d'éclaboussures et de taches de gras, vestiges laissés par de courageux petits-déjeuneurs qui, venus en éclaireurs aux premières heures de la matinée, quand le plateau en stratifié affichait une pureté de vaste étendue sauvage, vierge des couteaux et fourchettes de la civilisation, avaient semé derrière eux ce fatras typique des gens qui voyagent léger. Ils savaient qu'ils ne reviendraient jamais par ici. Marian jeta un coup d'œil écœuré sur cette jonchée d'articles abandonnés et de détritus, mais s'efforça d'envisager ce repas avec décontraction. Elle n'avait pas envie que son estomac fasse une scène. « Je prendrai juste du café et des toasts, peut-être avec de la gelée de fruits ; ça ne devrait pas susciter d'objections », se dit-elle.

Une serveuse aux cheveux en bataille vint débarrasser. Elle posa avec rudesse deux menus écornés devant eux. Marian ouvrit le sien et consulta la colonne intitulée « Petits déjeuners : suggestions ».

La nuit précédente, elle avait eu l'impression que tout était clarifié, même le visage imaginaire de Peter avec ses yeux à l'affût s'était vu absorber par une révélation blanche. Ça s'était imposé avec une clarté simple – et non dans la joie –, mais le sommeil avait tout englouti et, quand les soupirs de l'eau dans les canalisations et les éclats de voix dans le couloir l'avaient réveillée, il ne lui restait plus le moindre souvenir. Elle était restée allongée calmement, les yeux rivés sur le plafond pommelé de fuites d'eau distrayantes, en essayant de réfléchir à ça, à ce dont il avait bien pu s'agir ; peine perdue. Puis la tête de Duncan avait émergé de sous l'oreiller où, par sécurité, il l'avait rangée pour la nuit. Il l'avait dévisagée un moment comme s'il ne savait ni qui elle était ni ce qu'il fabriquait dans cette chambre. Puis il s'était écrié :

« Sortons d'ici. »

Elle s'était penchée pour l'embrasser sur la bouche, mais lorsqu'elle s'était reculée, il s'était passé la langue sur les lèvres et, comme si ce geste l'avait rappelé à la réalité, il avait dit :

« J'ai faim. Allons prendre un petit déjeuner. (Puis :) Tu as une mine épouvantable.

— Toi non plus, tu ne respires pas franchement la santé », avait-elle répliqué.

Il arborait d'énormes cernes et ses cheveux ressemblaient à un nid de corbeaux. Ils s'étaient extirpés du lit et elle avait brièvement examiné son visage dans le miroir jauni au reflet tremblant de la salle de bains. Elle avait la peau tirée, blanche et bizarrement desséchée. Elle avait une mine épouvantable, c'était vrai.

Bien que n'ayant pas envie de remettre sa tenue de la veille, elle n'avait pas eu le choix. Mal à l'aise dans la chambre exiguë dont l'aspect miteux était encore plus criant dans la grisaille du matin, ils s'étaient habillés en silence et avaient descendu l'escalier à la sauvette.

Là, elle le regarda qui, voûté en face d'elle, disparaissait de nouveau sous ses épaisseurs de vêtements. Il avait allumé une cigarette et observait la fumée. Les yeux perdus dans le vague, il l'ignorait. L'empreinte qu'avait laissée dans son esprit son long corps famélique qui, dans l'obscurité, lui avait semblé se réduire à des escarpements et des angles accusés, le souvenir de sa cage thoracique si maigre qu'elle en était quasi squelettique – avec une série d'arêtes dignes d'une planche à laver – s'effaçaient aussi rapidement que n'importe quelle marque éphémère apposée sur une surface malléable. Si elle avait pris une quelconque décision, si tant est qu'elle eût jamais décidé quoi que ce fût, elle l'avait oubliée. Peut-être avait-elle été l'objet d'une illusion, telle la lumière bleue sur leurs peaux. Cela étant, Duncan avait maintenant vécu quelque chose de concret, se dit-elle, forte d'un sentiment où la compétence le disputait à l'épuisement, c'était déjà un petit réconfort ; mais pour elle, il n'y avait rien de définitif ni d'achevé. Peter était là, il ne s'était pas volatilisé ; il était aussi réel que les miettes sur la table et elle allait devoir agir en conséquence. Elle allait devoir rentrer. Elle avait raté le car du matin, mais elle pouvait attraper celui de l'après-midi, après qu'elle aurait parlé à Peter, qu'elle se serait expliquée. Ou plutôt qu'elle aurait évité l'explication. Il n'y avait rien à expliquer, parce que les explications impliquent des causes et des effets, or cet événement n'était ni l'un ni l'autre. Il ne venait de nulle part et ne menait nulle part, ce n'était pas un maillon de la chaîne. Soudain, elle se rendit compte qu'elle n'avait même pas commencé ses bagages.

Elle baissa les yeux sur le menu. « Œufs au bacon, au choix, lut-elle. Saucisses tendres et dodues. » Elle pensa aux cochons et aux poulets. Elle s'empressa de passer aux toasts. Quelque chose lui remonta dans la gorge. Elle referma le menu.

« Tu veux quoi ? demanda Duncan.

— Rien, je ne peux rien prendre, je ne peux absolument rien prendre. Même pas un verre de jus d'orange. »

Enfin, ça avait donc fini par arriver. Son corps s'était déconnecté. Le cercle alimentaire s'était réduit jusqu'à ne plus être qu'un point, un point noir, et avait rejeté tout le reste à l'extérieur… Elle contempla la tache de gras sur la couverture du menu et s'apitoya si bien sur son sort qu'elle faillit gémir.

« Tu es sûre ? Oh, eh bien, reprit Duncan, avec un soupçon de jubilation, je peux tout dépenser pour moi, alors. »

Quand la serveuse revint, il commanda des œufs au jambon qu'il engloutit voracement sous les yeux de Marian, sans excuses ni commentaires. Celle-ci était au supplice. Lorsqu'il perça les œufs d'un coup de fourchette et que les jaunes visqueux se répandirent dans son assiette, elle détourna la tête, persuadée qu'elle allait vomir.

« Bon, dit-il quand il eut réglé l'addition et qu'ils se retrouvèrent dans la rue, merci pour tout. Il faut que je rentre bosser sur mon mémoire trimestriel. »

Marian songea aux odeurs de vieux cigare et de mazout qui flotteraient dans le car. Puis elle songea à la vaisselle dans l'évier de la cuisine. Sur la nationale, le car sentirait le renfermé, il ferait chaud dans l'habitacle et les pneus pousseraient leurs couinements plaintifs. C'était quoi ce qui vivait, caché et répugnant, au milieu des assiettes et des verres sales ? Elle ne pouvait pas rentrer.

« Duncan, ne pars pas, s'il te plaît.

— Pourquoi ? Il y a autre chose ?

— Je ne peux pas rentrer. »

Du haut de sa grande taille, il lui fit les gros yeux.

« Qu'est-ce que tu attends de moi ? N'attends surtout pas que je fasse quoi que ce soit. Moi, je réintègre ma carapace. Pour le moment, j'en ai ras-le-bol de cette prétendue réalité.

— Tu n'es pas obligé de faire quoi que ce soit, tu ne pourrais pas juste…

— Non, je ne veux pas. Tu ne représentes plus une fuite maintenant, tu es trop réelle. Il y a un truc qui te ronge et tu chercherais à en parler, il faudrait que je commence à me tracasser pour toi et tout le tralala, moi, je n'ai pas de temps pour ça. »

Elle baissa les yeux vers leurs quatre pieds plantés dans la neige fondue du trottoir.

« Je ne peux vraiment pas rentrer. »

Il la regarda de plus près.

« Tu vas vomir ? lui demanda-t-il. Ne fais pas ça. »

Elle demeura devant lui sans rien dire. Elle n'avait aucune bonne raison à lui offrir pour qu'il ne la laisse pas seule. Il n'y en avait pas : qu'en sortirait-il de constructif ?

« Bon, fit-il hésitant, entendu. Mais pas trop longtemps, d'accord ? »

Elle acquiesça avec reconnaissance.

Ils se dirigèrent vers le nord.

« On ne peut pas aller chez moi, tu sais bien, dit-il. Ils en feraient une histoire.

— Je sais.

— Tu veux aller où, alors ? »

Elle n'avait pas pensé à ça. Tout allait de travers. Elle se couvrit les oreilles de ses mains.

« Je ne sais pas, s'écria-t-elle d'une voix aiguë qui frisait l'hystérie, je ne sais pas, je ferais aussi bien de rentrer…

— Oh, allez, arrête, répondit-il cordialement, pas de cinéma. On va aller se balader. »

Il l'obligea à baisser les mains.

« D'accord », admit-elle, en se laissant amadouer.

Ils se remirent en route, main dans la main, en balançant leurs bras d'avant en arrière à l'initiative de Duncan. Son humeur boudeuse du petit déjeuner semblait l'avoir quitté et il affichait une sorte de contentement béat. Ils s'éloignèrent du lac et remontèrent une côte ; ces dames du samedi, dans leurs fourrures, monopolisaient les trottoirs et, le front plissé par la détermination, les yeux brillants et les sacs de courses arrimés de gauche et de droite en guise de ballast, fendaient laborieusement mais inexorablement la neige fondue, pareilles à des brise-glace. Marian et Duncan les évitaient habilement lorsqu'ils les croisaient ou les dépassaient, mais se lâchaient quand l'une d'elles, particulièrement menaçante, leur fonçait dessus. Dans les rues, les voitures dispensaient gaz d'échappement et éclaboussures. L'atmosphère était grise et il pleuvait des particules de suie, lourdes et humides comme des flocons.

« Il me faut de l'air pur, annonça Duncan après quelque vingt minutes de marche sans avoir échangé une parole. On se croirait dans un bocal plein de têtards à moitié crevés. Tu as le courage d'affronter un court trajet en métro ? »

Marian acquiesça. Plus loin elle serait, mieux ce serait, se dit-elle.

Ils s'enfoncèrent dans le passage au carrelage pastel le plus proche et, après un interlude aromatisé à la laine humide et à la naphtaline, un escalator les remonta vers la sortie et la lumière du jour.

« Maintenant, on prend le tramway », décréta Duncan.

Il semblait savoir où il allait, ce dont Marian ne pouvait que lui être reconnaissante. Il la guidait. Il tenait la situation bien en main.

Dans le tramway, ils durent rester debout. Agrippée à une barre métallique, Marian se pencha pour regarder par la fenêtre. Par-dessus un chapeau en laine orange et vert, qui ressemblait à un cache-théière orné de grosses paillettes dorées, un paysage inhabituel défilait en cahotant : elle vit d'abord des magasins, puis des maisons, puis un pont, puis d'autres maisons. Elle n'avait pas idée du quartier où ils se trouvaient.

Duncan tendit la main au-dessus de sa tête et tira la sonnette. Le tramway s'arrêta dans un grincement de freins ; ils se faufilèrent jusqu'à l'arrière et descendirent d'un bond.

« Maintenant, on marche », décréta Duncan.

Il s'engagea dans une rue transversale. Les maisons, plus petites et un peu moins vieilles que celles du quartier de Marian, étaient tout de même sombres et hautes et nombre d'entre elles, gris ou blanc défraîchi, avaient un porche en bois à piliers carrés. Par ici, la neige des pelouses était moins dégradée. Ils passèrent devant un vieux monsieur qui dégageait une allée à la pelle avec des raclements étrangement bruyants dans le silence environnant. Il y avait une population féline anormalement importante. Marian pensa à l'odeur de la rue, au printemps, avec la terre, les bulbes en plein développement, le bois humide, les feuilles pourries de l'année écoulée, les accumulations hivernales des chats qui se croyaient si propres et si discrets avec leurs trous dans la neige. Vieilles gens émergeant des portes grises, une pelle à la main, parcourant les pelouses dans des crissements de chaussures, mettant des choses en terre. Grand nettoyage de printemps : la conviction d'avoir un but.

Ils traversèrent une rue et attaquèrent une pente abrupte. Tout à coup, Duncan s'élança en tirant Marian à sa remorque comme une luge.

« Arrête, hurla-t-elle, effrayée par la force de sa voix. Je ne peux pas courir ! »

Elle avait l'impression que, derrière les fenêtres, les rideaux frémissaient de façon inquiétante à leur passage, comme si chaque maison hébergeait un vigile sévère.

« Non ! On se sauve ! Allez ! »

Sous le bras de Marian, une couture craqua. Elle eut une vision de la robe rouge se désintégrant en plein ciel et retombant par petits bouts derrière elle, dans la neige, comme autant de plumes. Ils avaient déserté le trottoir à présent et glissaient vers le bas de la rue et une clôture ; un panneau à damier jaune et noir annonçait « Danger ». Elle eut peur qu'ils percutent la clôture dans une débauche d'éclats de bois et qu'ils passent par-dessus une limite invisible, presque au ralenti, comme dans ces films où des voitures tombent d'une falaise, mais, au dernier moment, Duncan la contourna et ils se retrouvèrent entre deux talus de haute taille, sur un étroit chemin en mâchefer. La passerelle au pied de la colline arrivait sur eux à grande vitesse, mais il stoppa subitement de sorte que Marian dérapa et le tamponna.

Elle avait mal aux poumons et ce grand bol d'air lui avait donné le tournis. Ils s'appuyèrent contre un des deux murs en ciment bordant la passerelle. Marian posa les bras dessus et souffla. À la hauteur de ses yeux, il y avait la cime des arbres, un enchevêtrement de branches aux extrémités déjà jaune et rouge pâle, piquetées de bourgeons.

« On n'y est pas encore, s'exclama Duncan en la tirant par le bras. On descend. »

Il lui fit traverser la passerelle. D'un côté partait un chemin, piste boueuse ponctuée de traces de pas. Ils descendirent précautionneusement, les pieds à l'oblique à la manière des enfants qui apprennent à descendre un escalier, marche après marche. Les stalactites sous la travée leur gouttaient dessus.

Une fois en bas, lorsqu'ils se retrouvèrent en terrain plat, Marian demanda :

« On y est ou pas ?

— Pas encore. »

Il repartit tandis que Marian faisait le vœu d'arriver à un lieu où ils pourraient s'asseoir.

Ils étaient dans un des ravins qui lézardaient la ville, mais lequel, elle l'ignorait. Elle s'était promenée près de celui qu'on apercevait de la fenêtre de leur salon, mais celui qu'elle voyait à présent lui était totalement inconnu. Étroit et profond, il se dissimulait derrière des arbres qui semblaient repousser la couverture neigeuse vers les parois abruptes. Loin au-dessus de leurs têtes, des enfants jouaient à la limite de l'à-pic. Marian distinguait leurs blousons de couleurs vives, rouges et bleus, et entendait leurs rires étouffés.

Ils suivirent à la queue leu leu un chemin ménagé dans la neige croûtée. D'autres personnes étaient passées par là, mais pas beaucoup. De temps à autre, elle remarqua des empreintes qui lui parurent correspondre à des sabots de cheval. De Duncan, elle n'apercevait que le dos voûté et les pieds qui se levaient, puis s'abaissaient.

Elle avait envie qu'il se retourne pour qu'elle puisse voir son visage ; le manque d'expression de son manteau la mettait mal à l'aise.

« On s'assied dans une minute », lui dit-il comme s'il répondait à une question.

Aux yeux de Marian, il n'y avait nulle place où se poser. Ils traversaient maintenant une zone de mauvaises herbes aux longues tiges raides et sèches qui les griffaient au passage : verges d'or, cardères, bardanes, ainsi que les squelettes gris d'autres plantes anonymes. Les bardanes arboraient des grappes de fruits brunâtres et les cardères des capitules hérissés à la patine argentée mais, sinon, rien ne rompait la monotonie des minces ramifications qui s'entrelaçaient à l'envi. De part et d'autre de cette zone s'élevaient les parois du ravin. Tout en haut se déployaient à présent des maisons, une rangée de maisons accrochées au bord, indifférentes aux rigoles creusées par l'érosion qui balafraient les lieux à intervalles irréguliers. Quant au ruisseau, il avait disparu, avalé par un conduit souterrain.

Marian jeta un coup d'œil par-dessus son épaule. Le ravin avait décrit une courbe qu'elle avait suivie à son insu ; devant eux se dressait un autre pont, plus grand. Ils continuèrent à marcher.

« Je me plais bien ici, l'hiver, lança la voix de Duncan, au bout d'un moment. Avant, je ne venais que l'été. Tout pousse, il y a une telle épaisseur de feuillage et d'autres trucs qu'on n'y voit pas à un mètre, on trouve même des sumacs. Et il y a du monde. De vieux pochards s'installent sous les ponts pour dormir et même les enfants jouent par ici. Il y a un manège dans les parages, je crois d'ailleurs qu'on est sur une des pistes cavalières. Je descendais régulièrement parce que, là, il faisait plus frais. Mais c'est mieux sous la neige. Ça cache les cochonneries. Ils commencent à balancer des cochonneries ici aussi, tu sais, déjà dans le ruisseau, je me demande pourquoi ils aiment polluer le paysage avec des tas de trucs… vieux pneus, boîtes de conserve… »

La voix sortait d'une bouche qu'elle ne voyait pas, de sorte qu'elle donnait l'impression de ne provenir de nulle part. Elle était déformée, étouffée, comme si la neige l'épongeait, l'absorbait.

Devant eux, le ravin s'était élargi et les mauvaises herbes se faisaient plus rares. Duncan quitta le sentier et piétina la neige croûtée ; Marian le suivit. Ils gravirent péniblement le flanc d'une petite colline.

« On y est », déclara Duncan.

Il s'arrêta, se retourna et tendit la main pour qu'elle se rapproche.

Malgré elle, Marian recula d'un pas, le souffle coupé : ils étaient au bord d'une falaise. Au-delà de leurs pieds, le sol s'arrêtait brutalement. En contrebas se trouvait une énorme fosse quasi circulaire avec un chemin ou une chaussée en spirale qui, taillé dans la paroi, menait à un espace plat et enneigé au fond. Et en face d'eux, au-delà d'un cratère de près de quatre cents mètres, se dressait un long bâtiment noir aux allures de hangar. L'ensemble paraissait fermé, abandonné.

« Qu'est-ce que c'est ?

— Ce n'est que la briqueterie, expliqua Duncan. En bas, c'est de l'argile pure. Ils descendent cette route avec des excavateurs à vapeur pour la prélever.

— J'ignorais qu'il y avait des trucs comme ça dans les ravins. »

Ça paraissait insensé d'avoir pareille excavation en pleine ville : le ravin était déjà censé se situer à la profondeur maximale admissible et, du coup, elle considéra le fond blanc de la fosse d'un œil méfiant ; il n'avait pas l'air solide et peut-être était-il creux, dangereux, peut-être se résumait-il à une mince couche de glace qu'on risquait de traverser si on s'aventurait dessus ?

« Oh, ils ont une flopée de trucs sympa. Il y a aussi une prison quelque part dans le coin. »

Duncan s'assit au bord de l'à-pic, jambes ballantes, et sortit une cigarette. Au bout d'un moment, elle s'installa à côté de lui, alors qu'elle n'avait guère confiance dans le terrain. C'était le genre d'endroit qui s'effondrait. Tous deux regardèrent le gigantesque trou en contrebas.

« Je me demande quelle heure il est », dit Marian.

Elle s'écouta parler : sa voix avait été happée par l'espace alentour.

Duncan ne répondit pas. Il termina sa cigarette en silence, puis se leva, fit quelques pas le long de l'abîme jusqu'à ce qu'il parvienne à une étendue plate dénuée de toute mauvaise herbe et, là, il s'allongea dans la neige. Il était si paisible, à contempler ainsi le ciel, que Marian alla le rejoindre.

« Tu vas attraper froid, s'écria-t-il, mais vas-y si ça te chante. »

Elle s'allongea à un bras de lui environ. Il ne lui paraissait pas correct, ici, d'être trop proches l'un de l'autre. Au-dessus d'eux, le ciel était d'un gris pâle uniforme et le soleil, caché quelque part, lui donnait un éclat diffus.

Duncan rompit le silence.

« Alors, pourquoi tu ne peux pas rentrer ? Je veux dire : tu vas te marier, etc. Je te croyais du genre débrouillard.

— Je le suis, répondit-elle sur un ton malheureux, je l'étais. Je ne sais pas. »

Elle ne voulait pas parler de ça.

« Bien sûr, il y a des gens qui diraient que tout est dans la tête.

— Je le sais, répliqua-t-elle, agacée. (Elle n'était pas totalement stupide, pas encore.) Mais comment j'arrête de penser ?

— Tu devrais quand même comprendre que, s'il y a une personne à qui ne pas poser cette question, c'est bien moi. Il paraît que je vis dans un monde de fantasmes. Mais, au moins, les miens m'appartiennent plus ou moins, je les choisis et, dans l'ensemble, ils ne me déplaisent pas. En revanche, toi, tu n'as pas l'air trop contente des tiens.

— Je devrais peut-être aller voir un psychiatre, dit-elle, lugubre.

— Oh non, ne fais pas ça. Ils ne chercheraient qu'à te mettre aux normes.

— Mais justement, je veux être aux normes. Je ne vois pas l'utilité d'être instable. »

Il lui vint également à l'esprit qu'elle ne voyait pas à quoi ça servait de mourir de faim. Elle se rendait compte aujourd'hui qu'elle n'avait finalement cherché que la sécurité. Au cours de ces derniers mois, elle avait cru tendre vers cet objectif, mais n'était arrivée nulle part ; et n'avait rien accompli. À l'heure actuelle, sa seule réussite un tant soit peu tangible semblait être Duncan. C'était quelque chose auquel elle pouvait se raccrocher.

Soudain, elle eut besoin de s'assurer qu'il était toujours là, qu'il ne s'était pas volatilisé, que la surface blanche ne l'avait pas englouti. Elle voulut s'en assurer.

« Comment c'était pour toi, la nuit dernière ? » lui demanda-t-elle.

Il n'avait encore rien dit sur la question.

« Comment c'était quoi ? Oh ça. »

Il demeura silencieux quelques minutes. Marian, l'oreille tendue, attendait qu'il s'exprime comme elle aurait attendu un oracle. Mais lorsqu'il finit par lui répondre, ce fut pour dire :

« Cet endroit me plaît. Surtout en ce moment que c'est l'hiver, c'est tellement proche du zéro absolu. Du coup, je me sens humain. Par comparaison. Les îles tropicales ne me plairaient pas du tout, elles seraient trop pulpeuses, je passerais mon temps à me demander si je suis un légume à pattes ou un amphibie géant. Mais dans la neige, on est au plus près du rien. »

Marian essaya de comprendre. Quel était le rapport ?

« Tu veux que je dise que c'était fantastique, c'est ça ? Que ça m'a sorti de ma coquille ? Que ça a fait de moi un homme et résolu tous mes problèmes ?

— Euh…

— Bien sûr que c'est ça que tu veux, je l'ai toujours su. J'aime que les gens interviennent dans mon monde imaginaire et je suis généralement prêt à intervenir dans le leur, jusqu'à un certain point. C'était bien, aussi bon que d'habitude. »

L'implication s'imposa aussi simplement qu'un couteau s'enfonce dans une motte de beurre. Elle n'était donc pas la première. L'image d'infirmière amidonnée qu'elle avait voulu garder d'elle-même en dernier recours s'effondra tel un papier journal mouillé ; ce qu'il restait d'elle n'eut même pas l'énergie de se fâcher. Elle s'était totalement fait avoir. Elle aurait dû s'en douter. Mais après y avoir réfléchi quelques minutes, les yeux fixés sur le ciel brouillé, ça n'eut plus grande importance. Et, si ça se trouvait, cette révélation n'était jamais qu'un mensonge de plus.

Elle se redressa et épousseta la neige sur ses manches. Il était temps d'agir.

« D'accord, assez blagué. (Autant qu'il se demande si elle le croyait ou pas.) Maintenant, il faut que je décide de ce que je vais faire. »

Il lui sourit.

« Pas la peine de me consulter, c'est ton problème. Mais on dirait vraiment que tu as intérêt à te secouer : le masochisme en vase clos, c'est plutôt rasoir, à la longue. Mais c'est ton impasse à toi, tu l'as imaginée, à toi de t'en sortir. »

Il se releva.

Marian l'imita. Après une phase de calme, elle sentait le désespoir la reprendre et se diffuser en elle à la manière d'un médicament.

« Duncan, tu pourrais peut-être me raccompagner et parler à Peter ? Je ne crois pas en être capable, je ne sais pas quoi dire, il ne va pas comprendre…

— Oh non, tu ne peux pas me demander ça. Je n'ai rien à voir là-dedans. Tu ne te rends pas compte que ce serait catastrophique ? Pour moi, bien sûr. »

Il croisa les bras devant son torse et s'attrapa les coudes.

« Je t'en prie. »

Elle savait qu'il refuserait.

« Non, répéta-t-il, ce ne serait pas bien. »

Il se retourna vers les deux empreintes que leurs corps avaient creusées dans la neige. Puis il les piétina, d'abord la sienne, puis celle de Marian, et lissa la neige avec sa chaussure.

« Viens, je vais te montrer comment repartir. »

Il l'entraîna un peu plus loin. Ils parvinrent à une route qui montait puis redescendait. Au-dessous, il y avait une autoroute géante, qui grimpait, et au loin un autre pont, un pont familier où circulaient des wagons de métro. Cette fois-ci, elle se reconnut.

« Tu ne m'accompagnes même pas jusque là-bas ?

— Non. Je vais rester ici un moment. Mais toi, il faut que tu t'en ailles maintenant. »

Au ton de sa voix, il était clair qu'il la renvoyait. Il pirouetta sur lui-même, puis s'éloigna.

Les voitures passaient en trombe. Lorsqu'elle eut péniblement atteint le milieu de la colline, elle se retourna. Elle s'attendait presque à ce qu'il se soit évaporé dans l'étendue blanche du ravin, mais il était toujours là et sa silhouette sombre, accroupie, se détachait sur la neige au bord de la fosse vide qu'il contemplait.

30.

Marian venait tout juste d'arriver chez elle et bataillait avec sa robe froissée, dont elle essayait de défaire la fermeture Éclair, quand le téléphone sonna. Elle savait qui l'appelait.

« Allô ?

— Marian, tu étais où, bon Dieu ? s'écria Peter, glacial. Je n'arrête pas de téléphoner partout. »

A priori, il avait la gueule de bois.

« Oh, répondit-elle avec une désinvolture appuyée, un peu out. »

Là, il perdit son calme.

« Bon sang, pourquoi tu as quitté la fête ? Tu m'as vraiment gâché la soirée. Je t'ai appelée pour la photo de groupe et tu avais disparu, évidemment, je n'allais pas en faire un fromage devant tous ces gens, mais quand ils sont partis, je t'ai cherchée partout, ton amie Lucy m'a accompagné, on a sillonné les rues en voiture et on a téléphoné chez toi je ne sais combien de fois, on était tellement inquiets tous les deux. C'était rudement sympa de sa part de prendre cette peine, ça fait plaisir de constater qu'il reste encore des femmes prévenantes sur terre... »

C'est sûr, se dit Marian, qui éprouva un petit pincement de jalousie en repensant aux paupières argentées de Lucy, mais déclara :

« Peter, je t'en prie, ne t'énerve pas. Je suis juste sortie prendre l'air et un autre truc s'est présenté, c'est tout. Il n'y a vraiment pas de quoi s'énerver. Il n'y a pas eu de catastrophe.

— Qu'est-ce que tu veux dire par "s'énerver" ? Tu ne devrais pas te balader dehors, la nuit, tu risques de te faire violer ; si tu dois pratiquer ce genre de chose, et Dieu sait que ce n'est pas la première fois, pourquoi ne penses-tu pas aux autres de temps à autre, bon sang ? Tu aurais quand même pu me dire où tu étais, tes parents m'ont appelé, ils sont dans tous leurs états parce qu'ils ne t'ont pas vue dans le car, et qu'est-ce que je devais leur raconter ? »

Oh oui, se dit-elle, elle avait oublié ça.

« Voyons, je vais parfaitement bien.

— Mais tu étais où ? Quand on a découvert que tu avais disparu et que j'ai commencé à demander discrètement aux gens s'ils t'avaient aperçue, je dois t'avouer que ton copain le prince charmant, Trevor ou je ne sais quoi au juste, m'a servi une histoire drôlement bizarre. D'ailleurs, qui c'est ce type dont il m'a parlé ?

— Je t'en prie, Peter, j'ai vraiment horreur de discuter de ce genre de chose au téléphone. »

Elle ressentit soudain le désir de lui exposer toute l'histoire, mais à quoi bon puisqu'elle ne s'était absolument rien prouvé et n'avait rien accompli ? À la place, elle demanda :

« Quelle heure est-il ?

— Deux heures et demie », répondit-il d'un ton neutre.

Cette question purement factuelle l'avait désarmé.

« Eh bien, pourquoi ne passes-tu pas un peu plus tard ? Vers cinq heures et demie, par exemple. Pour le thé. Comme ça, on pourra en discuter. »

Elle avait adopté une voix douce et conciliante. Elle avait conscience de sa fourberie. Même si elle n'avait pas pris de décision, elle pressentait qu'elle s'apprêtait à le faire et cherchait à tergiverser.

« Bon, d'accord, marmonna-t-il, de mauvaise humeur, mais tes raisons ont intérêt à tenir la route. »

Ils raccrochèrent en même temps.

Marian alla dans sa chambre et se déshabilla ; puis elle descendit prendre un bain rapide. Les régions inférieures étaient silencieuses ; sans doute, la dame d'en bas ruminait-elle dans sa tanière obscure ou bien priait-elle pour que les foudres divines anéantissent Ainsley au plus vite. Sous le coup d'une humeur qui frisait la rébellion joyeuse, Marian négligea d'éliminer l'auréole qu'elle avait laissée dans la baignoire.

Ce qu'il lui fallait, c'était quelque chose qui la dispenserait de parler, elle n'avait pas envie de se retrouver empêtrée dans une discussion ; un moyen d'éprouver la réalité : un test, simple et clair comme celui du papier de tournesol. Elle finit de s'habiller – une laine gris uni se prêterait bien à la situation –, enfila son manteau, puis récupéra son sac habituel et compta son argent. Elle alla s'asseoir à la table de la cuisine et prépara une liste, mais lâcha son crayon après avoir noté un certain nombre de choses. Elle savait ce dont elle avait besoin.

Au supermarché, elle parcourut les allées de bout en bout, en manœuvrant habilement son chariot pour feinter ces dames en rat musqué et coincer les enfants du samedi sur l'extérieur et mieux attraper les articles en rayons. L'image qu'elle avait en tête prenait forme. Des œufs. De la farine. Des citrons pour parfumer. Du sucre, du sucre glace, de la vanille, du sel, des colorants alimentaires. Elle voulait que tout soit neuf, se refusait à utiliser quelque chose déjà dans l'appartement. Du chocolat – non, du cacao, ce serait meilleur. Un tube rempli de billes argentées pour décorer. Trois grands bols encastrables en plastique, des petites cuillères, une douille en aluminium et un moule à gâteau. Une chance, se dit-elle, qu'à l'heure actuelle on trouve pratiquement tout en supermarché. Elle repartit vers l'appartement avec son sac en papier kraft.

Biscuit de Savoie ou *Angel-food cake* ? se demanda-t-elle. Elle opta pour le biscuit de Savoie. Il se prêtait mieux à ses projets.

Elle alluma le four. C'était un élément de la cuisine qui, principalement parce qu'elles ne s'en étaient pas beaucoup servies ces dernières semaines, ne disparaissait pas sous la crasse qui progressait à la manière d'une maladie de peau. Elle enfila un tablier et rinça les bols et autres ustensiles neufs sous le robinet, mais ne toucha pas une seule des assiettes sales. Pour ça, on verrait plus tard. Là, elle n'avait pas le temps. Elle essuya ses achats et se mit à casser les œufs et à séparer les blancs des jaunes, sans quasiment réfléchir, mais en se concentrant sur ses gestes et, plus tard, quand il lui fallut battre, tamiser et mélanger, sur le temps consacré à chaque étape et sur les textures. Le biscuit de Savoie se travaillait d'une main légère. Elle versa la pâte dans le moule, puis passa une fourchette dedans afin de faire éclater les grosses bulles d'air. En enfournant le moule, elle chantonnait presque de joie. Il y avait longtemps qu'elle n'avait pas fait de pâtisserie.

Pendant que le gâteau cuisait, elle relava les bols et prépara le glaçage. Un simple glaçage au beurre serait préférable. Elle le divisa en trois parts qu'elle répartit dans chacun des bols. La part la plus importante, elle la laissa telle quelle, la suivante, elle la teinta en rose vif, presque rouge, avec un des colorants qu'elle avait achetés et la dernière, elle la mélangea à du cacao pour lui donner une couleur brun foncé.

« Sur quoi vais-je le placer ? se demanda-t-elle lorsqu'elle eut terminé. Il va falloir que je lave quelque chose. » Elle exhuma un long plat de service coincé tout en dessous de la pile d'assiettes sales dans l'évier et le briqua énergiquement sous le robinet. Elle dut utiliser une énorme quantité de détergent.

Elle vérifia le gâteau ; il était cuit. Elle le sortit du four et le retourna pour qu'il refroidisse.

Elle était contente qu'Ainsley ne soit pas là : elle ne voulait surtout pas être dérangée. Mais apparemment, sa colocataire n'était pas rentrée de la nuit. Il n'y avait pas trace de sa robe verte. Une valise ouverte gisait sur son lit, à l'endroit où elle avait dû la laisser la veille. Une partie des épaves superficielles s'y étaient engouffrées, comme entraînées par un tourbillon. Marian se demanda incidemment comment Ainsley allait bien pouvoir caser le contenu hétéroclite de sa chambre dans quelque chose d'aussi limité et d'aussi rectiligne qu'une batterie de valises.

Pendant que le biscuit de Savoie refroidissait, Marian alla se recoiffer dans sa chambre : elle tira ses cheveux en arrière et les attacha pour en finir avec les derniers zigouigouis du coiffeur. Elle se sentait étourdie et avait comme des vertiges : ce devait être le manque de sommeil et de nourriture. Elle se sourit dans le miroir en découvrant bien les dents.

Le gâteau ne refroidissait pas assez vite, mais elle se refusa à le mettre au réfrigérateur. Il y prendrait des odeurs. Elle le démoula, l'installa sur le plat propre, ouvrit la fenêtre de la cuisine et plaça le tout sur le rebord enneigé. Elle savait ce qui se produisait quand on s'avisait de glacer une pâtisserie pas totalement refroidie : tout fondait.

Elle se demanda quelle heure il était. Sa montre était toujours sur la commode où elle l'avait abandonnée la veille, mais elle était arrêtée. Elle ne voulait pas allumer le transistor d'Ainsley, ça l'empêcherait de se concentrer. Or, elle commençait déjà à se sentir nerveuse. Avant, il y avait un numéro qu'elle pouvait appeler… Allez, il fallait qu'elle se dépêche.

Elle récupéra le biscuit sur le bord de la fenêtre, le tâta pour savoir s'il avait suffisamment refroidi, puis le posa sur la table de la cuisine. Ensuite, elle se mit à l'ouvrage. À l'aide de deux fourchettes, elle le divisa dans le sens de l'épaisseur et en plaça une moitié à l'envers sur le plat. Avec une cuillère, elle en enleva une partie avec laquelle elle façonna une tête. Puis elle attaqua les côtés afin de dessiner la taille. Dans l'autre moitié, elle découpa des bandes pour les bras et les jambes. Le biscuit était moelleux, facile à modeler. Elle fixa les différents membres avec le glaçage blanc et utilisa le reste pour couvrir la silhouette qu'elle avait modelée. Elle était bosselée par endroits et il y avait trop de miettes dans la peau, mais ça irait. Marian renforça les pieds et les chevilles à l'aide de cure-dents.

Elle avait devant elle un corps blanc et à nu. Ainsi allongé, enduit de sucre et sans traits distinctifs, sur le plat, il avait l'air un peu obscène. Elle entreprit de l'habiller et remplit la douille d'un glaçage rose vif. Elle commença par lui attribuer un bikini, mais il se révéla trop sommaire. Elle lui couvrit le ventre. Ça lui fit un maillot de bain traditionnel qui ne correspondait cependant toujours pas exactement à ce qu'elle voulait. Elle continua donc et rajouta du glaçage en haut et en bas jusqu'à ce qu'elle ait réalisé une sorte de robe. Dans un accès d'exubérance, elle la dota d'une rangée de volants autour du cou et de plusieurs autres sur l'ourlet du bas. Elle dessina ensuite une bouche rose, pulpeuse et souriante, et des chaussures roses assorties. Pour finir, elle peignit cinq ongles roses sur les deux mains informes.

Avec juste une bouche, mais pas d'yeux ni de cheveux, le gâteau paraissait bizarre. Elle rinça la douille et la remplit de glaçage au chocolat. Elle fit alors un nez et deux grands yeux, auxquels elle attacha de nombreux cils et deux sourcils, un au-dessus de chaque œil. Pour marquer les formes de sa créature, elle traça une ligne afin de dissocier les jambes, puis d'autres similaires pour bien séparer les bras du corps. Les cheveux lui demandèrent plus de temps. Ils exigèrent des masses de volutes et de boucles baroques et compliquées qui s'empilèrent sur le dessus de la tête et se répandirent sur les épaules.

Les yeux étaient toujours vides. Elle opta pour du vert – les seules autres possibilités étant le rouge ou le jaune – et lui fabriqua au cure-dent deux iris avec le colorant vert.

Ne restait plus que les billes argentées à placer. Il y en avait une pour chaque pupille. Avec les autres, elle confectionna un motif floral sur la robe rose et en sema quelques-unes dans la chevelure. La femme ressemblait à présent à une élégante porcelaine ancienne. Un instant, Marian regretta de ne pas avoir acheté de bougies d'anniversaire ; mais où les aurait-elle mises ? Il n'y avait vraiment plus de place. L'image avait pris sa forme finale.

Sa création la regardait, la figure poupine et vide d'expression, à l'exception des deux petites lueurs d'intelligence argent dans chaque œil vert. Marian s'était sentie presque joyeuse en la fabriquant mais, là, elle la contempla pensivement. Elle avait consacré tout ce labeur à cette dame, mais qu'allait-elle donc devenir ?

« Tu as l'air délicieuse. Très appétissante. Et c'est ce qui va t'arriver. C'est le sort de tout ce qui se mange. »

À l'idée de manger, son estomac se contracta. Elle éprouva une pointe de pitié pour sa créature, mais elle ne pouvait plus rien y changer. Son destin était scellé. Déjà les pas de Peter résonnaient dans l'escalier.

Marian entrevit brièvement sa sottise monumentale et se dit que son comportement paraîtrait bien puéril et dénué de dignité aux yeux de n'importe quel observateur sensé. À quoi jouait-elle ? Enfin, là n'était pas la question, se dit-elle nerveusement, en repoussant une mèche de cheveux. Cela étant, si Peter la jugeait stupide, elle le croirait, elle accepterait sa vision d'elle-même, il rirait et ils prendraient tranquillement une tasse de thé.

Elle lui adressa un sourire grave lorsqu'il émergea de la cage d'escalier. Son expression renfrognée et son menton pointé en avant indiquaient qu'il était toujours en colère. Il portait une tenue qui se prêtait bien à son humeur : un complet sévère, spécialement taillé pour la situation, guindé, tandis que la cravate se signalait par un motif cachemire ponctué de touches de marron maussade.

« Maintenant qu'est-ce que…, commença-t-il.

— Peter, pourquoi ne vas-tu pas t'asseoir dans le salon ? J'ai une surprise pour toi. Après, on pourra discuter, si tu veux. »

Elle lui sourit de nouveau.

Perplexe, il en oublia son air renfrogné ; il avait dû escompter des excuses embarrassées. Mais il suivit sa suggestion. Elle s'attarda un moment sur le seuil et regarda presque tendrement sa nuque appuyée contre le canapé. À présent qu'elle le revoyait, le vrai Peter, toujours aussi solide, ses angoisses de la veille au soir s'apparentaient à une crise d'hystérie stupide et sa fuite pour rejoindre Duncan à une bêtise, une dérobade ; à quoi ressemblait-il ? Elle s'en souvenait à peine. En fin de compte, Peter n'était pas l'ennemi, ce n'était qu'un être humain normal, comme la plupart des gens. Elle eut envie de lui caresser le cou, de lui dire qu'il ne fallait pas qu'il s'énerve, que tout allait s'arranger. Le mutant, c'était Duncan.

Mais quelque chose clochait avec ses épaules. Il devait avoir les bras croisés. Le visage appartenant à ce crâne aurait pu être celui de n'importe qui. Or, ils portaient tous des vêtements en vrai tissu et ils avaient tous de vrais corps : autant ceux dans les journaux que ceux qu'elle ne connaissait pas encore et qui, cachés derrière une fenêtre à l'étage, n'attendaient qu'une occasion pour lui fondre dessus ; on les croisait tous les jours dans la rue. L'après-midi, c'était facile de voir en lui un être normal et équilibré, mais ça ne changeait rien à l'affaire. Le prix de cette vision de la réalité, c'était qu'il fallait tester l'autre.

Elle alla à la cuisine et revint, portant le plat devant elle avec respect et précaution, comme si elle jouait dans une pièce de théâtre où, lors d'un défilé, elle eût promené un objet sacré, une icône ou une couronne sur un coussin. Elle s'agenouilla et le posa sur la table basse devant Peter.

« Tu cherches à me détruire, n'est-ce pas ? Tu cherches à m'absorber. Mais je t'ai confectionné un succédané, quelque chose qui te plaira beaucoup plus. C'est ce que tu as toujours voulu, non ? (Puis, plus prosaïquement :) Je vais te donner une fourchette. »

Peter fixa le gâteau, puis Marian et vice versa. Elle ne souriait pas.

Il ouvrit de grands yeux effrayés. Apparemment, il ne la jugeait pas stupide.

Quand il fut parti – et il partit vite, ils ne discutèrent pas beaucoup en définitive ; apparemment gêné et pressé de prendre congé, il refusa même une tasse de thé –, elle contempla la figurine. Au bout du compte, Peter ne l'avait pas dévorée. En tant que symbole, c'était l'échec total. Elle levait vers Marian ses yeux argentés, énigmatiques, moqueurs, succulents.

Soudain, Marian eut faim. Extrêmement faim. Le gâteau n'était finalement qu'un gâteau. Elle attrapa le plat, l'emporta jusqu'à la table de la cuisine et récupéra une fourchette.

« Je vais commencer par les pieds », décida-t-elle.

Elle testa la première bouchée. Ça lui fit drôle de recommencer à goûter, à mâcher et à avaler, mais ça lui procura aussi beaucoup de plaisir. Pas mal, se dit-elle, critique, sinon qu'il faudrait ajouter une larme de citron.

Déjà, la partie d'elle-même qui n'était pas occupée à manger songeait à Peter avec nostalgie, comme si elle évoquait un style passé de mode qui aurait commencé à fleurir sur les portemanteaux de l'Armée du Salut. Elle l'imagina posant, l'air crâneur, à l'avant-plan d'un élégant salon avec lustres et tentures, impeccablement habillé, un verre de whisky à la main, le pied sur la tête d'un lion empaillé, un œil masqué par un bandeau. Un revolver arrimé sous le bras. Sur le pourtour, une bordure de volutes dorées et, un peu au-dessus de l'oreille gauche de Peter, une punaise. Elle lécha pensivement sa fourchette. Il réussirait dans la vie, c'était sûr et certain.

Elle avait englouti la moitié des jambes lorsqu'elle entendit des bruits de pas, ceux de deux personnes différentes, dans l'escalier. Puis Ainsley apparut sur le seuil de la cuisine avec, derrière elle, la tête hirsute de Fischer Smythe. Elle portait toujours sa robe bleu-vert, très défraîchie à présent. Et elle-même ne valait guère mieux : elle avait le visage hagard et, rien qu'en l'espace de ces dernières vingt-quatre heures, son ventre semblait s'être considérablement arrondi.

« Salut », lança Marian en agitant sa fourchette dans leur direction.

Elle piqua un morceau de cuisse rose et le porta à sa bouche.

Arrivé en haut des marches, Fischer s'était adossé au mur, paupières fermées, mais Ainsley l'observait attentivement.

« Marian, qu'est-ce que c'est que ça ? s'écria-t-elle en s'approchant. C'est une femme – une femme en gâteau ! »

Elle regarda Marian d'un drôle d'air.

« Goûte, lui proposa Marian quand elle eut terminé sa bouchée, c'est très bon. Je l'ai fait cet après-midi. »

Ainsley ouvrit la bouche et la referma à la manière d'un poisson, comme si elle essayait d'absorber l'implication pleine et entière de ce qu'elle voyait.

« Marian ! finit-elle par s'exclamer, horrifiée. Tu rejettes ta féminité ! »

Marian s'interrompit et dévisagea Ainsley qui, derrière le bandeau de ses cheveux frisottants, la considérait avec une inquiétude peinée, presque avec sévérité. Comment réussissait-elle à afficher cet air affligé, cette noble pruderie ? Son intransigeance moralisatrice valait presque celle de la dame d'en bas.

Marian reporta son attention vers le plat. La femme avait toujours son sourire figé, mais plus de jambes.

« Ne dis pas de sottises, s'écria-t-elle. Ce n'est qu'un gâteau. »

Elle plongea sa fourchette dans la carcasse et sépara proprement le corps de la tête.

Troisième partie

31.

J'étais en train de briquer l'appartement. Il m'avait fallu deux jours pour trouver la force de m'y mettre, mais j'avais fini par me lancer. J'étais obligée de procéder strate par strate. Il y avait d'abord les débris superficiels. J'ai commencé par la chambre d'Ainsley et entassé dans des cartons le fatras qu'elle avait laissé : flacons et pots de cosmétiques à moitié vides, vieux rouges à lèvres, piles de journaux et de revues traînant par terre, plus une peau de banane séchée retrouvée sous le lit et des habits dont elle ne voulait plus. Enfin, j'ai également collé dans les fameux cartons celles de mes affaires dont je souhaitais me débarrasser.

Une fois les sols et les meubles dégagés, j'ai épousseté tout ce que je voyais, y compris moulures, dessus de portes et rebords de fenêtres. Après, je me suis occupée des planchers que j'ai balayés, frottés, puis cirés. La quantité de crasse qui en est sortie m'a paru incroyable : on aurait cru que je dégageais un niveau supplémentaire. Ensuite, j'ai fait la vaisselle et, après, j'ai lavé les rideaux de la cuisine. Puis je me suis arrêtée pour déjeuner. Le repas terminé, je me suis ruée sur le réfrigérateur. Je n'ai pas regardé de près les horreurs qui s'y étaient accumulées. Je voyais bien, rien qu'en examinant les petits pots à la lumière, qu'il valait mieux ne pas les ouvrir. Les divers éléments à l'intérieur avaient industrieusement produit poils, fourrure ou plumes, selon les exigences de leur nature, et j'avais une certaine idée de l'odeur qu'ils pouvaient dégager. Je les ai soigneusement déposés dans un sac-poubelle. Le freezer, je l'ai attaqué à coups de pic, mais j'ai découvert que si la solide épaisseur de glace était moussue et spongieuse en surface, en dessous, elle était dure comme pierre, alors je l'ai laissée fondre un peu avant de tenter de l'entamer ou de la décoller.

Je commençais les vitres quand le téléphone a sonné. C'était Duncan. Ça m'a étonnée ; je l'avais plus ou moins oublié.

« Alors ? m'a-t-il demandé. Qu'est-ce qui s'est passé ?

— On a tout annulé. Je me suis rendu compte que Peter cherchait à me détruire. Et maintenant j'essaie de trouver un nouveau boulot.

— Oh. En fait, je ne pensais pas à ça. Je songeais plutôt à Fischer.

— Oh. »

J'aurais dû m'en douter.

« Je veux dire, je crois savoir ce qui s'est passé, mais je m'interroge sur les raisons. Il a fui ses responsabilités, tu sais ?

— Ses responsabilités ? Tu parles de son troisième cycle ?

— Non. Je parle de moi. Qu'est-ce que je vais faire ?

— Je n'en ai pas la moindre idée. »

J'étais irritée qu'il ne veuille pas discuter de ce que, moi, j'allais faire. Maintenant que je recommençais à penser à moi à la première personne du singulier, ma situation personnelle me paraissait autrement plus intéressante que la sienne.

« Allez, allez, s'est écrié Duncan, on ne peut pas se comporter comme ça tous les deux. Il y en a un qui écoute avec bienveillance et l'autre qui est tourmenté et paumé. La dernière fois, c'est toi qui étais tourmentée et paumée. »

« Regarde les choses en face, me suis-je dit, tu ne peux pas gagner. »

« Oh, d'accord. Pourquoi tu ne viens pas prendre un thé, un peu plus tard ? L'appartement est dans un état épouvantable », ai-je ajouté pour m'excuser.

Debout sur une chaise, je m'occupais des vitres quand il est arrivé. J'étais en train d'essuyer le produit blanc dont je les avais vaporisées. Il y avait longtemps qu'on ne les avait pas nettoyées, de sorte qu'elles disparaissaient sous une bonne couche de poussière, et je me disais que ça allait faire drôle d'y voir clair de nouveau. J'étais contrariée qu'il reste encore, à l'extérieur, des traces, suie et traînées de pluie, que je n'arrivais pas à atteindre. Je n'ai pas entendu entrer Duncan. Il a dû m'observer plusieurs minutes avant de signaler sa présence en déclarant :

« Je suis là. »

J'ai sursauté.

« Oh, salut, je suis à toi dès que j'ai terminé ça. »

Il s'est éloigné vers la cuisine.

Après un dernier coup avec la manche d'un vieux chemisier d'Ainsley pour faire briller mon carreau, je suis descendue de la chaise, un peu à contrecœur – j'aime finir ce que j'ai commencé, or il restait plusieurs vitres sales ; par ailleurs, la perspective de discuter de la vie amoureuse de Fischer Smythe ne me passionnait pas plus que ça –, pour rejoindre Duncan, qui, assis sur une chaise, fixait la porte ouverte du réfrigérateur avec un mélange de dégoût et de grande inquiétude.

« C'est quoi, cette odeur ? m'a-t-il demandé en humant l'air.

— Oh, des tas de trucs, ai-je répondu d'un ton dégagé. La cire, le produit à vitres et je ne sais quoi encore. »

Je suis allée ouvrir la fenêtre.

« Thé ou café ?

— Ça m'est égal. Alors, que se passe-t-il au juste ?

— Tu sais sans doute qu'ils sont mariés. »

Il aurait été plus facile de faire du thé, mais une rapide exploration des placards s'est soldée par un échec. J'ai versé quelques mesures de café dans le percolateur.

« Eh bien, oui, à peu près. Fish nous a laissé un mot assez ambigu. Mais comment ça s'est fait ?

— Comment ce genre de choses se font-elles jamais ? Ils se sont rencontrés à la soirée. »

J'ai allumé le percolateur et me suis assise. J'avais envisagé de lui cacher certains détails, mais il commençait à paraître blessé.

« Bien sûr, il y a des complications, mais je crois que ça va s'arranger. »

Ainsley était venue la veille, après une autre absence prolongée, et avait bouclé ses valises tandis que Fischer patientait dans le salon, la tête rejetée en arrière sur les coussins du canapé, la barbe frémissante de vitalité, les yeux clos. Elle m'avait fait comprendre, à travers les quelques phrases qu'elle avait eu le temps d'y consacrer, qu'ils allaient passer leur lune de miel aux chutes du Niagara et que, à son avis, Fischer en ferait « un très bon », pour reprendre ses termes.

J'ai expliqué tout ça du mieux que j'ai pu à Duncan, qui ne m'a paru ni consterné, ni ravi, ni même surpris.

« Eh bien, je présume que c'est une bonne chose pour Fischer, l'être humain ne supporte pas trop d'être coupé de la réalité. Cela étant, ça a vraiment démoli Trevor. Il s'est mis au lit avec une migraine et refuse de se lever, ne serait-ce que pour préparer à manger. Tout ça signifie que je vais être obligé de déménager. Tu sais à quel point un foyer brisé peut être destructeur et je ne voudrais pas que ça bousille ma personnalité.

— J'espère que ça va aller pour Ainsley. »

Je le souhaitais sincèrement. Elle m'avait fait grand plaisir en justifiant ma confiance superstitieuse dans son aptitude à se débrouiller toute seule : à un moment, j'avais commencé à en douter.

« Au moins, elle a ce qu'elle croit vouloir, je suppose que c'est déjà ça.

— Me revoici chassé de par le vaste monde, a remarqué pensivement Duncan. Je me demande ce que je vais devenir. »

Apparemment, la question ne l'intéressait pas plus que ça.

Parler d'Ainsley m'a fait penser à Leonard. Peu après avoir appris le mariage d'Ainsley, j'avais téléphoné à Clara afin qu'elle puisse annoncer à Len qu'il pouvait désormais quitter sa cachette. Elle m'avait rappelée un peu plus tard.

« Je suis très inquiète, m'avait-elle expliqué, il était loin d'avoir l'air aussi soulagé qu'il aurait dû l'être. Je croyais qu'il voulait réintégrer son appartement illico, mais il m'a dit que non. Il a peur de sortir de la maison alors que, tant qu'il est dans la chambre d'Arthur, il semble parfaitement heureux. Dans l'ensemble, les enfants l'adorent et j'avoue que c'est plutôt agréable d'avoir quelqu'un qui me décharge un peu, mais le problème, c'est qu'il prend tous les jouets d'Arthur et, parfois, ils se disputent. Et puis, il ne va plus travailler, il ne les appelle même pas pour leur dire où il est. S'il continue à se laisser aller comme ça, je ne sais pas comment je vais me débrouiller. »

Elle m'avait néanmoins semblé plus dégourdie que d'habitude.

Un grand bruit sourd a retenti à l'intérieur du réfrigérateur. Duncan a fait un bond et retiré son pouce de sa bouche.

« C'était quoi ?

— Oh, un bout de glace qui est tombé, c'est tout, j'imagine. Je dégivre le frigo. »

À en juger par l'odeur, le café était prêt. J'ai posé deux tasses sur la table et les ai remplies.

« Alors, tu remanges ? m'a demandé Duncan après un silence.

— En fait, oui. J'ai pris un steak à midi. »

C'est la fierté qui avait motivé cette dernière remarque. Avoir tenté et réussi quelque chose d'aussi audacieux me paraissait encore relever du miracle.

« Eh bien, c'est plus sain comme ça », a-t-il déclaré.

Pour la première fois depuis son arrivée, il m'a regardée vraiment.

« En plus, tu as l'air d'aller mieux. Tu as l'air dynamique et plus en forme physiquement et mentalement. Comment tu as fait ?

— Je te l'ai expliqué. Au téléphone.

— Tu veux dire : cette histoire que Peter cherchait à te détruire ? »

J'ai acquiescé.

« C'est ridicule, a-t-il affirmé gravement. Peter ne cherchait pas à te détruire. C'est juste un truc que tu as inventé. En réalité, c'est toi qui cherchais à le détruire. »

J'ai eu un serrement de cœur.

« C'est vrai ?

— Sonde ton âme », a-t-il répliqué en me fixant d'un œil hypnotique à travers ses cheveux.

Il a bu quelques gorgées de café en marquant une pause afin de me laisser le temps de me ressaisir, puis il a ajouté :

« Mais à dire vrai, ce n'était pas Peter, pas du tout. C'était moi. C'est moi qui cherchais à te détruire. »

Je suis partie d'un rire nerveux.

« Ne dis pas ça.

— D'accord, à ton service, comme toujours. Peut-être Peter cherchait-il à me détruire, ou peut-être est-ce moi qui cherchais à le détruire, ou bien est-ce nous qui cherchions tous les deux à nous détruire, qu'en dis-tu ? Quelle importance ? Te voici revenue à la prétendue réalité, tu es une consommatrice.

— À propos, me suis-je écriée comme la mémoire me revenait, tu veux du gâteau ? »

Il me restait la moitié du torse et la tête.

Il a acquiescé. Je lui ai donné une fourchette et j'ai descendu les restes du cadavre de l'étagère où je l'avais rangé. J'ai défait son linceul de cellophane.

« Il n'y a pratiquement plus que la tête.

— J'ignorais que tu faisais de la pâtisserie, a-t-il remarqué après la première bouchée. Il est presque aussi bon que ceux de Trevor.

— Merci, ai-je répondu avec simplicité. J'aime cuisiner quand j'ai le temps. »

J'ai regardé disparaître le gâteau, d'abord la bouche rose et souriante, puis le nez, puis un œil. L'espace d'un moment, il n'est plus resté que le second œil vert, puis il a disparu lui aussi, en un clin d'œil. Duncan s'est mis à dévorer les cheveux.

J'ai éprouvé une étrange satisfaction à le voir le manger, comme si finalement mon effort n'avait pas été inutile – pourtant, il avait englouti le gâteau sans exclamations de plaisir et même sans afficher une quelconque expression particulière. Je lui ai adressé un sourire détendu.

Concentré sur ce qui l'occupait, il ne m'a pas retourné mon amabilité.

Il a raclé la dernière boucle en chocolat d'un coup de fourchette, puis a repoussé l'assiette.

« Merci, a-t-il dit en se léchant les lèvres. C'était délicieux. »

Pavillons Poche

Titres parus

Peter Ackroyd
Un puritain au paradis

Woody Allen
Destins tordus

Niccolò Ammaniti
Et je t'emmène

Sherwood Anderson
Le Triomphe de l'œuf

Margaret Atwood
Faire surface
La Femme comestible
Mort en lisière
Œil-de-chat
La Servante écarlate
La Vie avant l'homme

Dorothy Baker
Cassandra au mariage

Nicholson Baker
À servir chambré
La Mezzanine

Ulrich Becher
La Chasse à la marmotte

Saul Bellow
La Bellarosa connection
Le Cœur à bout de souffle
Un larcin

Robert Benchley
Le Supplice des week-ends

Adolfo Bioy Casares
Journal de la guerre au cochon
Le Héros des femmes
Un champion fragile
Nouvelles fantastiques

William Peter Blatty
L'Exorciste

Jorge Luis Borges, Adolfo Bioy Casares
Chroniques de Bustos Domecq
Nouveaux Contes de Bustos Domecq
Six problèmes pour Don Isidro Parodi

Mikhaïl Boulgakov
Le Maître et Marguerite
Le Roman théâtral
La Garde blanche

Vitaliano Brancati
Le Bel Antonio

Anthony Burgess
L'Orange mécanique
Le Testament de l'orange
Les Puissances des ténèbres

Dino Buzzati
Bestiaire magique
Le régiment part à l'aube
Nous sommes au regret de…
Un amour
En ce moment précis
Bàrnabo des montagnes
Panique à la Scala
Chroniques terrestres

Lewis Carroll
Les Aventures d'Alice sous terre

Michael Chabon
Les Mystères de Pittsburgh
Les Loups-garous dans leur jeunesse
La Solution finale

Upamanyu Chatterjee
Les Après-midi d'un fonctionnaire très déjanté

Collectif
Rome, escapades littéraires
Saint-Pétersbourg, escapades littéraires
Berlin, escapades littéraires
New York, escapades littéraires

Londres, escapades littéraires
Moscou, escapades littéraires

John Collier
Le Mari de la guenon

Sir Arthur Conan Doyle
Sherlock Holmes : son dernier coup d'archet

William Corlett
Deux garçons bien sous tous rapports

Avery Corman
Kramer contre Kramer

Helen DeWitt
Le Dernier Samouraï

Joan Didion
Maria avec et sans rien
Un livre de raison
Démocratie

E. L. Doctorow
Ragtime

Roddy Doyle
La Femme qui se cognait dans les portes
The Commitments
The Snapper
The Van
Paula Spencer

Andre Dubus III
La Maison des sables et des brumes

Lawrence Durrell
Affaires urgentes

F. Scott Fitzgerald
Un diamant gros comme le Ritz

Zelda Fitzgerald
Accordez-moi cette valse

E. M. Forster
Avec vue sur l'Arno
Arctic Summer

Carlo Fruttero
Des femmes bien informées

Carlo Fruttero et Franco Lucentini
L'Amant sans domicile fixe

Graham Greene
Les Comédiens
La Saison des pluies
Le Capitaine et l'Ennemi
Rocher de Brighton
Dr Fischer de Genève
Tueur à gages
Monsignor Quichotte
Mr Lever court sa chance, nouvelles complètes 1
L'Homme qui vola la tour Eiffel, nouvelles complètes 2
Un Américain bien tranquille
La Fin d'une liaison

Kent Haruf
Colorado Blues
Le Chant des plaines
Les Gens de Holt County

Jerry Hopkins et Daniel Sugerman
Personne ne sortira d'ici vivant

Bohumil Hrabal
Une trop bruyante solitude
Moi qui ai servi le roi d'Angleterre
Rencontres et visites

Henry James
Voyage en France
La Coupe d'or

Erica Jong
Le Complexe d'Icare

Thomas Keneally
La Liste de Schindler

Janusz Korczak
Journal du ghetto

Jaan Kross
Le Fou du tzar

Jhumpa Lahiri
Longues distances

D. H. Lawrence
Le Serpent à plumes

John Lennon
En flagrant délire

Siegfried Lenz
La Leçon d'allemand
Le Dernier Bateau
Une minute de silence
Le Bureau des objets trouvés

Ira Levin
Le Fils de Rosemary
Rosemary's Baby

Norman Mailer
Le Chant du bourreau
Bivouac sur la Lune
Les vrais durs ne dansent pas
Mémoires imaginaires de Marilyn
Morceaux de bravoure
Prisonnier du sexe

Dacia Maraini
La Vie silencieuse de Marianna Ucrìa

Guillermo Martínez
Mathématique du crime
La Mort lente de Luciana B
La Vérité sur Gustavo Roderer

Tomás Eloy Martínez
Santa Evita
Le Roman de Perón

Richard Mason
17 Kingsley Gardens

Somerset Maugham
Les Trois Grosses Dames d'Antibes
Madame la Colonelle
Mr Ashenden, agent secret
Les Quatre Hollandais

James A. Michener
La Source

Arthur Miller
Ils étaient tous mes fils
Les Sorcières de Salem
Mort d'un commis voyageur
Les Misfits
Focus
Enchanté de vous connaître
Une fille quelconque
Vu du pont *suivi de* Je me souviens de deux lundis

Pamela Moore
Chocolates for breakfast

Daniel Moyano
Le Livre des navires et bourrasques

Vítězslav Nezval
Valérie ou la Semaine des merveilles

Geoff Nicholson
Comment j'ai raté mes vacances

Joseph O'Connor
À l'irlandaise

Pa Kin
Le Jardin du repos

Katherine Anne Porter
L'Arbre de Judée

Mario Puzo
Le Parrain
La Famille Corleone *(avec Ed Falco)*

Mario Rigoni Stern
Les Saisons de Giacomo

Saki
Le Cheval impossible
L'Insupportable Bassington

J. D. Salinger
Dressez haut la poutre maîtresse, charpentiers,
suivi de Seymour, une introduction
Franny et Zooey
L'Attrape-cœurs
Nouvelles

Roberto Saviano
Le Contraire de la mort *(bilingue)*

Sam Shepard
Balades au paradis
À mi-chemin

Robert Silverberg
Les Monades urbaines

Johannes Mario Simmel
On n'a pas toujours du caviar

Alexandre Soljenitsyne
Le Premier Cercle
Zacharie l'Escarcelle
La Maison de Matriona
Une journée d'Ivan Denissovitch
Le Pavillon des cancéreux

Robert Louis Stevenson
L'Étrange cas du Dr Jekyll et de Mr Hyde

Quentin Tarantino
Inglourious Basterds

Edith Templeton
Gordon

James Thurber
La Vie secrète de Walter Mitty

John Kennedy Toole
La Bible de néon

John Updike
Jour de fête à l'hospice

Alice Walker
La Couleur pourpre

Evelyn Waugh
Retour à Brideshead
Grandeur et décadence
Le Cher Disparu
Scoop
Une poignée de cendres
Ces corps vils

Hommes en armes
Officiers et gentlemen
La Capitulation

Tennessee Williams
Le Boxeur manchot
Sucre d'orge
Le Poulet tueur et la folle honteuse

Tom Wolfe
Embuscade à Fort Bragg

Virginia Woolf
Lectures intimes

Richard Yates
La Fenêtre panoramique
Onze histoires de solitude
Easter Parade
Un été à Cold Spring
Menteurs amoureux
Un dernier moment de folie

Stefan Zweig
Lettre d'une inconnue *suivi de* Trois nouvelles de jeunesse

Titres à paraître

Kent Haruf
Nos âmes la nuit

Tessa De Loo
Les Jumelles

Robert Silverberg
Le Château de Lord Valentin

Tenessee Williams
Un tramway nommé désir

Richard Yates
Un destin d'exception

Imprimé en Espagne par
Liberdúplex
à Sant Llorenç d'Hortons (Barcelone)
en septembre 2017

N° d'édition : 56484/01 – N° d'impression : 61642